U0895284

宝鸡文理学院优秀学术著作出版基金资助

中国古代士绅之养成·出处·职责

以清代甘肃地域为例

杨银权 著

中国社会科学出版社

图书在版编目(CIP)数据

中国古代士绅之养成·出处·职责：以清代甘肃地域为例／杨银权著．
—北京：中国社会科学出版社，2017.9
ISBN 978-7-5203-1259-2

Ⅰ.①中… Ⅱ.①杨… Ⅲ.①士绅—研究—甘肃—清代
Ⅳ.①D691.7

中国版本图书馆CIP数据核字（2017）第255553号

出 版 人 赵剑英
责任编辑 周晓慧
责任校对 无 介
责任印制 戴 宽

出　　版 中国社会科学出版社
社　　址 北京鼓楼西大街甲158号
邮　　编 100720
网　　址 http://www.csspw.cn
发 行 部 010-84083685
门 市 部 010-84029450
经　　销 新华书店及其他书店

印　　刷 北京明恒达印务有限公司
装　　订 廊坊市广阳区广增装订厂
版　　次 2017年9月第1版
印　　次 2017年9月第1次印刷

开　　本 710×1000 1/16
印　　张 21
插　　页 2
字　　数 335千字
定　　价 89.00元

目　　录

导　　论

一　选题缘由及研究意义

（一）关注士绅群体的缘由

因为中国古代社会的行政体制只设置到县一级，所以县以下的基层社会大多主要靠自治。即使是在县一级，封建王朝的官吏也比较有限，而且所有涉及行政运作、刑罚审判、赋税征收、社会治理等都由县令负责。在这样的情况下，县以下基层社会的有效治理和维持长期稳定的责任往往落到了士绅的肩上。

选择士绅阶层作为研究对象的意义，应该有这么几方面：首先，“士”为四民之首，在封建社会里不但处于官和民的中间，充当着中介人的角色。另外，作为政治精英和文化精英，他们不但享有比较高的特权和待遇，而且对社会国家事务，尤其是对于家乡社会事务有着其他阶层所无法替代的独特作用。因为广大乡民识字不多，判断力有限，在很大程度上会听取本族、本乡那些拥有知识的精英人士即士绅的决断。而士绅以天下为己任的崇高使命感和强烈的责任感也促使他们必须为地方事务鞠躬尽瘁。作为一个居于领袖地位和享有特权的社会阶层，他们把自己家乡的事务和利益保护当作不可推卸的责任，所以他们承担了诸如公益活动、排解纠纷、兴建公共工程乃至组织团练和征税等事务。他们在文化上的领袖作用包括弘扬儒学社会所有价值观念以及传承这些观念的物质表现，诸如维护寺院、学校和贡院等。[①] 也就是说，士绅实际上

---

① 张仲礼：《中国绅士——关于其在十九世纪中国社会中作用的研究》，上海社会科学院1991年版，第54页。

承担着基层社会的许多事务性职责。再有，他们和地方官员的关系也比较复杂，虽然他们是在地方官员的授意下代表地方官员行事的，但在有些情况下，“士绅常常自行其是，官府只能默认或者勉强容忍”。[①]“在某些情况下，士绅也利用自己对官府的影响，将自己的意志强加于地方官吏。”[②] 甚至，当士绅的利益受到损害时，他们敢于同官府讲理。究其原因，就在于大量的地方事务若离开了士绅，地方官根本就无法完成，他们必须依靠士绅来实现对基层社会的治理。地方志中有无数记载可表明士绅在修桥造路、开河筑堤和水利兴修等公共工程方面所起的作用。在地方福利事务中，“官吏有时只是领个头，他们邀约士绅到县署磋商，然后任命他们主管赈济局”[③]。在其他一些事情上官吏只是批准设立济贫、义葬、育婴堂或其他诸如此类的组织，至于经费和管理，则均由士绅承担。[④] 在学校等的修建方面，“往往修造工程由知县发起，但工程的监造和捐资都是由绅士承担的”[⑤]。此外，为本地的考试而修造贡院一般认为也是士绅的职责。[⑥]

士绅之所以具有这样的能力和要承担这样的责任，主要原因在于：首先，士绅阶层是各级官员的主要来源。尤其是对那些正在刻苦攻读，寄希望于通过学而优则仕的儒生来说，更是如此。因此，这些饱读诗书和儒家经典教义的读书人或者通过科举考试，或者通过捐纳、赏赐、恩荫、军功等挤入统治阶层行列，从而可以代表皇权来实现对百姓的直接统治，所以，作为封建官员队伍的人才储备力量，他们愿意也乐意通过对地方社会事务的治理来积累政治经验。其次，即使是那些没有挤入统治阶层行列，或者从官场退出的士绅，同样在地方基层社会中发挥着不可忽视的作用。正如上文所述，包括帝王、知府、县令在内的封建统治阶级的精力和时间有限，他们不可能实现对全国广大地区尤其是基层社

① 张仲礼：《中国绅士——关于其在十九世纪中国社会中作用的研究》，第57页。

② 同上书，第59页。

③ 刘衡：《办理春荒章程》，徐致初编：《牧令书》卷14，道光二十八年刻本，第58—60页。

④ 陈宏谋：《育婴堂条规事宜册》，徐致初编：《牧令书》卷15，第23页。

⑤ 张仲礼：《中国绅士——关于其在十九世纪中国社会中作用的研究》，第68页。

⑥ 戴肇辰：《广州府志》卷65，光绪五年刻本。

会的直接统治，于是，从儒家获得治理经验，或从官场得到历练、回到乡村社会的士绅就成为实现代替统治者完善这种统治的最佳人选，“士绅”于是充当了“官”和“民”之间的桥梁和中介。最后，士绅在基层社会事务中的功效和作用还在于他们独特的社会地位和深远的影响。因为士绅阶层在中国古代社会里是一个特殊的阶层。士绅阶层虽然不属于统治者，但是却属“四民之首”，从这个角度看，他们往往作为乡民的代表表达基层地方社会的意愿、主张和利益诉求。从维稳的角度看，由于他们生于乡村、长于乡村、致仕后又回到乡村居住的客观状况，以及中国古代封建社会聚族而居的特点，封建统治者也乐意委托士绅承担地方社会之治理职责，因为他们作为从官场致仕的一群人，不仅有维持封建王朝社会稳定的内在政治理想与追求，而且在基层社会具有较高的威望，所以具备地方社会治理的客观优势。此外，他们还具有社会治理的实践经验。正因为如此，士绅研究，尤其是对他们在维持地方社会稳定方面的职责与角色的研究，在社会史研究和人物研究中都有着举足轻重的意义。自20世纪以来，受美籍华人张仲礼研究的启发和推动，学术界对于士绅群体的研究范围越来越广，越来越深入。

（二）关注甘肃地域的缘由

清朝是我国统一多民族国家进一步发展的重要时期，地处西北边疆的甘肃，民族成分比较复杂。从地域范围来看，清代的甘肃辖区，包括现在的甘肃、宁夏、青海西宁以及新疆的部分地区。从其位置与影响来看，清朝时期的甘肃虽然地处西北，不像宣府、大同等地方直接影响着北京的安危，但它仍然与京师的安危息息相关。因为它的安危与关中地区和新疆等地是连为一体的，所以在西北地域的链条上，甘肃处于中间一环。关于其时甘肃地域重要的战略位置，清代人也有比较独到的见解和认识。例如，清初曾任陕甘总督的孟乔芳在《将增兵以重疆围疏》中就谈道：“照得甘肃重镇，处在天末，幅员辽阔，营堡孤安，边境也。如西宁协属之镇海堡，逼临海夷，兼番族杂处，凡进贡之马，毕由于此；又肃州协属之嘉峪关，为哈密通贡之途，逼近猥兀，黄毛等族，均属咽喉要地。”[①] 其言对甘肃民族成分众多，沟通内地与西域的作用可谓一语中的。另外，康熙八年曾任通渭知县的顾竟成也说：“西秦半壁天下，为朝廷右臂，关陇以西，内捍王室，外御海夷，尤为重地，从来治则先治，乱则先乱。”[②] 显然，这些言论均认为，虽然“关中号称天府，陇右实据上游，故论边防，尤以甘肃为要。”[③] 所以，加强对这一地区的管辖对于巩固统治不但是十分重要的，也是相当必要的。

正是因为甘肃这种特殊的地理位置，所以清王朝统治者十分重视对甘肃的经营。例如，面对清朝初年全国各地兴起的起义和反抗浪潮，清王朝逐渐改变它的统治政策，从采取强征豪夺政策逐渐过渡到实行比较宽松的政策。对于甘肃而言，针对其他民族成分复杂的情况，康熙、雍正、乾隆时期，清王朝主要通过采用防范与扶助相结合的办法逐步放宽了民族政策，从而有效地实现了它在西北乃至全国的统治。对于这种比较特殊的民族政策，李清凌是这样认为的：一是划定各自活动范围，互不干涉。清朝前期，在青海和甘肃交界的地方安置了一部分牧民。对于这些牧民，政府指定各自的放牧区，不准他们互相流动。二是大力扶助他们的生产经营活动。具体来说，例如，对于回族等少数民族的生产十分关注，在组织大规模屯田的同时，对于分散的农牧民，一般都由政府给予田粮、种子、农具等方面的帮助，或者派人传授生产经验和技术。三是蠲免粮草。这一系列优免政策，使得边疆地域各民族得到了实惠。再如雍正八年（1730）六月，清朝就曾下谕户部：甘肃地方，雍正八年地丁钱粮，前已降旨蠲免，其河西四府州县及各卫所额征粮草束，又经一体免征，朕念新归内地番民，向风慕义，愿附版图，其地亩额征本色粮草，与河西等处赋税相同，亦应一体蠲除。着将雍正八年河东之河州厅，洮州卫归德所，河西之西宁，凉州府属应征番粮一万三千有奇，具加恩蠲免。雍正九年七月，又谕内阁将河东、河西各属民户、屯户及番民等本年应征各项银米草束，一概蠲免。这种减轻赋税的政策，虽是

① 《甘肃新通志》卷87《艺文志·奏疏下》。
② 《甘肃通志稿》民政五《蠲赈》。
③ 《甘肃新通志》卷41《兵防志》。

出于巩固统治的需要，但也切实体现了清朝统治者对甘肃地域的支持和重视。四是采取救济灾荒政策。凡遇自然灾害，清王朝除蠲免税粮外，还照例对受灾人民实行救济。例如，乾隆二十三年（1758），凉州平番一带受灾，清王朝即借给受灾百姓种子，以保证当年生产。次年六月，乾隆帝又谕内阁，借给口粮三个月，并派专职官员前去，会同当地土司官员，按户散给百姓。[①] 这些相对特殊的政策，不但缓解了当时尖锐的民族矛盾和社会矛盾，有利于清朝统治的巩固，而且体现了清朝统治者对边疆地区的重视。

战略位置的重要性、特殊性和经济发展相对滞后是历史时期甘肃的实际状况，明清时期也不例外。明末清初，由于经过长期战乱，社会经济遭到严重破坏，耕地大量荒芜，农民死亡逃徙，全国到处呈现出一片残破荒凉的景象。地处西北的甘肃是战乱最激烈、最残酷的地区之一，景况更为凄惨，“庐舍已空，有土无人”“地多荒芜，民无完室”“行来竟日无烟火，到处逢人哭野坟”。时任陕甘总督的孟乔芳在奏折中就说：“寇乱数十年，民化青磷，田鞠茂草，无处不有荒田，无处不有绝丁”“民间所种熟田，不过近城平衍之处，其余则荒芜弥望，久无耕耨之迹”。[②] 陇东一带，也是“所遗残民，十仅存一”，直到康熙初年，庆阳一带还是“村市寥寥数家，无衣无食”。[③] 所以，长期以来，统治者最关注和重视的是甘肃在维护政权稳定方面的军事作用，即便是对其地所采取的屯田等经济开发措施，也是出于满足军事战争的需要。正因如此，学术界对西北史地的研究，大多也是关于经济开发、军事历史地理、边防安全等防卫体系方面，对于其他方面则涉及相对较少。自西部大开发战略实施以来，西北地区越来越受到人们的关注，一大批关注西北史的学者投入了大量的时间和精力，对西北史进行了比较深入细致的研究，取得了丰硕成果。但是，这些研究也主要是关于西北民族、西北边疆、西北经济开发、西北历史地理等方面的，其他方面的研究成果相

---

① 李清凌：《西北经济史》，人民出版社 1997 年版，第 371 页。

② 乾隆：《西宁府新志·艺文》。

③ 同上。

对较少。

（三）研究清代甘肃士绅的缘由

选择“清代甘肃士绅”作为研究对象，不仅可以全面地反映清代甘肃的社会状况，具有一定的历史意义，而且具有比较重要的现实意义。上文已经论及，士绅阶层研究不但是近年来学术界的一个热点问题，而且在许多方面已经取得了比较突出的成绩，但是，美中不足的是，这些研究成果或者是基于全国范围的，例如张仲礼的《中国绅士——关于其在十九世纪中国社会中作用的研究》以及它的姊妹篇《中国绅士的收入》；或者只涉及近代，例如王先明的《近代绅士》。在区域选择上，诸多研究成果大多是关于江浙等在清代时期经济、文化等相对比较发达地区的，而对其他地区士绅的关注相对较少。已有的研究也大多比较散乱，例如，周荣德《中国社会的阶层与流动——一个社区中士绅身份的研究》是以云南昆明为例的。而甘肃作为西北一个比较偏僻和历史上经济文化比较落后的地区，在捍卫中原地区安全的军事方面的作用相对比较突出，这已经成为学术界的共识。但是，关于甘肃士绅，尤其是对清代甘肃士绅的研究较少。然而，该地区的士绅与全国其他地方以及历史上的士绅相比，既有共性，也有其地处甘肃的个性。因为他们与其他地区的士绅一样，也深受儒家文化的教育和熏陶，有着积极的入世精神，有着先天下之忧而忧的高贵品德，有着天下兴亡、匹夫有责的社会责任感和历史使命感，在社会危急关头，例如在各种社会动荡中，他们会挺身而出，积极创办和领导团练，为维护封建王朝统治而尽心尽力。在文化传播方面，他们也和其他所有地区的士绅一样，积极创办教育，建立书院、社学、义学，以培养人才为己任。在地方公共事务方面，他们积极捐助水利、道路、桥梁等的修建，并在具体的修建过程中充任实际的领导角色。在社会交往方面，避权贵和官员，强调内省是他们交往的主导原则。在科举方面，他们同样以读书应试作为自己的首选，彳亍在“读书—科举—入仕”这一传统文人的既定道路上。他们与江浙等其他地区的士绅相比，人数较少，取得科举功名者也相对较少（例如，甘肃在清朝时期除了武科举考试外，文科举考试中就无考中状元者），可是，甘肃士绅通过军功获取功名和升迁机会者较多。

可见，甘肃士绅也不例外，他们在地方事务和社会事务中所起的作用也是巨大的，因此，研究这一课题对于全面、客观地揭示和反映处于边地的清代甘肃的真实状况有着一定的借鉴意义。此外，这一课题研究具有一定的现实意义。知识分子被称为社会的良心，在当今社会里，尤其是在“科技创新”等政策的号召下，广大知识分子越来越多地被吸收到政治等行政事务中。对于知识分子从政这一现象，学术界有不同的看法和意见：一是知识分子，尤其是从事学术研究的知识分子是否应该从政，从政对他们的学术研究有什么影响？是否大材小用了？二是知识分子从政后是否能成为一名合格的官员？是否可以实现进入仕途时的初衷？因为在历史时期，士子通过科举考试后均步入仕途，但是他们并不都是优秀的官员，他们中的一些人在官场的政治斗争中一败涂地，或者因为其耿直的个性而与同僚格格不入，于是，罢官者有之，隐退者有之。所以，揭示清代甘肃士绅在政治、经济、文化、公共事务等方面的作用及得失，有助于我们对现今知识分子从政现象以及知识分子在社会事务中应尽职责等有更深入的认识。

另外，在概念选择上，之所以没有用“知识分子”一词，是因为知识分子是一个近代以来才有的概念，它与古代知识分子虽然有着一定的相似之处和继承关系，但毕竟有所差别。为了尽可能真实地揭示和反映历史的真实情况，本书采用“士绅”这一概念。

二 研究现状

士绅是明清时期一个“独特的社会集团”，在国家、社会中占有举足轻重的地位，他们不仅具有社会所公认的政治、经济和社会特权，享有独特的生活方式，而且居于平民之上，主宰着广大民众的生活，担负着多种社会职能，构成了封建统治的基础，以致有人称古代中国为“绅士之国”。[①] 所以自20世纪40年代以来，海内外学者对士绅的关注和研究逐渐热了起来，也取得了丰硕成果。学术界的相关研究热点主要有：

首先是“士绅”与统治者的关系及其内容。对此，许多学者有着比

---

① 费正清：《美国与中国》，世界知识出版社1988年版，第33页。

较深入的论述。以姓氏和血缘作为王权象征的统治者非常注重对臣僚的利用与防范，因此，如何有效地实现对相权等的约束，并使之有效地佐理其江山和统治，是一个相当重要的问题。究其原因则在于，给臣僚权力过多，会危及皇权的稳定，但若对其人约束过多，则会使自己处于闭目塞听、与世隔绝的状态。因此，如何把握好这个度，使包括士绅在内的佐治者和理治者既能起到维护王朝稳定的重要作用，又能巩固王权，对于统治者来说，也是时常思考的重要问题。所以，在对士绅阶层的研究中，对于“官”和“绅”的内涵以及他们之间的异同就是首先必须明确的问题。只有明晰士绅在封建王朝中的准确地位和影响，才能客观把握其人的作用与贡献。另外，士绅在基层社会治理方面贡献的大小与治理职责的发挥也与统治者的治理意愿紧密相关。例如在王朝动荡时，出于巩固统治的需要，士绅往往被招募到军队之中，或充当幕僚，为平息动乱出谋划策，或直接投身到具体的征战中。

其次是官绅民的关系。在此方面论述比较客观的是邓玉娜与张仲礼。邓玉娜在《“甲申之变”与中国官绅阶层》一文中认为，“官”是指在朝为宦的有大小品阶的官员，“绅”是指民间实际的统治力量，或缙绅，或族绅或乡绅。“官”和“绅”总是相互联合、相互依赖的。尤其是在基层社会里，中下级官吏和地方士绅之间胶着紧密。……绅士与官休戚与共，享有种种特权，但同时又与基层民众保持着密切联系，成为官与民之间的缓冲与中介。作为官员触角的延伸，但凡官府政令的实施、赋税的征收、地方治安的维持，离开士绅的配合就无法下手。① 这种认识可以说是对士绅构成、士绅与官员关系以及区别、士绅在基层社会乃至古代社会中作用的一个概括而又全面的论述。有着类似见解的还有士绅研究名家张仲礼，例如关于士绅在官与民关系中的角色，张仲礼也说：“绅士充当了政府官员和当地百姓之间的中介人。”② 尤其是在社会动乱和危急之时，“地方公事，官不能离开绅

① 邓玉娜：《“甲申之变”与中国官绅阶层》，《郑州航空工业管理学院学报》（社会科学版）2005 年第 3 期。

② 张仲礼：《中国绅士——关于其在十九世纪中国社会中作用的研究》，第 58 页。

士而有为。”[①] 因为士绅所承担的事务，许多对政府是有用的。这些事务若非士绅承担，则必须由官吏办理。然而官吏的幕僚和书办太少，经费也不足，不能承担所有必要的事务，特别是地方政府，则更是如此，而且官吏还因任期太短，对地方情形不熟，而难以办理。政府条例对官吏在一地任职的时间也有限制，并规定官吏必须回避原籍。这些措施既有阻止官吏结交地方权势和形成各种关系的目的，也对他们的效率产生了阻碍。[②] 即“盖官有更替，不如绅之居处长亲。官有隔阂，不如绅士之见闻切近”[③]。这些集知识、权势、声望和特权于一身的“士绅”在传统社会中扮演着重要的社会角色，在不同时期有不同的面貌和不同的具体内涵，但其“出则为官，居则为绅”，在统治者与被统治者、中央和地方社区之间充当缓冲这一基本功能却一直未变，这也正是士绅阶层的本色所在。

作为近年来的学术热点之一，有关士绅研究的相关成果，总体来说，可以分类概括为如下几个方面。

（一）相关概念的界定

在国内，士绅概念从开始研究之始就存在着分歧。例如，在吴晗、费孝通《皇权与绅权》一书中，费孝通认为：“绅士是退任的官僚或者是官僚的亲亲戚戚”；吴晗则说：“官僚、士大夫、绅士、知识分子，这四者实在是一个东西，虽然在不同的场合，同一个可能具有几种身份，然而在本质上，到底还是一个。”[④] 马敏《官商之间——社会剧变中的近代绅商》认为，绅士“应当是指以科举功名之士为主体的在野社会集团，同时也包括通过其它渠道（如通过捐纳、保举等）而获得身份和职衔者”。[⑤] 王先明在《近代绅士——一个封建阶层的历史命运》中认为，绅士是“一个处于封建官僚之下、平民之上的独特的社会阶

① 胡林翼：《胡文忠公全集》第 4 册，世界书局 1936 年版，第 1757 页。

② 张仲礼：《中国绅士——关于其在十九世纪中国社会中作用的研究》，第 56 页。

③ 盛康：《皇朝经世文续编》卷 82，光绪二十三年刻本。

④ 吴晗、费孝通：《皇权与绅权》，天津人民出版社 1988 年版。

⑤ 马敏：《官商之间——社会剧变中的近代绅商》，天津人民出版社 1995 年版。

层”。[①] 沈葵《中国近代绅士阶层及其社会地位》则认为：“士绅则主要是科举及第未仕或落第分子、当地较有文化的中小地主、退休回乡或长期赋闲居乡养病的中小官吏、宗族元老等一批在乡村社会有相当影响的人物。”[②] 周荣德在《中国社会的阶层流动——一个社区中士绅身份的研究》中认为：绅士是一个社会的知识阶层，有着与普通人不同的许多特征，他们有着特殊的规范系统，有着特殊的生活方式，还有着特定文化抱负，本身博学多才。他们不仅精通和遵守儒家的伦理道德，而且在社会变迁的过程中，也能较快地接受新东西。[③] 可见，学术界关于士绅及绅士的概念虽有交叉，但分歧也比较明显。

总体来看，关于绅士概念的争论，以美籍华人张仲礼的言论最有代表性，也基本得到了学术界的认可。张仲礼在其代表作《中国绅士——关于其在19世纪中国社会中作用的研究》中认为：“绅士的地位是通过取得功名、学品、学衔和官职获得的，凡属上述身份的，自然成为绅士集团成员。功名、学品和学衔都用以表明该身份者的受教育背景。官职一般只授给那些其教育背景业经考试证明的人。”也就是说，张先生认为“绅士是包括官员在内的所有拥有学衔和功名的集团”。这些观点虽然各有不同，但有一点是相同的，那就是他们都把科举功名的获得者看作绅士的主要构成部分。但对是否包括在职的官员，是否包括生员，是否包括职官在乡的子弟，是否包括居乡的地主及其他具有较多财富和较高社会地位但未有任何功名职衔的地方精英分子方面，还存在着很大分歧。

除这些比较有代表性的论点外，近年来，专门探讨“士绅”“绅士”“士大夫”“知识分子”等内涵的文章也不少，主要有吴佳佳《“绅士”的内涵》[④]，张培锋《论中国古代“士大夫”概念的演变与界

---

① 王先明：《近代绅士——一个封建阶层的历史命运》，天津人民出版社1997年版。

② 沈葵：《中国近代绅士阶层及其社会地位》，《光明日报》2001年11月13日。

③ 周荣德：《中国社会的阶层流动——一个社区中士绅身份的研究》，学林出版社2000年版。

④ 吴佳佳：《“绅士”的内涵》，《安徽文学》2006年第8期。

定》[1]，王乐《士人、士绅、士大夫异同辨》[2]，汪国风《士大夫与知识分子》[3]，张涛《“知识分子”与“士大夫”辨析》[4]，郑也夫《知识分子的定义》[5]，等等。

（二）关于“士绅”制度的研究

阳信生《明清绅士制度初探》[6]，从绅士阶层产生的原因、制度来源以及绅权的制度性保障入手进行分析后指出，绅士制度开始于隋唐，到明清时期趋于成熟。它是封建社会地方政治制度的重要组成部分，也是中国封建政治制度的一大特色，并成为封建皇权统治的基础和重要保障。费孝通《论绅士》[7] 则认为：“绅士是封建解体，大一统专制皇权确立之后，中国传统社会所特有的一种人物。”对于绅士的形成，杨力伟《士绅的产生、衰落与消亡——一个宏观的透视》[8] 论述则更为具体，他认为：“由科举途径而获得的功名身份的终身制，使一批人沉淀下来，形成了一个有稳定的制度性来源的社会群体——士绅集团。”

（三）关于“士绅”基本构成的研究[9]

关于“士绅”的构成，学者们通常采取二分法叙说。张仲礼在《中国绅士——关于其在19世纪中国社会中作用的研究》中，把中国士绅分为上层集团和下层集团，并按士绅身份的获得途径又分为“正途”和“异途”两种。周荣德在《中国社会的阶层与流动——一个社区中士绅身份的研究》[10] 中，也依据士绅身份获得的途径把士绅分为“正

① 张培锋：《论中国古代“士大夫”概念的演变与界定》，《天津大学学报》2006年第1期。

② 王乐：《士人、士绅、士大夫异同辨》，《东岳论丛》2006年第2期。

③ 汪国风：《士大夫与知识分子》，《浙江师范大学学报》2006年第5期。

④ 张涛：《“知识分子”与“士大夫”辨析》，《武汉理工大学学报》2005年第5期。

⑤ 郑也夫：《知识分子的定义》，《北京社会科学》1997年第3期。

⑥ 阳信生：《明清绅士制度初探》，《船山学刊》2007年第1期。

⑦ 费孝通、吴晗：《皇权与绅权》，天津人民出版社1988年版。

⑧ 杨力伟：《士绅的产生、衰落与消亡——一个宏观的透视》，《社会科学调查》1991年第5期。

⑨ 部分借鉴了谢俊贵《中国绅士研究述评》（《史学月刊》2002年第7期）中的内容。

⑩ 周荣德：《中国社会的阶层与流动——一个社区中士绅身份的研究》，学林出版社2000年版。

统”和“非正统”两部分。他把通过科举考试者称为“正统”，把通过花钱买来科举衔者称为“非正统”。王先明在《近代绅士——一个封建阶层的历史命运》中则采用分类列举的方法，把士绅分为以下几类：第一，具有生员以上的科举功名者。第二，由捐纳而获得“身份”者。第三，乡居退职官员。第四，具有军功的退职人员。第五，具有武科功名身份者。他把这些看作“士绅”的基本构成因素。而在已有的士绅研究分类方面，吴佳佳的分类应该算比较细的，其《“绅士”的内涵》[①]从不同的角度出发，把士绅分为八类：第一，依据功名职衔获得途径的不同，将士绅分为正途和异途。第二，依据居住地的不同，将士绅分为城绅和乡绅。第四，依据士绅籍贯的不同，将士绅分为本地士绅与外来士绅。第五，依据士绅所从事的主要活动或职业的不同，将士绅分为绅商、学绅、军绅、职绅等，从事商业活动的为绅商，在新旧学堂中任教或求学者为学绅，从事军事活动者为军绅，在地方公共管理机构（如教育会、劝学所、自治公所等）任职的士绅为职绅。第六，依据士绅所获功名或职衔的类别以及士绅实际上从事的主要活动，将士绅分为文绅和武绅。第七，依据士绅的政治态度，将士绅分为传统士绅和新式士绅（亦可称之为“新士绅”和“旧士绅”）。第八，依据士绅品行的优秀与否，将士绅分为正绅和劣绅。

（四）关于“士绅”的社会职责[②]

在历史上，中国士绅承担着非常重要的社会职责。张仲礼说：“绅士作为一个居于领袖地位和享有各种社会特权的集团，也承担了若干社会职责。他们视自己家乡的福利增进和利益保护为己任。在政府官员面前，他们代表了本地的利益。他们承担了诸如公益活动、排解纠纷、兴修公共工程，有时还有组织团练和征税等许多事务。他们在文化上的领袖作用包括弘扬儒学社会所有的价值观念以及这些观念的物质表现，诸如维护寺院、学校与贡院等。”“绅士还有一个重要的社会职责是，他们充当了政府官员和地方百姓之间的中介人。”“同时，绅士作为本地

---

① 吴佳佳：《“绅士”的内涵》，《安徽文学》2006年第8期。

② 部分借鉴了巴根《明清绅士研究综述》（《清史研究》1996年第3期）中的内容。

的代言人，常常去说服政府接受他们的看法。”① 周荣德认为：“士绅成员可以看作是马克斯·韦伯命名为‘业余’或‘非业余’类的行政人员。”“士绅执行许多任务，最重要的任务是，充当社会领袖，组织社区的防卫，调解人民日常的纠纷，关心人民生活，为社区人民树立楷模，以及帮助人们主持婚丧事宜。”② 萧公权的《中国乡村：19 世纪帝国的控制》（西雅图，1960 年）集中阐述了士绅的社会角色及其与国家的关系。他认为，在正常情况下，绅士能与国家保持一致，因为王朝的延续可保证他们继续享受为人垂涎的特权地位；尤其是进入官场的士绅，其利益与现存政权紧密地交织在一起，因而有着比士人更强的动力来支持这一政权。然而，士绅与国家也有利益分歧，当把他们维系在一起的环境发生重大变化时，二者就可能背离，因为士绅中许多人谋取其地位，是为了更好地保全家庭财产，对抗侵占，而不是为了满足他们为帝国事业服务的愿望。瞿同祖的《清代地方政府》以地方政制为依托，分析了士绅的特点与地方政府的关系。他认为，士绅是一群地方精英，是与政府的正式权力相对应的一个非正式的权力集团，其影响主要集中在两个区域——民众与州县官。作为“一乡之望”“四夷之表”，士绅在民间承担着多种社会职责，并由此取得对乡民的控制权，但也往往利用其特权地位，武断乡曲。同时，由于地方政务繁巨，州县官必须借助士绅来施治，没有士绅的参与和支持，地方行政活动就会陷于瘫痪。就士绅而言，为了维护其既得利益及在地方社区的影响，也须借官势来统民。但是，官、绅在地方权益分配上也时常发生摩擦，甚至产生集众抗官，与政府分庭抗礼的严峻态势。费正清的《美国与中国》认为，中国士绅至少应该从如下意义上去理解：一是应当把“它视为一群家族，而不仅是个别有功名的人”。因为作为个人的士绅是公家官员，掌管政权和行政事务，但也是处在家族关系中的成员，家势旺盛有利于士绅成长，士绅辈出也可扩大家族的影响。二是不应只从狭义上（指取得功名

① 张仲礼：《中国绅士——关于其在十九世纪中国社会中作用的研究》，第 48—52 页。

② 周荣德：《中国社会的阶层与流动——一个社区中士绅身份的研究》，上海学林出版社 2000 年版，第 59、93—94 页。

的人）去理解士绅，“中国的绅士只能按经济和政治的双重意义来理解，因为他们是同拥有地产和官职的情况相联系的”。“旧中国的官吏以士绅家族为收捐征税的媒介。同样，士绅也给农民做中间人，他们在执行官吏压迫农民的任务时，也能减轻官员的压迫。地方官吏在应付水灾、饥荒或早期叛乱以及众多的次要案件和公共工程时，都需要士绅的帮助。他们是平民大众与官方之间的缓冲阶层。”① 艾森斯塔特在《帝国的政治体系》中指出：“绅士主要生活在有墙城镇而不是乡村之中。他们是地方精英，其所担负的责任，一部分与其地位处于其下的农民有关，一部分与其上的官僚有关。农民共同体将之视为地主，视为庞大的统治阶级的最低一层。绅士管理着有关土地使用的习惯权利与法律的制度。”②

（五）关于区域士绅的研究

虽然学术界对士绅的研究很热，但大多是对整个群体的研究，涉及区域研究的比较少见，即使有，也是对于江南等在明清时期经济、文化比较发达的地区。例如，吴金成《明代江西农村的社会变化与绅士》③重点讨论的是江西农村社会变化与士绅的关系；买文兰《绅士与地方——以河南士绅王锡彤为个案的透视》④ 阐述了王锡彤在清末民初积极投身于地方教育、政务、捍卫地方利益等活动，成为具有一定趋新色彩的“学商”“绅商”或“职商”，加快了中国内地绅士阶层的近代性转型，促进了近代社会的发展演化。其难以割舍的传统影响，又不可避免地对河南社会的进步产生一定的制约。李世众《19 世纪中叶士绅阶层的分裂——以温州社会为考察中心》⑤ 论述了 19 世纪温州上层士绅与下层士绅分裂的原因及其对社会的影响。余新忠、惠清楼《清前期乡贤

① 费正清：《美国与中国》，商务印书馆 1978 年版。

② 艾森斯塔特：《帝国的政治体系》，三联书店 1993 年版。

③ 吴金成：《明代江西农村的社会变化与绅士》，《第二届国际汉学会议论文集：明清与近代史组》，1989 年。

④ 买文兰：《绅士与地方——以河南士绅王锡彤为个案的透视》，《河南师范大学学报》2004 年第 5 期。

⑤ 李世众：《19 世纪中叶士绅阶层的分裂——以温州社会为考察中心》，《历史教学问题》2004 年第 6 期。

的社会构成初探——以浙西杭州和湖州府为中心》[①] 对绅士在社会生活中的主导性作了比较翔实的论述。徐茂明《同光之际江南士绅与江南社会秩序的重建》[②] 对太平天国后，江南士绅为维护自身的权力与地方政府一起在政治、社会、文化、伦理等方面采取积极措施，努力重建江南社会秩序的活动做了比较全面的论述。同时，他从社会发展的历史趋势出发，论述了这种以复古为旨趣的重建秩序最终失败的必然性。赵世瑜《社会动荡与地方士绅——以明末清初的山西阳城陈氏为例》[③] 对在社会动荡时期士绅在维护基层社会稳定方面的作用及动机进行了论述。马学强《乡绅与明清上海社会》[④] 对明清时代上海地区的一些乡绅挟势恃强，鱼肉乡里，从而激起民怨的事件进行了论述，并且指出，这些恶绅劣宦的行为，不但给地方带来了不稳定因素，而且妨碍了区域社会经济的正常运行与健康发展。蔡晓荣《传统士绅与社会巨变——以辛亥革命前后的江西士绅为考察中心》[⑤] 对辛亥革命时期，江西士绅对革命的推动作用，以及革命对士绅的影响等进行了论述，认为二者之间存在着一种微妙的互动关系，这种互动还对革命后的江西社会产生了重要影响。

（六）关于甘肃士绅的研究

因为甘肃特殊的地理位置，以及经济、文化相对滞后的情况，长期以来，研究甘肃士绅的文章很少。即使有，也只是零星地提到，并没有比较系统、全面的论述，专门对"清代甘肃士绅"的研究就更少了。已有研究成果涉及这一领域的，主要有以下这些：张维《甘肃人物志》[⑥] 对历史时期的甘肃人物以传记的形式进行了论述，其中涉及清代甘肃的一些知名学者和知识分子，例如吴镇、马疏、潘挹奎等，但这些

---

① 余新忠、惠清楼：《清前期乡贤的社会构成初探——以浙西杭州和湖州府为中心》，《苏州科技学院学报》2003 年第 3 期。

② 徐茂明：《同光之际江南士绅与江南社会秩序的重建》，《江海学刊》2003 年第 5 期。

③ 赵世瑜：《社会动荡与地方士绅——以明末清初的山西阳城陈氏为例》，《清史研究》1999 年第 2 期。

④ 马学强：《乡绅与明清上海社会》，《上海社会科学院学术季刊》1997 年第 1 期。

⑤ 蔡晓荣：《传统士绅与社会巨变——以辛亥革命前后的江西士绅为考察中心》，《江西教育学院学报》2004 年第 4 期。

⑥ 张维：《甘肃人物志》，《西北师范大学学报》增刊，1988 年 7 月。

远不是清代甘肃士绅最典型的代表和全部。李鼎文《评甘肃举人请废马关条约呈文及其它》[①] 对在“公车上书”活动中甘肃举人的表现进行了论述。张镔《甘肃明清进士翰林传略》[②] 收录了明清两代甘肃进士翰林共514名，略记进士翰林生平事迹，资料丰富，数字比较可信，但记述比较简略，而且进士翰林也不是士绅的全部。张晓东《明清时期甘肃进士的时空分布》[③] 从历史地理角度出发，对明清时期甘肃进士地理分布，以及这种分布状况的成因作了论述。除以上这些之外，还有一些对个人的研究，比如对张澍的研究论著就比较多，主要有：李鼎文《张澍生平及其作品》[④]，梁新民《张澍在四川的学术活动》[⑤]，张永明《敦煌学的先驱——张澍》[⑥]，胡玉冰《论张澍的西夏学成就》[⑦]，何勇《张澍四川宦迹考》[⑧]。这些只是那些为宦的甘肃士绅，对于没有为官者，论述和研究就更加少了。

三　相关概念的界定

（一）关于“士绅”

对于“士绅”概念，学术界的看法各不相同，上文已经提及。在这里，笔者借鉴了学术界最具有代表性的观点，即张仲礼的界说，认为士绅是指那些具有生员以上功名或一定职衔的知识阶层，因此，该文所说的士绅，不包括武科功名获得者，但是，文科功名获得者的出仕者——官员，是纳入其中的。因此，本书所认定的“士绅”概念比较宽泛，除武科功名获得者外，那些获得文科功名的待仕、出仕、退职者，都被纳入其中。另外，由于士绅和绅士的概念比较难以区分，传统的知识分子也可以看作士绅或者绅士，所以有些时候，也采用知识分子这一

① 李鼎文：《评甘肃举人请废马关条约呈文及其它》，《甘肃师大学报》1963年第1期。

② 张镔：《甘肃明清进士翰林传略》，香港天马出版有限公司2005年版。

③ 张晓东：《明清时期甘肃进士的时空分布》，《河西学院学报》2006年第3期。

④ 李鼎文：《张澍生平及其作品》，《西北师大学报》1980年第4期。

⑤ 梁新民：《张澍在四川的学术活动》，《文史杂志》1988年第3期。

⑥ 张永明：《敦煌学的先驱——张澍》，《甘肃社会科学》1989年第6期。

⑦ 胡玉冰：《论张澍的西夏学成就》，《西北第二民族学院学报》2004年第3期。

⑧ 何勇：《张澍四川宦迹考》，《宜宾学院学报》2007年第5期。

概念。

（二）清代甘肃的范围

自从康熙八年（1669）陕甘分省，直到清末，清代的甘肃范围包括现在的甘肃、宁夏以及青海西宁等地区。所以，书中所涉及的甘肃以清朝时期的甘肃辖区为准。

（三）清代的时间界说

本书所说的清代是指从清王朝入关开始，即从1644年一直到1912年宣统退位，清朝灭亡。

四 研究方法、基础资料

本书研究着重以甘肃方志，例如甘肃各府、州、县志为基础史料进行研究，主要采用以下指导思想和研究方法：第一，以辩证唯物主义和历史唯物主义为指导思想。第二，运用文献分析方法，以史料为基础，本着“论从史出”的原则作为立论基础。第三，也采用数字统计、列表等一些定量以及分类等方法。

本书主要以个人活动为切入点，对清代甘肃士绅在诸如知识获得、科举入仕以及政治和社会作为等方面进行研究，力求能比较全面地反映这一团体在政治、思想、文化等方面的作用及特点；力求能客观揭示出这一团体不同于江南等其他地区士绅的特点。其实，这一点既是本书力图突破的地方，也是一个难点。

本书所用的基础资料主要来自于甘肃各府、州、县志，例如《甘肃通志稿》《甘肃新通志》《甘肃省志》《甘肃忠义录》《甘肃乡土志稿》等，以及清人史料笔记。

第一章　清代甘肃士绅的构成和分布

不断地在发展中自我调适、自我完善，是社会发展、运行毋庸置疑的规则。尽管人类有着追怀往事的天性和详尽记述历史的优良传统，但在发展了的现实中（即便是同一社会事物在同一性质社会中的自然延续）也难以完全再现它原初的形态、特征和意义。所以，称谓和概念也不可能是固定不变的，尤其是那些昭示身份的概念，必定会随着社会历史的发展和社会关系秩序的变动而发生变化，所以，称谓概念本身及其指属范围，都会发生相应地改变。“士绅”之概念及范畴也是如此。它是一个不断发展的群体的称谓，从总体上看，它具有从最初单纯的士人阶层逐渐发展到士绅结合的趋势，即从单纯的知识阶层向地方官员趋近，再到衣锦还乡官员这样一个环境迁移的过程。伴随着这一迁移的，是其人在地方上社会影响力的增强。有学者这样论述其人在封建时代的社会角色：“士绅在（科层）帝国时代也是普遍存在的，尽管其作为统治阶级中主要的集团发挥作用的现象，并不如贵族在封建时代那样普遍，但在中国以及其它一些国家（如英国），士绅则成为（科层）帝国统治阶级中最重要的，也是最值得注意的一支力量。”① 正所谓“在古代中国社会，士绅阶层作为中国封建王朝统治秩序的牢靠的社会基础，为王朝的社会命运带来了晚秋小阳春般的值得品味的历史时光。但在整个封建社会历史运行的轨迹上，士绅作为一个社会集团的力量，只是在

① 孙立平：《中国传统社会中贵族与士绅力量的消长及其对社会结构的影响》，《天津社会科学》1992 年第 4 期。

封建社会后期，才由晦暗的历史走向了显亮的时代”。[①]

明清是士绅阶层发展比较成熟的时期，尤其在清代，不但是这一阶层发展的高峰时期，而且伴随着皇权和中央集权由强化到逐渐衰微，在清朝中叶以后，士绅阶层在社会事务，尤其是在基层社会事务中的权力和影响逐渐扩大，这也正好符合皇权和绅权关系的弱强变动规律。因为“士绅力量的形成、发展同贵族力量的下降、消亡本是中国封建社会统治阶级构成力量的演化、替代的统一的历史过程。”[②] 有学者还认为，士绅“这个集团曾在中国明清社会中起着重要作用，处于中国社会结构中关键的一环上”[③]。费正清甚至指出：“在过去的1000年，士绅越来越多地主宰了中国人的生活，以致一些社会学家称中国为士绅之国。”[④] 还有学者把士绅发展看作政治制度的一种，如阳信生就说：“中国封建社会存在着一种自隋唐开始到明清时代趋于成熟的政治制度——绅士制度。”[⑤] 所以探究士绅的构成及发展，对于客观评价其人在不同时期、不同区域的社会角色及影响有着重要的意义。

第一节　甘肃士绅的构成

一　士绅的基本含义

明清时期，“士”与“绅”由原本各有所指，逐渐发展为一个整体的概念，表现出“士绅”合指的趋向。[⑥] 例如，叶梦殊在《阅世编》“冠服”篇中就将职官和举贡生员概称为绅士。该书在记述1660年（顺治十七年）苏松黜革绅衿13000余人案时，把曾出仕者称为乡绅，

① 王先明：《近代绅士——一个封建阶层的历史命运》，天津人民出版社1997年版，第19页。

② 同上书，第20页。

③ 杨力伟：《士绅的产生、衰落与消亡——一个宏观的透视》，《社会学与社会调查》1991年第5期。

④ 费正清：《美国与中国》，世界知识出版社1998年版，第33页。

⑤ 阳信生：《明清绅士制度初探》，《船山学刊》2007年第1期。

⑥ 王先明：《近代绅士——一个封建阶层的历史命运》，天津人民出版社1997年版，第6页。

未出仕者称为士、衿；合而言之，则统称绅衿。[①] 因此，尽管学术界诸如吴晗、费孝通、王先明、周荣德、马敏、孔飞力、张仲礼等人的观点不尽相同，但是有一点是相同的，那就是他们都把科举功名的获得者看作士绅的主要构成部分，也就是说，他们都认为功名、身份、学衔等是士绅身份的主要标志。在这方面，最有代表性的就是张仲礼，他说："绅士的地位是通过取得功名、学品、学衔和官职而获得的，凡属上述身份者自然成为绅士集团。功名、学品和学衔都用以表明持该身份者的受教育背景。官职一般只授给那些其教育背景业经考试证明的人。"[②] 学界关于此概念的差别和分歧主要表现在是否包括在职的官员，是否包括生员，是否包括职官在乡的子弟，是否包括居乡的地主及其他具有较多财富和较高社会地位但未有任何功名职衔的地方精英分子等方面。[③]

二 甘肃士绅的构成

虽然对于在职的官员、生员等低级功名乃至无科举功名者是否应该属于士绅阶层，学术界还存在着一定的分歧。但是，关于科举功名和身份属于士绅主要标志这一点是没有异议的。所以，结合古代社会甘肃经济、文化比较落后的客观状况，我们主要以张仲礼比较宽泛的概念和内涵为依据，即将那些低级功名获得者的生员以及业儒者都纳入清代甘肃士绅的范围之内。据此，我们将分别对清代甘肃士绅的主要构成作一简单论述。

（一）业儒者

业儒者，是指那些未通过童生入学考试的读书人，他们连最低级的生员功名都未得到。[④] 清代府、州、县童生入学考试，由于没有年龄限制，导致业儒者大量长期存在。清代同一时期存在的生员人数，据学者估计将近百万人，而参加童生考试者，往往几十人取中一人。因此，业儒者的人数应该比生员人数更多一些。这些业儒者一般有两种类型：

① 叶梦殊：《阅世编》，第 140 页。

② 张仲礼：《中国绅士——关于其在 19 世纪中国社会中作用的研究》，第 1 页。

③ 学术界关于士绅概念及内涵，在本书学术史综述部分已经有所论述和列举。

④ 张杰：《清代科举家族》，社会科学文献出版社 2003 年版，第 48 页。

一是生员队伍的后备军。由于中国古代社会盛行的“万般皆下品，唯有读书高”的社会理念，以及“朝为田舍郎，暮登天子堂”的士人逆袭事实，使得古代中国的广大家庭对子弟入仕抱着较大的希望，于是对男性来说，“读书—科考—入仕”就成了他们人生的首选，乃至终极奋斗目标。究其原因在于，读书不但可以做官，赢得社会尊重和认可，而且被视为入仕的正途，同时是发财致富的门路。所以，为了达到入仕做官和发财致富的目的，他们必须经过业儒，因为这是入仕最基本的学习阶段。因此，那些还没有取得最低功名，即生员资格的读书人，就属于业儒者，在古代士绅构成中，这些人比比皆是，而且人数众多。

二是那些科举考试中童试的失败者。由于名额的有限和参加考试人数的不断增加和无限扩大，总会有大批读书人在各级各类考试中落第，从而成为“业儒”大军中的一员。此外，科考无年龄限制的特点，以及业儒者今年不中，来年再考心理的驱使，使得滞留在这一最低阶段的人不仅大量存在，而且人数众多。于是，“业儒”对于这批人来说，很可能就成了终身职业。[①] 在清代甘肃各地，也有大批这样的业儒者。不过，由于资料的有限性，我们无法对他们的人数作出准确的统计，但是业儒者大量存在不仅是毋庸置疑的客观事实，而且他们在幅员辽阔的甘肃地区，尤其是偏远地区发挥着不可忽视的作用这一事实，也是客观存在的。例如，在大量的蒙馆中充任教师的大多就是这批业儒者，因为，一旦取得科举功名，他们的选择就比较多，而且收入也会比业儒者高许多。对此，张仲礼有明确的论述，他说：“只有那些自己中了生员的绅士才有资格辅导学生准备乡试，他们也会从这种教学中获得较高收入。而那些自己还未获得功名的白衣书生通常只能为幼童启蒙，其薪酬也要低许多。”[②] 很明显，张先生在这里所指的“白衣书生”应该就是我们所说的“业儒者”。

之所以把业儒者纳入甘肃士绅群体构成要素之中，是基于甘肃地处边远，经济、文化相对比较落后的客观事实。此外，从士绅参与地方事

① 张杰：《清代科举家族》，社会科学文献出版社2003年版，第49页。
② 张仲礼：《中国绅士的收入》，上海社会科学院出版社2001年版，第91页。

务和在地方的影响来看，虽然在江浙等文化发达地区和甘肃这样的边远地区，他们的文化成就和所获得功名者的人数差异较大，但是，他们作为士绅的作用是无差别的。例如，在文化发达和获得较多高级功名的江苏、直隶等地，一个举人所发挥的士绅职责也许并不比甘肃地区“业儒者”所发挥的职责大，这是由于不同地区士绅人数的差异造成的。对此，美国学者瞿同祖的观点可以借鉴，他指出，在中国传统社会，地方上的许多事务是受士绅阶层影响的，但其角色有地方差异，如举人在江浙地区可能称不上显赫之辈，但反观在穷乡僻壤，秀才、生员之流却有着极大的影响力。[①] 对此，张仲礼也说：“虽然下层绅士的特权和势力都小于上层绅士，但是他们的人数以及他们所管理的社区也多得多，并且在没有上层绅士居住的地方，他们也有放手管理的权力。”[②] 所以，在甘肃地区，业儒者实际上在许多领域发挥着士绅的作用。如：

> 刘振邦，字汝翼，漳县庠生。重义轻财，邻里有急，辄慷慨周恤，倡建东麟、西风、文昌各寺宇及堡寨，桥梁，凡有建造，悉身任之。[③]

漳县是甘肃东部一个比较偏远的地区，相对于兰州府来说，更是一个经济文化水平较低的地区，从以上记载可知，刘振邦虽然只是一名庠生，但却在地方社会事务中发挥着巨大的作用。他参与的这些事务具体包括社会救济、庙宇和桥梁等公共工程。实际上，这些地方事务是古代社会尤其是基层社会必须面对和解决的问题。而从史料记载来看，这些事务大多是由像刘振邦这样的地方士绅具体负责的，但囿于各地经济和文化教育水平的差异，在江浙等文化发达、上层士绅较多的地区，这些地方公共事务大多是由上层士绅负责的，而在甘肃这样的经济、文化水平较低、上层士绅较少的地区，大多是由像刘振邦这样的下层士绅来具

① Tung-tsu Chu, *Local Government in China under the Ching*, Harvard University Press, 1962, p. 175.

② 张仲礼：《中国绅士——关于其在19世纪中国社会中作用的研究》，第8页。

③ 《甘肃省新通志》卷73《人物志·孝义上》。

体负责的。

历史资料中，在地方社会事务中发挥重要作用的业儒者很多，再如坐落于甘肃东南两当县的业儒者王尚志传记的记载：

> 王尚志，字子成，两当人，幼业儒，窘于衣食，因辍学治生。勤苦所得，辄分穷乏。嘉陵江之双河口当要道，每年水涨，涉者辄被陷溺，尚志捐赀造舟，并输经费，行人以便。……各属筹军饷，尚志输巨金，更不邀奖叙。同治七年，岁大祲，大府拨赈粮于秦州，尚志以迫不及待，出所储杂粮数百石济之，存活无数。县仓毁于兵火，尚志倡办常平，为各堡劝，又经理社粮，收放以时，贫民恃为缓急，前后宰邑宰者赐"乐善好施"匾额以荣之。[①]

可见，两当的王尚志也是一名科举受挫的业儒者，但是却在两当地方社会事务中担任了许多角色。上述两则事例充分表明，虽然他们并没有获得较高的科举功名，一个曾经业儒，一个终生业儒，但他们却肩负了士绅在地方社会的职责，他们的这种作用与传统士绅，以及同时期其他地区士绅的职责和作用是一致的。而他们也不过是甘肃地区大批业儒者发挥士绅职责的典型代表，这样的记载在清代甘肃各地方志中相当多，在此，我们不再一一赘述。

（二）生员

在科考时代，一般把那些通过童生考试，进入府州县读书的士人称为生员，也就是民间俗称的"秀才"。清代生员名目繁多，除去正途及五贡外，被统称为"贡监生员"。具体说来，生员可分为廪（膳）生、增（广）生、附（学）生三种，贡生（例贡生）可分为附贡生、增贡生、廪贡生三种，监生可分为恩监、荫监、优监、例监四种。本书所指的生员也是一个相对宽泛的概念，它不仅包括地方官学中的学生，也包括国子监的监生。原因就在于，他们也是以经学为本，打算参与社会事务的人。与治经学者、官员型学者相比，这些生员的不同就在于，他们

---

① 《甘肃省新通志》卷74《人物志·孝义下》。

只具有准官僚身份。由于他们的主业，以及作为未来官员的潜在人选，也可以说，他们是“自觉以经学为本来参与社会治理”的下层群体。

由于取中名额的限制和科举三级考试由易到难的递增性特点，生员成为士绅阶层中人数最多的部分，他们也是士绅阶层的构成主体。

关于清代生员总数，有许多学者进行过统计和推算：清初大名士顾炎武曾就文生员的人数下过这样的结论：“合天下之生员，县以三百计，不下五十万人。”[①] 此外，钱德明也于乾隆四十二年（1777）写道，文生员的学额为24701个，并估算出生员总数为学额的20倍，即494020个。[②] 对此，张仲礼认为：“太平天国前的文生员数为526869，武生员数为212330，总数约为74万。”[③] 反观这些推论的得出时间，我们发现，顾炎武的估计数字是在明朝宣德七年，是通过当时的相关记载数字推算得出的。与之相似的结论是，《冷庐杂识》中“生员”条也这样记载：“《日知录》谓宣德七年奏，天下生员三万有奇，盖现存之数也。今天下岁取生员二万五千三百余名，约计现在之数，以三十年为准，凡岁试、科试各十，共得生员五十余万名，可云盛矣。”[④] 比较而言，结论得出较晚的是张仲礼的推算，所以这个结论可能更全面和准确些，原因在于，他是通过确定各州县考试的频次和学额来得出统计数字的。通过研究，他确定“在19世纪，文科院试每三年举行两次，武院试每三年举行一次”[⑤]。通过这种方法，他确定了考试的频次；关于学额，他通过研究后认为：“太平天国前全国1741所官学每次院试录取名额为25089名。”[⑥] 此外，他还推算出学额与生员数之间的关系，即“任何时候文生员的人数都将是学额的21倍，武生员的人数为学额的10倍”[⑦]。在确定了学额总数后，张先生通过乘法和加法估算了生员的总数：“太

① 顾炎武：《亭林文集》卷1《生员论上》，四部丛刊集部。

② 此说载于他已经出版的《北京传教士关于中国历史、科学、艺术、风俗、习惯录》第6卷。

③ 张仲礼：《中国绅士——关于其在十九世纪中国社会中作用的研究》，第106页。

④ 陆以湉：《冷庐杂识》卷1，中华书局1984年版，第21页。

⑤ 张仲礼：《中国绅士——关于其在十九世纪中国社会中作用的研究》，第82页。

⑥ 同上书，第84页。

⑦ 同上书，第106页。

平天国前任何一时期的生员人数可如此计算：25089 名文生员学额乘上 21，等于 526869 名文生员；21233 名武生员学额乘 10，等于 212330 名武生员。总数约为 74 万。"①

通过比较，我们发现以上几位学者的计算结果基本接近。因为本书所论述的士绅不包括武科功名获得者，只指文科功名获得者。所以，顾炎武的天下生员约 50 万人，与钱德明的 494020 人，以及张仲礼推算的 526869 人都比较接近。而且张先生还以太平天国为界限，对太平天国前、后的生员总数和其生员内部的各种组成做了更为具体的估算。他的结论是：扣除升入上层士绅集团者和捐得例贡者，生员净数为，太平天国前任何一时期文生员约为 46 万人，武生员为 19.5 万人；太平天国后任何一时期文生员总数为 55 万人，武生员为 25 万人。② 其中，在 46 万名文生员中，37177 人为廪生，37153 人为增生，其余近 38.6 万人为附生。太平天国以后的任何一时期，55 万文生员中，37361 人为廪生，37337 人为增生，其余约 47.5 万人为附生。③ 因为张先生的研究相对于前两位研究而言是比较新的结论，所以我们在估算清代甘肃生员时，基本上也以这一数字为依据。

按照张仲礼计算全国生员总数的方法，我们除了借用他文生员总数与学额之间的 21 倍关系之外，只要确定甘肃生员的学额就可以计算出清代甘肃生员的总数了。因为学额是按行政单位分配的，所以各府、县均有生员就学的官学，每所官学在每次考试后录取的生员都有一定的数额，即学额。学额的多寡一般依各行政单位的重要性和级别的不同而不同。因此，学额的多少与参加考试的考生人数无关，而与各自行政单位的地位相关。毫无疑问，较大的行政单位一般应试的人数也较多，但是学额与应试人数之间，或者学额与地区人口之间并没有固定的比例。就每个考生的录取机会而言，各行政单位之间有很大的不平等性。这种不平等性在中国古代长期存在，尽管有时也作一些幅度很小的调整。

---

① 张仲礼：《中国绅士——关于其在十九世纪中国社会中作用的研究》，第 106 页。

② 同上书，第 148 页。

③ 同上书，第 149 页。

根据行政单位的重要性和级别，其官学可分为大、中、小三等。据此，顺治四年（1647）第一次提到的文生员学额为：大学40名，中学30名，小学20名。增生的学额与廪生同。顺治十五年一道上谕讲道，每次文科院试录取名额大府学为20名，大州、县学15名，小州、县学为4—5名。康熙九年又有谕旨指出，大府、州、县官学额仍按旧制，中等官学每次考试录取12名，小官学8—10名。最后，雍正二年又谕准考生多的地方可要求重新分等："令督抚学政，会核人文最盛之州县，题请小学改为中学，中学改为大学，大学照府学额录取。督抚务必秉公详查，不得徇私冒滥。"①

据以上规定，我们得知，府学中廪生和增生数额相同，为40名，州学为30名，县学为20名。因此，如果在得知某府学或州、县学的生员总数后，我们就可以准确地计算出该学中廪生、增生、附生的具体学额；反之，如果我们可以确定某学是府学，还是州县学以及该学中附生的学额，我们同样可以很准确地计算出该学中生员的总数。依次计算，只要我们可以确定某地的官学数额及其学校的大、中、小，就可以知晓该地区生员的总数。

甘肃的文生员学额，在太平天国前，由于当时陕甘合闱，学额总数为1865人，太平天国后陕西学额为1236人，甘肃为889人。② 在张先生所统计的数字中，我们注意到，在太平天国后陕西的学额中，正额为1133人，甘肃为882人，陕西因为捐输而永广学额103名，甘肃为7名。因为捐输而永广学额是在太平天国以后的政策，所以我们也可以两省的正额为依据，对于陕甘两省的学额正额比率作出计算，即1133∶882，大约为1.28∶1。根据两省之间学额的这种比率关系，我们可以推算出在太平天国前，陕西学额为1047名，甘肃为818名。作出这样的推算，并不是笔者的凭空想象。因为清代中央王朝对各地的学额是严加控制的，所以，至少对于官学中的正额，增减的幅度应该不是很大。

① 李鸿章等：《钦定大清会典事例》卷370，商务印书馆，光绪三十四年刻本。

② 张仲礼：《中国绅士——关于其在十九世纪中国社会中作用的研究》，第148页。

“自清初以来一直相对稳定的生员学额，到太平天国时期发生了很大变动。”[①] 也就是说，在太平天国之前，各地官学中的学额及各省学额总数基本是稳定的，只是因为太平天国时期，由于财政紧张，军饷匮乏，政府出于镇压起义的需要，才实行捐输增加学额的政策。这种规定从咸丰三年（1853）开始实行，同年谕旨说：

> 现在大江南北军营，援剿之兵，数逾十万。连日捷音迭奏，大挫凶锋。近复调集各路重兵，克期复剿。合之前调之兵，不下二十余万。朕不惜帑金，为民除害，统计所拨，已及二千七百万两。际兹大兵云集，需饷尤殷，仍不能不借资民力，以济军储……着照大学士等所请，由各省督抚，妥为劝导，无论已捐未捐省份，凡绅士商民，捐资备饷，一省至十万两者，准广该省文武乡试额各一名。一厅州县，捐至二千两者，准广该省文武试学额各一名。如应广之额，浮于原额，即递行推展。倘捐数较多，展至数次，犹有赢余者，准其于奏请时声明，分别酌加永广定额。加额银数，及如何归并划除之处，悉照大学士等所议办理。其捐生本身，应得奖叙，仍准奏请，另予恩准。[②]

同年晚些时候，又有谕旨说：

> 咸丰三年议准，各省捐输，集有成数。由各该督抚汇奏，除给予本身奖励外，一厅一州一县捐银二千两，广文武学额各一名。如所捐银数浮于应加之额，即归下次数加广。或因捐银较多，准其奏请酌加永远定额。一厅一州一县捐银一万两，加文武学定额各一名，均以十名为限……[③]

---

① 张仲礼：《中国绅士——关于其在十九世纪中国社会中作用的研究》，第90页。

② 《清文宗实录》卷89。

③ 李鸿章等：《钦定大清会典事例》卷720，商务印书馆，光绪三十四年刻本。

这种捐银增加学额的规定实行以后，极大地改变了各地区学额的原有规定，所以为使学额不至于完全失控，政府规定了每个县所增永广学额不得超过10个。咸丰八年（1858）有一补充强调，凡原定学额不到10个的地方，永广学额的增加不得超过原定额。[①] 在太平天国起义被镇压后，军需孔亟的状况有所缓解，政府乃进一步限制永广学额。同治七年（1868）上谕指出：

（同治）七年复准，各省加广学额银数，照旧章凡一厅一州一县捐银四千两者，准加一次学额一名；二万两者，准加永远定额一名。其捐银已请奖叙，或已广中额者，均不准再加学额。[②]

据此规定，从此每增加一学额，报效的款项要增加一倍。并且过去每捐一笔款项可获三种奖赏，即报效者获奖叙、增加举人的取中名额、增加生员学额，现在只可获其中一种。同治十年（1871）准予永广学额的做法终于停止了。当年的上谕规定：

（同治）十年议准，外省捐输各案，止准请加一次学额，概不准请加永远定额。其银数改为输捐银一万两者，准广一次文武学额一名。[③]

以上几则材料充分说明，清朝政府对学额的控制是比较严格的，例如关于增加生员学额的规定，从1853年开始之时捐2000两就可以准广学额，到1868年，4000两才可以加学额一名，若要永加一名学额，则需要捐银20000两，捐银数明显翻了一番，到1871年停止之时，要加一名学额，捐银数增至10000两，这与最初的2000两相比，已经增加了4倍。这些规定和数字充分说明：除了太平天国时期陕西因捐输军饷

---

① 李鸿章等：《钦定大清会典事例》卷370，商务印书馆，光绪三十四年刻本。
② 李鸿章等：《钦定大清会典事例》卷720，商务印书馆，光绪三十四年刻本。
③ 李鸿章等：《钦定大清会典事例》卷370，商务印书馆，光绪三十四年刻本。

增加了 103 个学额，甘肃增加了 7 个学额外，陕甘两省的学额总数变化不大。而太平天国以后，陕西的正额为 1133 名，甘肃的正额为 882 名。所以，我们的推算结论是，太平天国前甘肃的正额大概为 818 名，陕西约为 1047 名基本是可信的。至于这个估算学额与当时实际学额之间会存在一定的差距，也是可以理解的。因为，虽然朝廷严格控制学额，学额变化不大，但并不等于绝对没有变化。何况，从 1644 年清王朝入关到 1851 年太平天国时期，中间相隔 100 多年，陕西和甘肃正额的适当增加应该是符合实际情况的，因为从总体上看，全国和各地的学额都呈缓慢地增长趋势。陕西从太平天国前的 1047 名增加到太平天国后的 1133 名，甘肃从太平天国前的 818 名增加到太平天国后的 882 名。其中，陕西增加了 86 名，增长了 8.2%；甘肃增加了 64 名，增长了 7.8%，相差 0.4 个百分点，这个增长幅度相差不大，所以，我们的计算数字应该是基本可靠的。

根据以上推论，我们计算出太平天国前甘肃的学额为 818 名，太平天国后的学额为 882 名，借助张仲礼的计算方法，我们用生员总数，即学额乘以 21，得出甘肃太平天国前的文生员总数为 17178 人，太平天国后的文生员总数为 18522 人。[①] 值得注意的是，我们这里计算的只是根据学额中的正额计算的，并未包括暂广和永广学额。例如，太平天国期间，甘肃获得了 7 个永广学额，[②] 这样，太平天国后的甘肃文生员学额既是 889 名，那么太平天国后的甘肃文生员总数就是 889 × 21 = 18669 人，张先生应该也是这样计算的，因为在他所列的表中，[③] 太平天国后甘肃的文生员总数是 18690，这个数字是张先生把暂广的 1 个学额加进去计算得出的，也就是（889 + 1） × 21 = 18690 人。根据以上结果，我们知道了太平天国前陕甘两省的文生员总数为 17178 +

---

① 张仲礼研究后指出，任何时候文生员的人数都是学额的 21 倍，武生员的人数为学额的 10 倍。这个结论上文已经提到（张仲礼：《中国绅士——关于其在十九世纪中国社会中作用的研究》，第 106 页）。

② 张仲礼：《中国绅士——关于其在十九世纪中国社会中作用的研究》，第 96 页表 16。

③ 同上书，第 168 页表 22。

21987＝39165名，这个数字，也和张先生的计算结果完全一致。① 根据已经得出的结论，我们不但可以进一步确定各个时期的文生员总数，还可以得出武生员总数，但因为本书的研究范围和对象不包括武科举功名获得者，所以我们不再计算武生员总数，但根据我们的计算和张仲礼的研究成果，我们可以对甘肃的文生员学额、总数等情况通过下表来进一步明确化。

表1－1　**甘肃文生员人数表**

时　期	学额（人）	文生员总人数（人）
太平天国前	818	17178
太平天国后	890（其中包括因捐输军饷而增加的7个永广学额和1个暂广学额）	18690

资料来源：借鉴张仲礼的计算生员总数的方法以及他统计的相关学额数字。

为了进一步确定各府、州、县学的学额，我们以《甘肃新通志·选举志》为依据，对清代甘肃各学的学额以表格的形式列举如下。

表1－2　**清代甘肃的学额及岁、科考所取文生员统计表**

府、州、县学	廪生学额（名）	增生学额（名）	岁、科数额（名）
兰州府学	40	40	20
皋兰县学	20	20	20
狄道州学	20	20	15
渭源县学	20	20	8
金县学额	20	20	8
靖远县学	20	20	9
河州州学	28	28	12
平凉府学	40	40	20
平凉县学	20	20	12

① 张仲礼：《中国绅士——关于其在十九世纪中国社会中作用的研究》，第166页表20。

续表

府、州、县学	廪生学额（名）	增生学额（名）	岁、科数额（名）
华亭县学	20	20	8
静宁州学	30	30	12
隆德县学	20	20	8
庄浪县学	18	18	8
固原直隶州学	32	32	12
平远县学	10	10	5
海城县学	10	10	10
化平直隶厅学	1	1	2
泾州直隶州学	30	30	16
崇信县学	20	20	8
镇原县学	20	20	15
灵台县学	20	20	9
巩昌府学	40	40	20
陇西县学	20	20	15
漳县乡学	20	20	12
安定县学	20	20	15
会宁县学	20	20	15
通渭县学	20	20	15
宁远县学	20	20	12
伏羌县学	20	20	15
西和县学	20	20	8
岷州厅学	40	40	8
洮州厅学	40	40	8
秦州直隶州学	30	30	21
秦安县学	20	20	20
清水县学	20	20	8
礼县县学	20	20	12
徽县县学	20	20	12
两当县学	20	20	8
阶州直隶州学	30	30	17

续表

府、州、县学	廪生学额（名）	增生学额（名）	岁、科数额（名）
文县县学	20	20	15
成县县学	20	20	13
庆阳府学	40	40	20
安化县学	20	20	15
董志原乡学	4	4	3
合水县学	20	20	8
环县县学	20	20	8
正宁县学	20	20	12
宁州州学	30	30	12
宁夏府学	40	40	20
宁夏县学	20	20	17
宁朔县学	20	20	17
宁灵厅学	20	20	8
平罗县学	20	20	8
灵州州学	30	30	11
中卫县学	20	20	14
西宁府学	40	40	13
西宁县学	20	20	8
贵德厅学	2	2	4
循化厅学	4	4	4
碾伯县学	20	20	8
大通县学	2	2	6
凉州府学	40	40	20
武威县学	20	20	15
庄浪厅乡学	18	18	8
镇番县学	20	20	15
永昌县学	20	20	12
古浪县学	20	20	8
平番县学	20	20	12
甘州府学	40	40	16

续表

府、州、县学	廪生学额（名）	增生学额（名）	岁、科数额（名）
张掖县学	20	20	15
山丹县学	20	20	12
肃州直隶州学	30	30	12
高台县学	20	20	15
安西直隶州学	3	3	6
敦煌县学	3	3	6
玉门县学	3	3	6
总　计	1642	1642	900

资料来源：升允、长庚修，安维俊纂《甘肃新通志》卷31《学校志·学额》，兰州古籍书店影印本1990年版。

通过以上表格，我们得知，清代甘肃的学额正额总数为888名，这与张仲礼计算的太平天国以后甘肃的学额数字相差不多。[①] 据此数字可以确定，我们对清代甘肃学额的统计和估算应该是真实可信的，相应地，基于这个学额总数计算出的清代甘肃文生员的总数也应该是比较准确的。

（三）监生

监生的种类较多，有例监生、恩监生、优监生、荫监生等。例监生是通过捐纳银米在名义上或实际上可进入国子监的学生。这些监生中曾经是廪生的通常称为"廪监"，曾是增生的被称为"增监"，曾是附生的被称为"附监"。但大部分监生只是俊秀，即平民，就直称监生。恩监生来源于两条途径：一是因朝廷恩赐而选自官学生或算学生的；二是由朝廷赐予圣人后裔。荫监生则是由父辈为朝廷勋旧而获得监生衔者。优监生，即品行兼优的监生，他们系选自各省各学校的附生和武生员，[②] 人数极少，挑选一事由各省学政决定，他们在正式进入国子监以

① 张仲礼在《中国绅士——关于其在十九世纪中国社会中作用的研究》第96页表4中，计算得出甘肃太平天国后的学额总数为889名。

② 李鸿章等：《钦定大清会典事例》卷1098，商务印书馆，光绪三十四年刻本。

前必须通过礼部和国子监会同举行的考试。

监生相对于那些严格通过层层考试的科举功名获得者来说，属于走捷径者。因为他们中的大部分人是通过捐纳而获得功名和身份的。所以在许多文献和学者的研究中，这些通过捐纳而获得功名者被称为“异途”，以区别于通过科考取得功名的“正途”士绅。

事实上，通过捐赀授予的功名，是朝廷控制和制约正途出身者，平衡他们之间的关系、防止正途出身的士绅结成朋党的一种手段。例如雍正皇帝的一道谕旨对此目的说得就比较明确。雍正五年（1727）的一道上谕说：

> 近见科目出身之员，不但多有苟且因循之人，而贪赃坏法者，亦复不少。至于师友同年夤缘请托之风，比比皆是，牢不可破。假若仕途尽系科目，亦彼此固结，背公营私，于国计民生，为患甚巨。应酌添捐纳事款。除道府同知大员，不准捐纳外，如通判、知州、知县及州同县丞等，应酌议准其捐纳。①

很明显，雍正皇帝是将捐纳制度作为一种控制正途出身者的手段来实施的。这与后来尤其是太平天国时期捐纳制度盛行的目的是大相径庭的。因为雍正时期正处于清王朝国力强盛阶段，国家财政并不困难，所以当时他们最关心的问题是，如何更有效地加强对士绅，尤其是知识分子的控制，达到为我所用的目的。所以，康雍乾时期对于士绅的政策是以控制为主，主要体现在政治、思想、文化等方面的控制和约束。

而在清王朝中后期，尤其是太平天国时期，由于军饷匮乏，清王朝财政紧张，捐纳制度于是被进一步扩大，此时的捐纳则完全是为了解决军饷的不足和财政困难。关于此时捐纳制度实行的目的，咸丰帝的上谕说得也很明确：

> ……合之前调之兵，不下二十余万。朕不惜帑金，为民除害，

---

① 《清国行政法分论》第5编，第308页；《清世宗实录》卷5。

统计所拨，已及二千七百万两。际兹大兵云集，需饷尤殷，仍不能不借资民力，以济军储……着照大学士等所请，由各省督抚，妥为劝导，无论已捐未捐省份，凡绅士商民，捐资备饷，一省至十万两者，准广该省文武乡试额各一名。一厅州县，捐至二千两者，准广该省文武试学额各一名。如应广之额，浮于原额，即递行推展。倘捐数较多，展至数次，犹有赢余者，准其于奏请时声明，分别酌加永广定额。加额银数，及如何归并划除之处，悉照大学士等所议办理。其捐生本身，应得奖叙，仍准奏请，另予恩准。①

虽然清王朝为了加强对正途士绅的控制和解决财政紧张的状况，不惜大开捐纳制度，但是从总体上看，捐纳制度并不是主要的人才选拔制度，相应地，捐监生等也并未成为整个士绅群体中的主流。这主要是因为捐纳制度和捐监出身者不但受到正途出身士绅的轻视和排斥，而且在官职任命和社会地位方面，捐监出身者和科举出身者间的差距也比较大。以“异途”的例贡生和拔贡等“止途”贡生为例，“异途”贡生社会地位较低，特权较少，属于下层士绅，而“正途”贡生则属于上层士绅。所以，例如在职官选用方面，只有“正途”贡生可被选任为教职，或经廷试而出任知县。此外，在学习时间方面的规定也有所不同，“异途”贡生相对于“正途”贡生，他们在国子监的学习时间更长，然后才能参加相关的选拔考试。② 对于“正途”优于“异途”官职任用的差异状况，《大清缙绅全书》也有明确记载，即“正途出身者占有2万个文官职位的近半数，他们控制了朝廷的显职和地方上的要职，并且几乎独揽了教职”③。通过数字，张仲礼进一步指出，在太平天国前，“正途”官员数对“异途”官员数之比约为2:1，太平天国后则为4:3。也就是说，太平天国前捐班出身的在职和离职文官总数近1.1万人，太平天国后为2万人。④ 所以捐纳制度并没有过多危及正常的科举制度，因

① 《清文宗实录》卷89。

② 李鸿章等：《钦定大清会典事例》卷74，商务印书馆，光绪三十四年刻本。

③ 参阅《大清缙绅全书》，光绪七年京师刊本。

④ 张仲礼：《中国绅士——关于其在十九世纪中国社会中作用的研究》，第130页。

此，那些通过科举考试这一“正途”步入士绅行列和官场依然是士人的首选和主要途径。

关于清朝的捐监制度，张仲礼认为：“在整个19世纪前半期，捐监生的人数在稳定地下降。”① 并且指出这种下降的趋势与财富集中于少数人手中有关。与19世纪上半期的情况相反的是，“捐纳制度，包括监生捐纳，在19世纪后期反而兴盛起来，这并不表现在捐纳的款项，而表现在捐纳的人数上。”② 这种捐纳制度的兴盛和捐纳人数的增加，无疑是与太平天国时期，清朝政府为解决财政困难和军饷不足而鼓励捐纳有关。但与清王朝大开捐纳制度的初衷相反，19世纪后期捐纳制度的盛行并没有达到目的，反而使得中央控制权旁落，地方控制力加强。光绪三十二年（1906）度支部的一份奏议可以说明这种情况：

> 自光绪二十八年（1902）十一月起，至现在止，据直隶、四川、两广、两江、奉天、山东、甘肃等省，先后共请领给空白执照436700张。核计各该省册到部请奖者，只填用空白执照10万张有零。未报之数甚巨。尚有续请颁照者，均经臣部驳斥不准。伏思赈捐虽未能即时停止，流弊诚不可不防。空白执照一项，其减价亏蚀，转售遗失诸弊，已指不胜屈。甚且藉部之照，以愚弄捐生，竟予隐匿不报，故有终身不知其捐照，未经核准者。捐款徒供贪橐，于公家毫无裨益……③

上述奏议不仅充分说明了中央政府失去控制捐纳收入的事实，而且表明了捐纳制度在此时的泛滥。

基于捐监制度的变化，对于监生总数，张仲礼认为，太平天国前为355535人，太平天国后为533303人。④ 对于这一身份头衔获取的代价，

---

① 张仲礼：《中国绅士——关于其在十九世纪中国社会中作用的研究》，第114页。

② 同上书，第118页。

③ 《清国行政法分论》第5编，第365—366页。

④ 张仲礼是通过确定捐监生的银数和捐纳总数额而确定和计算出监生总人数的，即捐一监生约需100多两银子。

平民和生员捐监生需纳银数额，也是有差别的。道光初年，在京师平民捐监生需付银 108 两，在地方需捐银 100 两。自道光七年（1827）起，捐监生者无论京师和地方均需 120 两。自道光末年（1850）起，在京师或地方均需 108 两。整个道光年间附生捐监生衔无论何地均需纳银 90 两，增生需 80 两，廪生需 60 两。

借助张仲礼的研究成果，以道光朝为例，我们不但计算出了这个时间段里甘肃的监生总数，而且可以确定这些捐监生的纳银总数额。对此，我们依然以表格的形式来反映道光朝甘肃的监生人数和纳银数额。

表 1－3　**甘肃在道光朝捐监银数及捐监人数**

	捐监银数（两）	捐监人数（人）
道光元—五年	73682	650
道光六—十年	148882	1272
道光十一—十五年	64632	598
道光十六—二十年	47952	444
道光二十一—二十五年	29440	271
道光二十六—三十年	46136	242
总　计	410724	3477

资料来源：根据汤象龙《道光朝捐监人数统计》（《社会科学杂志》1931 年第 4 期），以及张仲礼《中国绅士——关于其在十九世纪中国社会中作用的研究》第 170 页表 24 中的相关数字统计得出。

因为捐监者中大多属于平民，所以增生、附生等为了能早日参加乡试而捐监者的人数也就比较少。据此，清朝甘肃的 3477 名捐监生中，属于增生、附生等捐监者也相对较少。影响甘肃监生数额变化的因素，笔者认为，除了经济落后等基本因素外，乾隆年间的甘肃捐监贪污大案，也是影响清朝甘肃监生人数较少的重要因素。关于这个案件及其影响，我们将在其他部分里加以集中论述。因为本书是以文科功名获得者，即清朝时期甘肃的知识分子群体为研究对象，所以，平民占主体的监生并未纳入我们的研究视域。

（四）贡生

贡生，通常也简称为五贡，包括岁贡、恩贡、拔贡、优贡、副贡。五贡相对于通过捐纳而成为士绅的“例贡”来说，属于“正途”出身，因为前者是通过考试而获得的，而后者则是通过捐纳而获得的。

恩贡生，是皇帝赏赐的贡生，每逢国家盛典如新皇帝登基等都有这种恩典和赏赐。关于恩贡生总数，是“将学校数乘以开恩科的次数”。[①]因为“每一学校无论其规模，每次恩科一般应有一名恩贡”[②]。清朝开恩科的次数大约为38次，而清代甘肃各府州县的官学总数为76所，这样，我们得到清代甘肃的恩贡生数为2888名。[③] 但是，《甘肃新通志·选举志》中记载有名姓可查的贡生总数大约是1365名，所以很明显，这个计算方法不够准确。如果借助张仲礼所计算的恩贡生在整个贡生中所占比重在太平天国前后分别为15%和30%来计算的话，那么我们可得知，甘肃在太平天国前约有204名恩贡生，太平天国后约有410名恩贡生。

拔贡生，每12年选拔一次。清朝规定，每逢拔贡年份，府学可有两个名额，每个州、县可有一个名额。[④] 虽然有变动，但无论怎样，拔贡生的名额至少与官学数一样多。[⑤] 据此我们可以推算出，甘肃每选拔一次的拔贡名额约为76名。[⑥] 按张仲礼的计算方法，用拔贡名额乘以2即为拔贡生总数，[⑦] 那么，清代甘肃的拔贡生总数约为152名。

优贡生，按例三年挑选一次。清初为“大学二人，小学一人……乾隆四年，限大省无过五六名，中省三四名，小省一二名，宁缺勿滥”。[⑧]按照这个规定，甘肃在清代基本属于小省，也就是说，在每三年一次的

① 张仲礼：《中国绅士——关于其在十九世纪中国社会中作用的研究》，第142页。

② 同上书，第141页。

③ 关于恩科次数，是以张仲礼所列的统计得来的，关于学校总数，是以《甘肃新通志·选举志·学校》中的记载为依据得来的。

④ 李鸿章等：《钦定大清会典事例》卷384，商务印书馆，光绪三十四年刻本。

⑤ 张仲礼：《中国绅士——关于其在十九世纪中国社会中作用的研究》，第142页。

⑥ 因为据《甘肃新通志》卷31，我统计出甘肃的府、州、厅、县的官学总数为76所。

⑦ 张仲礼：《中国绅士——关于其在十九世纪中国社会中作用的研究》，第142页。

⑧ 赵尔巽：《清史稿》卷106《选举一》，中华书局1977年版。

优贡生选拔中，甘肃约有两名优贡生，按照张仲礼的估算他们平均获此衔的年龄为24岁，[①] 那么，在清代的任何时期，甘肃约有72名优贡生。这个数字与同治二年的一则诏书所说的数字大致一样，“同治二年有一诏书说，挑选一次，各省优贡总数仅60至70名”[②]。而在太平天国以前或以后的任一时期，全国的优贡人数大约为500名。[③]

副贡生，是指那些乡试未中举者，但其成绩可列入副榜的人。关于副贡的名额，是根据举人数来取定的，即每五人中举，即可有一人中副榜。为了比较准确地计算出清代甘肃副贡的大致人数，笔者对《甘肃新通志》卷39《学校志·选举上》所列有姓名依据的甘肃举人总数作了统计，结果为：清代甘肃曾获得文举人功名者总数为1959人。按每五名举人可有一名副贡生的规定计算，清代甘肃曾获得副贡生功名者约有392人。

岁贡生，是指按资历递升的贡生。岁贡生是从廪生中选拔的，他们均属于乡试屡试不第者。关于岁贡生的选拔，清朝规定：岁贡生“府学岁一人，州学三岁二人，县学二岁一人，一正二陪。”据此规定，我们如果能准确地计算出某省的府学总数、州、县学总数，基本上就可以计算出该省岁贡生的具体数字。

关于甘肃官学每年岁贡生名额，张仲礼也作了统计，他把陕西和甘肃纳在一起计算，得出结论为：太平天国前陕甘官学每年岁贡生名额为88名，太平天国后为91名，也就是说，他估算的陕甘太平天国前每年约有88名岁贡生名额，太平天国后每年约有91名岁贡生名额。据此数字，也很难了解甘肃官学每年的岁贡生名额总数，但为了确定这个数字，并估算出甘肃的岁贡生总数，我们还是以《甘肃新通志·选举志·学额》的记载为基础来统计清代甘肃官学每年的岁贡生名额。

---

① 张仲礼：《中国绅士——关于其在十九世纪中国社会中作用的研究》，第143页。

② 李鸿章等：《钦定大清会典事例》卷385，商务印书馆，光绪三十四年刻本。

③ 张仲礼：《中国绅士——关于其在十九世纪中国社会中作用的研究》，第143页。

表1－4　　清代甘肃官学每年的岁贡生名额及总数

官学名称	文献资料记载	名额
兰州府学	一年一贡	1
皋兰县学	二年一贡	1/2
狄道州学	三年二贡	2/3
渭源县学	二年一贡	1/2
金县学额	二年一贡	1/2
靖远县学	二年一贡	1/2
河州州学	三年二贡	2/3
平凉府学	一年一贡	1
平凉县学	二年一贡	1/2
华亭县学	二年一贡	1/2
静宁州学	三年二贡	2/3
隆德县学	二年一贡	1/2
庄浪县学	三年一贡	1/3
固原直隶州学	三年二贡	2/3
平远县学	四年一贡	1/4
海城县学	四年一贡	1/4
化平直隶厅学	六年一贡	1/6
泾州直隶州学	三年二贡	2/3
崇信县学	二年一贡	1/2
镇原县学	二年一贡	1/2
灵台县学	二年一贡	1/2
巩昌府学	一年一贡	1
陇西县学	二年一贡	1/2
漳县乡学	二年一贡	1/2
安定县学	二年一贡	1/2
会宁县学	二年一贡	1/2
通渭县学	二年一贡	1/2
宁远县学	二年一贡	1/2
伏羌县学	二年一贡	1/2
西和县学	二年一贡	1/2

续表

官学名称	文献资料记载	名额
岷州厅学	一年一贡	1
洮州厅学	一年一贡	1
秦州直隶州学	三年二贡	2/3
秦安县学	二年一贡	1/2
清水县学	二年一贡	1/2
礼县县学	二年一贡	1/2
徽县县学	二年一贡	1/2
两当县学	二年一贡	1/2
阶州直隶州学	三年二贡	2/3
文县县学	二年一贡	1/2
成县县学	二年一贡	1/2
庆阳府学	一年一贡	1
安化县学	二年一贡	1/2
董志原乡学	三年一贡	1/3
合水县学	二年一贡	1/2
环县县学	二年一贡	1/2
正宁县学	二年一贡	1/2
宁州州学	三年二贡	2/3
宁夏府学	一年一贡	1
宁夏县学	二年一贡	1/2
宁朔县学	二年一贡	1/2
宁灵厅学	三年二贡	2/3
平罗县学	二年一贡	1/2
灵州州学	三年二贡	2/3
中卫县学	二年一贡	1/2
西宁府学	一年一贡	1
西宁县学	三年一贡	1/3
贵德厅学	六年一贡	1/6
循化厅学	三年一贡	1/3
碾伯县学	三年一贡	1/3

续表

官学名称	文献资料记载	名额
大通县学	六年一贡	1/6
凉州府学	一年一贡	1
武威县学	二年一贡	1/2
庄浪厅乡学	三年一贡	1/3
镇番县学	二年一贡	1/2
永昌县学	二年一贡	1/2
古浪县学	二年一贡	1/2
平番县学	二年一贡	1/2
甘州府学	一年一贡	1
张掖县学	二年一贡	1/2
山丹县学	二年一贡	1/2
肃州直隶州学	三年二贡	2/3
高台县学	二年一贡	1/2
安西直隶州学	六年一贡	1/6
敦煌县学	六年一贡	1/6
玉门县学	六年一贡	1/6
总计	——	471/3

资料来源：升允、长庚修，安维俊纂《甘肃新通志》卷31《学校志·学额》，兰州古籍书店影印本1990年版。

根据上表统计数字，我们得知清代甘肃官学每年的岁贡生名额约为47名，而张仲礼估算的太平天国后陕甘官学每年的岁贡生名额约为91名。这样，我们的统计数字刚好相当于张先生对两省数字估算的一半多一点，因为以上数字是以史料为基础统计得来的，所以我们基本上可以确定甘肃官学每年的岁贡生名额大约就是47名。

关于岁贡生的总人数，张仲礼的计算方法为，用全国每年的岁贡生总名额数乘以20。因为他估算廪生获取贡生时的平均年龄约为40岁，而获得这一学衔后的寿命约为20年（估计张先生是以当时人的平均寿命60岁作此推算的），所以，在计算岁贡生总数时，他采取了这一计算方法，即用全国每年的岁贡生总名额 1000 名 ×20 年 = 20000 人。从而他估算出在太平天国以前或以后的任何时期，岁贡生的总数约为 2 万人。[①]

借助张先生的计算方法，我们也可以计算出清代甘肃的岁贡生总人数。即用清代甘肃官学的岁贡生总名额乘以 20，即可得出岁贡生总人数。按此方法计算，47 名 ×20 年 = 840 人。为了确定我们的计算和实际情况，笔者对清朝时获得贡生衔的总人数作了统计，大约为 1365 人。[②] 因为在五贡中，岁贡生人数最多，所占比例也较大，所以 840 名左右的岁贡生占据了 1365 名贡生总数的绝大部分。关于五贡之间的比例，张仲礼估算的结果为：岁贡、恩贡、拔贡、优贡、副贡在太平天国前的比率大约为 61%、15%、11%、2%、11%；太平天国后大约为 50%、30%、9%、2%、9%。[③] 按照这个比例，以清代甘肃贡生的总数为依据，我们计算出甘肃的岁贡生总数在太平天国前约为 832 名，太平天国后约为 683 名，这一结果与我们依据它用岁贡生名额乘以 20 年的结果 840 名比较接近。所以，清代甘肃的岁贡生总数，大约在 832 名到 840 名之间。

（五）举人

举人，是相对于生员、监生和贡生来说的，是较高功名的获得者，是指那些在乡试中获胜的考生。在中国古代社会，一旦获此功名，就意味着他们挤入了上层社会的行列，在张仲礼的相关研究中，他们属于上层绅士。所以他们距离出仕是比较近的。

在科考时代，科举功名由于中式名额的有限性和参加者的急剧扩大，导致越高一级的考试，其竞争程度也就越激烈，所以相较于生员、岁贡生等功名，获取举人科名的乡试竞争更加激烈，中举者不过百分之一、二。然而一旦中举，其人所获得的荣誉和好处也是相当大的。不光他们本人从此步入上层士绅行列，从此能够与当地的上层士绅，包括督

---

① 张仲礼：《中国绅士——关于其在十九世纪中国社会中作用的研究》，第 140 页。

② 这一数字是笔者根据《甘肃新通志》卷 40《学校志 · 选举下》所列清代获得贡生学衔的人名统计而来。

③ 张仲礼：《中国绅士——关于其在十九世纪中国社会中作用的研究》，第 142 页表 13。

抚等交往，而且也能为自己和家族甚至所在的家乡带来各种利益与好处。正是因为如此，才造就了诸多孔乙己、范进这样悲剧性的读书人，也涌现出众多像蒲松龄这样虽皓首穷经但无缘功名的知识人。

关于举人人数，学术界已经有很多学者作过计算。例如，张仲礼估算，全国在“太平天国前举人人数近 1.8 万人，太平天国后约 1.9 万人……扣除后来中进士和经过捐纳而步入仕途者外，举人净数将近 1 万人”①。张杰则依据每科全国的中举总额乘以清朝的开科总数，得出全国的举人总数为 144480 人。②

借助这些计算方法，我们要确定清代甘肃的举人总数，首先就要确定清代甘肃的乡试中举名额。因为在左宗棠奏请陕甘分闱前，陕西和甘肃的乡试是在一起举行的。所以，关于乡试名额的分配，也很难找到具体的数字。不过，根据一些文献资料，我们大致可以确定甘肃乡试的中举额。例如，光绪七年（1881）各省的中举名额分配，“陕西 61 名”③。因为陕甘合闱，所以甘肃士子在乡试中所占的名额比较少。在分闱前的 61 名中举额中，甘肃士人获得举人功名的人数要远远少于陕西。直至左宗棠任陕甘总督时期，才将陕甘两省的中举额作了分解，即甘肃 21 名，陕西 40 名。④ 此后，左宗棠又上《奏请分闱增额疏》，要求增加甘肃的中举名额。他说：“仰恳特恩赏准甘肃增额九名，合近科分额二十一名，应广额十名，则甘省得额四十名。”⑤ 由此，我们得知，在陕甘分闱后，甘肃的中举额为 40 名。

在确定了甘肃的乡试中举额后，我们就可以大致计算出甘肃的举人数，即用中举额乘以开科次数即可得到举人总数。清代总共开科 112 次，如果按陕甘分闱后的 40 名来计算的话显然并不合适，因为在分闱前甘肃的中举额肯定比较低，不会是 40 名。所以我们以平均数 30 作为

① 张仲礼：《中国绅士——关于其在十九世纪中国社会中作用的研究》，第 139 页。

② 张杰：《清代科举家族》，社会科学文献出版社 2003 年版，第 54 页。

③ 《大清缙绅全书》第 1 册，第 20 页。

④ 左宗棠：《奏请陕甘分闱疏》，升允、长庚修，安维俊纂：《甘肃新通志》卷 33《学校志·贡院》，《中国西北文献丛书》第 24 册，兰州古籍书店 1990 年影印本。

⑤ 同上。

中举额来计算，得出的数字就是：清代甘肃约产生过3360名举人，即30名×112科=3360名。显然，这一数字高于《甘肃新通志》卷39《选举志》所记载的有姓名可查的举人总数1959人。所以，关于清代甘肃举人的确切人数，学术界暂时还无法得出精确数字，估计应该高于《甘肃新通志》卷39《选举志》所记载的1959名，低于我们估算的3360名，大致在2000多人也许更为客观一些。

（六）进士

进士，是指那些通过最高一级科举考试，即殿试考试者。他们虽然在整个士绅群体中人数最少，但却享有所有士绅构成者中最多的特权和最高的社会声誉，因为他们居于士绅构成图——金字塔的顶层，这也是读书人所获得的最高科举功名和荣耀，所以该层次功名获得者通常将自己视为与众不同的、凌驾于他人之上的团体。

在科举考试废除前，清朝总共举行会试112科，共产生了26747名进士。[①] 这个数字相对于清朝庞大的政治体制构成来说，并不算大，物以稀为贵的市场供给和统治者的有意限制，使得读书人一旦考中进士，他们出仕的机会将是100%，也就是说，进士功名获得者都会被任命为封建王朝的各级官员。关于进士的授职情况，清代进士有“甲科”或“甲榜”之称，“一甲状元授修撰，榜眼、探花授编修，二、三甲进士授庶吉士、主事、中书、行人、评事、博士、推官、知州、知县等官有差”。[②] 清代会试在北京进行，康熙五十二年（1713）以前，因各省没有固定的名额限制，所以江浙地区取中人数最多。此后，清朝统治者不断对各省的中式名额作了规定，目的是平衡和缩小地区之间的差距，从而在全国范围内形成对所有读书人的吸引力和向心力。一般来说，会试名额的多少是按应考人数确定的。同时，中举名额的多寡也能反映出该地区文化教育发展程度的高低。例如，光绪十五年（1889）的会试中额：江苏、浙江、直隶分别以25、24、23高居前三，而台湾、奉天、

① 张仲礼：《中国绅士——关于其在十九世纪中国社会中作用的研究》，第177页进士统计数据表。

② 赵尔巽：《清史稿》卷108《选举三》。

甘肃则分别以2、3、9列为后三位。[①] 这个学额的多寡，事实上是与各省教育文化水平的高低相吻合的。

由于甘肃地处偏远，文化相对比较落后，所以清代甘肃考中进士的人数也比较少。关于清代甘肃进士的总人数，对其做过统计的学者比较多，但是由于各自所依据的文献不同，研究对象、范围不同，每个人得出的数字差异较大。例如，张利荣认为，清代甘肃进士有280人；[②] 漆子扬认为，清代甘肃进士为348人；[③] 雍际春的统计数字为清代甘肃有进士300人；[④] 张镔统计的清代甘肃进士为305人；[⑤] 张晓东则依据现在的甘肃行政区划，统计得到清代甘肃有据可查，可确认的进士为292人。[⑥] 很明显，张晓东是以现在的甘肃行政区划为准，因此没有把宁夏府、西宁府和迪化的进士纳入其中。可见，这些众多的统计结果使我们对清代甘肃到底产生了多少进士，无法得到一个可靠、确切的数字。因此，为了弄清楚清代甘肃到底产生过多少名进士，笔者以《甘肃新通志》卷39《选举志》所罗列的进士姓名对清代甘肃进士作了非常仔细的统计，统计表明，清代甘肃获得进士功名者共有332人（为了解决学术界对于清代甘肃进士数字统计不同的情况，笔者依据《甘肃新通志》的记载，逐一进行了核对，对清代甘肃进士的籍贯、取得进士功名的时间、官职等数字做了详细的统计与核对，见附表）。

根据附表的统计我们得知，清代甘肃有姓名、科考年份、官职等可查的进士有332名。在这332名进士中，同治乙丑科的崔文海和丙戌科的潘泰谦是迪化人。[⑦] 这332名进士是甘肃士绅群体中获取科举功名最高的部分。他们的分布基本上可以体现清代甘肃各府、州乃至各地县的

---

① 张仲礼：《中国绅士——关于其在十九世纪中国社会中作用的研究》，第134页表11。

② 张利荣：《选举取士制与古代甘肃》，《档案》2001年第5期。

③ 漆子扬：《科举、书院与陇右学术》，《中国典籍与文化》1997年第3期。

④ 蓝勇主编：《中国历史地理》，高等教育出版社2002年版，第165—172页。

⑤ 金枚：《甘肃明清进士翰林传略》，香港天马出版有限公司2005年版，第1页。

⑥ 张晓东：《甘肃明清进士地理分布研究》，西北师范大学2007年硕士学位论文。

⑦ 1760年，清政府把乌鲁木齐同所管辖的乌鲁木齐以东地区划归甘肃。1765年改名为“迪化”。1773年，清政府正式设置迪化直隶州，由甘肃省巡抚直接管辖。1884年，新疆建省，新疆军政管理中心由伊犁转到迪化，迪化直隶州改为迪化府，为新疆省会。

经济、教育等发展水平。所以，本书将以进士为代表来分析清代甘肃士绅的时空分布状况。

第二节　甘肃士绅的分布

在某个地区的某个时代，或者在某个地区某个时间段内包括举人、进士在内的士绅人数多寡及其群体在该地区的分布状况，是该地区文化、教育、文风、士风以及经济发展水平高低的直接反映。所以，学术界关于士绅群体分布的研究，尤其是对状元、进士分布、科举家族以及人才分布的研究成果很多。① 其目的无外乎是选择一个群体的时空分布状况及特点，来探究该地区在某一时间段内的经济发展水平、文化教育状况。

翻阅学界已有的相关研究成果，虽然对举人、士绅乃至人才等分布的研究成果很多，但是，研究的区域重点是指向东南和西南等地区，尤其是江浙等经济、文化比较发达地区，对于北方地区人才分布状况的研究，包括甘肃、陕西等地区的研究相对较少。此外，研究士绅中获取科举功名最高者——进士分布的较多，而对其他较低功名获取者的研究较少。所以，关于清代甘肃士绅分布的研究也就比较少，除了有些文章零星地有所涉及外，② 很少有学者专门对甘肃士绅的分布进行系统的研究。目前所见，主要有张晓东的研究成果，即《明清甘肃进士的时空分布》③ 以及以此为依据扩展的硕士毕业论文《甘肃明清进士地理分布研

---

① 韩茂莉、胡兆量：《中国古代状元分布的文化背景》，《地理学报》1998 年第 6 期；梅介人：《中国状元及其地理分布》，《中国人才》2002 年第 12 期。关于区域科举人才的研究，主要有郑建明《试论江西进士的地理分布》，《中国历史地理论丛》1999 年第 4 期；洪普《江南进士地域分布趋势的社会与经济考察——以吴江为典型》，《江海学刊》2001 年第 4 期；杨斌《贵州历代人才地理分布变迁》，《中国历史地理论丛》1994 年第 3 期；李良品《乌江流域民族地区历代科举人才的分布》，《贵州民族研究》2004 年第 3 期；刘锡涛《宋代福建人才地理分布》，《福建师范大学学报》2005 年第 2 期。

② 如沈登苗《明清全国进士与人才的时空分布及其相互关系》（《中国文化研究》1999 年冬之卷）一文以今天的甘肃范围为准，列举了甘肃的进士人数；张镔《甘肃明清进士翰林传略》（香港天马出版有限公司 2005 年版）列举了明清的甘肃进士 514 名，但记述比较简略。

③ 张晓东：《明清甘肃进士的时空分布》，《河西学院学报》2006 年第 3 期。

究》[1]。但是，他们的研究范围是以现在的甘肃行政区划为准的，时间包括了明清两代。然而，由于当今的甘肃地域范围只是清代时期甘肃行政区划的一部分，他的研究成果虽然对于本书研究甘肃士绅的分布状况具有借鉴意义，但从总体上说，还不能反映清代甘肃进士分布的全部。

由于甘肃士绅人数众多，士绅构成要素的复杂性，我们无法对其整体分布做出准确的分析和论述，在这里，我们以甘肃士绅中人数最少而记载最为明确的进士群体为代表，来研究甘肃士绅的分布状况、规律及特点。

一　清代甘肃士绅的时间分布——以进士群体为例

（一）时间分布

根据附表的统计结果，我们知道清代甘肃共产生进士 332 名。为了明确这 332 名进士在清代各阶段的分布状况，我们采取表格的形式来予以说明和分析。

表 1－5　清代历朝甘肃进士分布

朝代	每朝年数	进士人数	开科次数	平均每科人数
顺治	18	9	8	1.1
康熙	61	24	21	1.1
雍正	13	14	5	2.8
乾隆	60	30	27	1.1
嘉庆	25	41	12	3.4
道光	30	42	15	2.8
咸丰	11	34	5	6.8
同治	13	22	6	3.7
光绪	34	116	13	8.9
合计	265	332	112	3.0

资料来源：关于进士人数，来自于升允、长庚修，安维峻纂修《甘肃新通志》卷 39《选举志》，《中国西北文献丛书》第 25 册，兰州古籍书店影印本，1990 年；开科次数和年份借鉴了张晓东《甘肃明清进士地理分布研究》（西北师范大学 2007 年硕士学位论文）第 16 页表格中的相应数字。

---

① 张晓东：《甘肃明清进士地理分布研究》，西北师范大学 2007 年硕士学位论文。

从表 1－5 可以看出清代甘肃进士在各朝的分布状况：第一，进士人数最多的是光绪朝，共有 116 名，几乎是整个清代进士总人数的1/3，占清代甘肃进士总数的 35%；其次是道光朝，共有进士 42 名；进士人数最少的是顺治朝，仅 9 人，只占清代甘肃进士总数的 2.7%。第二，甘肃平均每科大约录取进士 3 人，但在清代，能达到或超过这个平均数的朝代并不多。从表中我们可以看出，只有嘉庆朝、咸丰朝、同治朝、光绪朝每科录取的进士人数超过了平均数 3 人，依次是 3.4 人、6.8 人、3.7 人、8.9 人；进士人数处于后三位的是同治朝、雍正朝、顺治朝，依次是 22 人、14 人、9 人；其中，虽然道光朝的进士总人数仅次于光绪朝，但由于道光朝开科次数达 15 次，所以该朝每科的平均数还低于清代甘肃进士每科中进士的平均数 3 人。清代全国进士总数为 26746 名，[①] 平均每科产生进士约 239 人，而甘肃平均每科产生进士 3 人，这样，甘肃平均每科产生的进士人数占全国平均数的 1.3%。第三，从各朝产生的进士总人数来看，从顺治到光绪年间，甘肃进士总人数呈逐渐增加的趋势，除了雍正朝、咸丰朝和同治朝相对于前朝进士人数有所减少外，总趋势是逐渐增长的，而急剧增长则出现在光绪朝，从同治朝的 22 人剧增到 116 人。

（二）时间分布特征

通过以上数字和图 1－1 我们可以发现，清代甘肃 332 名进士在各朝的分布特征是：其分布总体上从顺治时期开始缓慢增长，这种缓慢增长趋势一直持续到道光年间；道光以后，从咸丰时期开始，清代甘肃进士的人数呈逐渐减少趋势，到同治朝跌到最低点，仅产生 6 名进士，而有意思的是，同治朝以后的光绪朝，甘肃进士人数却迎来了一个急剧的增长态势，这一时期共产生进士 116 人，几乎占据整个清朝甘肃进士总人数的 1/3。

为了直观地反映和体现清代甘肃进士在各朝的分布及逐渐增长的总

---

① 张仲礼：《中国绅士——关于其在十九世纪中国社会中作用的研究》，上海社会科学院出版社 1991 年版，第 177 页进士统计数据表。

体趋势和道光后的下降趋势及特征，我们以图 1－1 来表明这一发展变化状况。

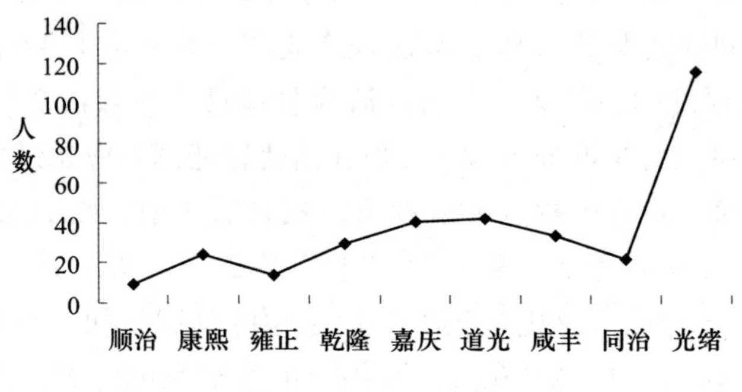

图 1－1　清代甘肃进士各朝分布曲线图

图 1－1 比较直观、具体、形象地反映了清代甘肃进士在各朝的分布和逐渐增长以及道光后的下降趋势：从顺治朝开始，甘肃进士人数基本上呈现出缓慢平稳、逐渐增长的态势，[①] 这种增长趋势一直持续到道光年间。意识形态及文化发展必然揭示和反映某一时期的经济、政治及社会发展状况的规律告诉我们，清朝甘肃进士人数的这种增长状况，实际上是与当时的社会发展状况相一致的，因为在道光朝之前，中国社会是一个完整的封建社会，而道光朝恰好是中国社会史上一个重要的转折点。因为从道光朝开始，清朝逐渐进入了一个衰落和动荡时期。因此，进士人数从清初顺治年间到道光年间的缓慢增长，也说明了封建王朝在这一时期对科举的控制和约束是有效的、成功的。同时也说明，清王朝在这一时期的社会局势是相对稳定的。因为社会政局的相对稳定状态，对于包括科举在内的文化教育的规律性发展是有积极意义的，它可以保证广大士人安心地读书，保证三年一度科考的顺利进行。然而，从道光朝开始，甘肃进士的人数逐渐下降，到同治年间降到了最低点，究其原因，就在于这一时期恰好是中国社会动荡不安时期。道光后的中国社会，外有外国资本主义的侵略，内有以太平天国运动为代表的农民起

① 雍正时期有所下降。

义。所以进士人数在这一时期开始下降，也是国家社会不稳定对教育和科举等产生不利影响的体现和反映。例如，咸丰、同治时期许多次科考就因为社会动荡而不能如期举行，这势必会影响进士人数的规律性产生及增长。而同治以后的光绪朝，甘肃进士人数急剧增长，其原因除了太平天国起义被镇压，国内局势相对稳定外，还有陕甘分闱后，甘肃乡试中举额的确定和增加。关于诸多影响甘肃进士时间分布的因素，我们将在下文集中论述。

（三）影响清代甘肃进士时间分布的因素

从图 1－1 里我们得知，清代甘肃进士在各朝的分布趋势经历了一个从顺治到道光年间的缓慢平稳增长、道光至同治年间的逐渐下降以及光绪年间的急速增长这样一个过程。

究其原因，我们发现导致这种趋势的因素比较多，但大致来看，无外乎以下几种原因：

第一，政治军事因素。甘肃地处中国西部，历史上长期作为中原的西部门户和国都的西部屏障，这里民族众多，人员复杂，常常是汉族政权与少数民族势力争夺进退和经营坚守的舞台，王朝或政权的更替和军事形势的变迁，都会对当地产生重要影响。即使是同一王朝或政权的统治，前后期的兴盛衰落也会造成不同的直接结果。具体表现为在社会安定、经济发展时期，人才辈出；反之，在社会动荡、经济衰落时期，人才匮乏。

清代前期，甘肃既是边疆省区、军事前沿，又是少数民族聚集地，政治动荡对经济和文化所造成的冲击比较大，尤其是在朝代更替之际，社会更加动荡，文化更加衰落。清朝初期和晚期都发生过大规模的战争，这些战争对甘肃地方社会产生了极大的损害，反映在文化方面，进士数量减少，人才严重不足。例如，顺治年间的甘肃进士人数最少，为 9 人，道光以后甘肃进士人数的下降，以及同治年间的进士人数降到了道光以来的最低点，22 人，都是因为受到战争和农民起义的影响。另外，清初贵族圈占土地，屠掠人民，颁布雉发令，推行落后的民族歧视、民族压迫政策，致使顺治五年河西地区爆发米喇印、丁国栋领导的回民起义。这次起义得到嘉峪关内外和甘肃中部地区各族人民的响应，起义遭到清政府的残酷镇压。由于战争的破坏，多数地方“灾祲、死、徙之余，田产之焚者、荒者，十有二三；军民之存者、活者，十无一二”。[①] 直到康熙中期，嘉峪关外还是赤地千里，无复人烟。此外，吴三桂叛清战争也波及陇南、天水等地。连年战乱之后，人民需要休养生息，社会需要恢复发展。在一般情况下，人才在社会恢复到一定程度才会出现。因此，顺治、康熙、雍正三朝甘肃进士数量较少。

另外，清末同治年间的回民起义对甘肃的冲击也相当大，从而直接导致了同治年间甘肃进士人数下降到道光以后的最低点。同治元年（1862），甘肃回民揭竿而起，响应陕西回民起义。同治二年（1863），陕西回民分两路进入甘肃。一路由北经平凉进入宁夏，一路由南经天水、岷县、临洮到达临夏、西宁，随后甘肃大量回民加入，临夏、酒泉相继成为起义据点。同治五年（1866），西捻军张宗禹率部自秦岭入陕。同治七年，左宗棠抵陕，八年，左进驻泾州，开始进剿甘肃境内回军。同治十年，左宗棠部进驻安定，平定临夏回民起义。同治十一年，肃州回民请降，甘肃境内长达十多年的战争结束。由于甘肃是主战场，陕甘回民在甘肃范围内大运动作战，多次与清军交锋，战争中的杀戮，加之瘟疫和饥荒，使甘肃大地生灵涂炭，几成废墟。如《甘肃新通志》卷47记载：同治二年八月，回民军队“陷平凉府城，官员死节者百余，士民死者十数万”。同治二年十一月，“陕回入境，焚杀极惨……华亭从此丘墟。”[②] 同治四年（1865），回民军据董志原，“西连金积，上下数百里几无人畜”[③]。战争期间，社会动荡，人民生命没有保证，道路阻塞，科举之事无从谈起。同治年间，清政府三次停考了陕西乡试，这些都直接影响了甘肃进士的数量。

第二，国家制度和科举政策的影响。科举作为国家抡才大典，决定

---

① 张克复：《五凉全志校注》卷3《永昌县志·文艺志》，甘肃人民出版社1999年版，第359页。

② 郑震谷、幸邦隆：《华亭县志》第7编《大事记》，台湾成文出版社1976年版，第317页。

③ 杨渠统、王朝俊：《重修灵台县志》卷3《风土志·武备》，台湾成文出版社1976年版，第492页。

权和主导权属于封建王朝，而进士又是科考中功名级别最高和最难获得的一级，因此，国家严格控制和限制这一功名的获取。故而，进士人数在某一时期的增加或减少还与国家制定的相应政策有着密切的关系。对此，李润强在《清代进士的时空分布研究》中也持同样观点，认为清代进士人数的增减，随王朝的科举政策而变化，也明显受时局的影响，进士分布的地域还呈现出不平衡状态。①

例如，从顺治朝开始到道光年间，甘肃进士的人数逐渐增长，是与封建王朝政权的逐步巩固和科举政策的不断调整有着密切关系的。具体到甘肃，就是中举额由清初顺治二年（1645）的不确定，到康熙五十一年（1712）开始实行分省取士。另外，嘉庆年间对甘肃等边远省份乡试中举额的另编字号，单独录取，以及光绪初年的陕甘分闱，甘肃乡试中举额的确定和增加等都对进士人数的增减产生了重大影响。

清初顺治二年规定：顺天府中式（即录取）168 名，江南中式 163 名，浙江中式 170 名，江西中式 113 名，湖广中式 106 名，福建中式 105 名，河南中式 94 名，山东中式 90 名，广东中式 86 名，四川中式 84 名，山西中式 79 名，陕西中式 79 名，广西中式 60 名，云南中式 54 名，贵州中式 40 名，② 后来各省名额都有增易。会试一级的考试，清初并未确定名额，《清世祖实录》卷 30 载顺治四年，“允礼部请，命会试取中三百名，不必分南北中卷，同考官用十八员”③。在录取名额不分的制度下，由于南方科举文化发达，会试中举者多为南方人，而甘肃属于文化和教育水平较低的地区，所以甘肃士子自然在与江浙等经济、文化、教育水平较高地区士子的较量中处于劣势，具体就表现在清朝甘肃进士人数的相对较少方面。

为了平衡和解决这种矛盾，康熙五十一年（1712），在地区分卷的基础上，又规定：“嗣后会试不必预定额数，亦不必编南北字号，并分官字号名色，请按省编号，印于卷面，以便分别取中……酌量省份大

---

① 李润强：《清代进士的时空分布研究》，《西北师范大学学报》2005 年第 1 期。

② 王戎笙：《中国考试史文献集成》第 6 卷（清），高等教育出版社 2003 年版，第 320 页。

③ 同上。

小，人数多寡，定额取中。”[①] 于是，分省取士制逐渐确立。殿试一级是唯一没有按区域分配取士的考试。分卷分省取士的方法，主要是为了稳定政局，照顾边疆和经济文化落后地区。显然，这一政策的实施无疑有利于包括甘肃在内的边远地区，同时对科举发达的江浙地区有所限制，这可以缩小地区差异，使皇恩普照更为均匀。反映在具体的进士录取数字上，则是甘肃进士由顺治年间的 9 名增加到康熙年间的 24 名。

嘉庆年间，针对甘肃等地进士中举额依然偏少的状况，清朝统治者再次采取了一些积极措施。例如，清政府为保证甘肃等边远省份的乡试中额数，于嘉庆年间，另编字号，单独录取。具体就是嘉庆二十三年谕旨规定：“甘州、西宁二府，地当边徼，近年涵儒教泽，应试人数日增，着加恩将甘州、西宁二府，即照宁夏、榆林丁木字号之列，一科与通省士子会试，一科仍编聿左字号，照旧取中。”[②] 对此次政策调整，姚远之所撰修的《竹叶亭杂记》卷二也有明确的记载，他说：“关中乡试有聿右字号，专为甘州、西宁设也。有聿左字号，则合关内之叙州，关外之安肃、镇西、迪化统计之也。每试聿左、右各输一科，科中一卷。”[③] 这种单独编号的做法，无疑对于保护像甘肃这样文化落后的边远地区士子中举具有积极意义。

除了单独编号，保护甘肃士人的中举率外，清王朝还扩大府、州、县学的名额，以壮大和充实参加会试的士人基数。例如雍正十年规定：平凉府取进童生，其府学 20 名额数，统于平凉府本属童生考取。同州、秦州、秦安等州、县，请照府学，取进文童各 20 名。岷州，照中学，取进文、武童生各 12 名。通渭县照大学，取进文童 15 名。漳县，照中学，取进文、武童生各 12 名。甘、凉二府，照府学，取进文童各 20 名。永昌县，照中学，取进文童 12 名。[④] 上述规定不但增加了甘肃各地入学名额，扩大了教育对象，有利于地方教育的发展，而且，更为重要

① 王戎笙：《中国考试史文献集成》第 6 卷（清），高等教育出版社 2003 年版，第 329 页。

② 同上书，第 348 页。

③ 同上。

④ 同上书，第 95 页。

的是，这些学额的增加扩大了甘肃士子参加乡试乃至会试、殿试的队伍，从而对清代甘肃进士人数的增加具有促进作用。

陕甘分闱、中举额的确定和增加对清代甘肃进士人数的增长也产生了积极意义。虽然康熙六年（1667）甘肃省已经成立，但明清两代大部分时间甘肃和陕西合闱，作为一个考区出现，与陕西共同分享乡试、会试名额。然而，甘肃科举实力不如陕西，而且甘肃士子赴西安考试，近者900里，远者则达三四千里，又兼荒漠乱石，既费时间又耗资用。所谓“士人赴陕应试，非月余两月之久不达，所需车驮雇价饮食刍秣诸费、旅费、卷费，少者数十金，多者百数十金，其赴乡试，盖与东南各省举人赴会试劳资相等，故诸生附府厅州县学籍后，竟有毕生不能赴乡试者，穷经皓首，一试无缘……然则甘肃士子之赴乡试者，合新旧诸生计之，不过十之一二而已”①。所以，为了从制度上解决陕甘合闱的弊端，保护广大甘肃士子的利益，左宗棠在任陕甘总督期间上疏朝廷，建议实行陕甘分闱，确定两省中举额，并增加甘肃中举名额。

于是，光绪元年（1875），陕甘总督左宗棠奏请将陕甘乡试予以分闱，甘肃乡试每科名额定为40名，经部议驳，只定额为30名。光绪二年（1876），左宗棠再次奏请，始准再加10名。从此，甘肃每科乡试可以产生40名举人，另加满族士子3名。光绪元年，清廷准陕甘乡试分闱，独自筹办恩科乡试，左宗棠在兰州秀川门外修建了规模宏大的贡院，号舍可容4000人，在各省贡院中也是数一数二的。在此举行了甘肃分闱后的第一次乡试，与试者约3000人，比以往赴陕西乡试者多出两三倍。自此，每科中式举人都在40名以上，光绪二十七年达到84名，数倍于合闱之时。所以，光绪朝开科13次，甘肃共产生进士116名。由此可见，科举政策对甘肃进士数量影响巨大，借此，我们也就不难理解和解释为什么甘肃进士人数在经历了同治朝的急剧下降后会迎来光绪朝的急速增长。

第三，经济因素、人口因素以及士人心态等因素。除了以上所论述

① 《甘肃新通志》卷33《学校志·贡院》，第272页。

的政治军事因素、国家科举制度及政策因素外，经济因素、人口因素以及士人的心态、对朝廷的向心力等，也是影响甘肃进士在各朝人数分布以及增长趋势不可忽视的因素。例如，康雍乾时期是甘肃进士人数稳定增长时期，而这一时期的清朝，正处于历史上有名的“康乾盛世”。此时，清朝国力强盛、经济发达、人口基数大，所以良好的社会经济发展有利于士人读书应考和中式。而道光以后的进士人数下降，也与太平天国起义以来，为了镇压起义而导致的清王朝财政困难等密切相关。此外，士人对清王朝的态度和向心力也是导致进士人数增加的一个重要因素。

由于清朝是满族少数民族建立的政权，在入关之初，清廷受到了广大汉族官员和读书人的反对与仇视。其时，奋起反抗和为大明王朝殉节，以及不愿仕清而做遗民成为当时社会思潮的主流和士人的首选，于是，那些降清的士人受到了舆论的严厉批判和谴责。在这种情况下，虽然清王朝统治者从入关起就把开科取士、笼络知识分子作为一项重要的统治政策，但是，不甘愿做“异族臣仆”的士人还是对这一拉拢政策持强烈的敌对和不合作态度。为了逃避征召，他们或隐于医，或隐于道，或居于高山之巅，或处于喧嚣闹市，无论采取哪种方式，他们抗拒清朝，与当时政权不合作的态度是相同的，即不愿出仕清朝，也不愿应清朝之科考。所以，清朝初期的甘肃进士人数相对较少。然而有意思的是，随着清王朝政权的逐渐巩固，大批士人对清王朝的态度发生了巨大的变化，他们不但积极应试，而且渴望早日出仕。就连那些遗民不但不反对子弟应试和出仕，而且为子弟出仕积极出谋划策，甚至委托他人照顾，就连他们对清朝统治者的称呼也发生了明显的变化，由以前的不屑一顾和不提及到直呼圣朝、圣天子等。① 这种态度的变化就充分说明了士人对清王朝的向心力增强了。例如，王应奎的《柳南随笔·诸生就试》记载：

① 关于遗民对清朝及统治者态度和称呼的变化，各种史料中随处可见。例如李颙委托自己的儿子上书感谢康熙帝；顾炎武不反对自己的徐氏外甥出仕，还对他们在官场的为人处世屡加教导和指导，等等。

鼎革初，诸生有抗节不就试者，后朝廷出示，山林隐逸，有志进取，一体收录。诸生乃相率而至，人为诗以嘲之曰，“一对夷齐下首阳，几年观望好凄凉。早知薇蕨终难饱，悔杀无端谏武王。”及进院，以桌凳限于额，仍驱之出，人即以前韵为诗曰，“失节夷齐下首阳，院门推出更凄凉，从今决意还山去，薇蕨堪嗟已吃光。”闻者无不捧腹。①

以上材料虽然是讽刺那些应试清朝科考的士子，但却有力地说明，随着清朝统治的稳定和巩固，广大士人对其态度发生了巨大变化。这种心态的变化，无疑有助于应试士子队伍的壮大，相应地，也是促使进士人数增加的一个重要因素。

具体到甘肃，虽然康熙和乾隆时期的博学鸿词科考试，并没有甘肃士人被征荐和录取，但是，士人群体对清朝态度的这种变化和社会舆论的转变，也有助于甘肃士人的积极应试。因为作为读书人，他们积极应试和求仕的心态应该是一致的。所以，我们也就不难理解从清初以来，尤其是自康熙至道光年间甘肃进士人数的稳步增长了。

二　清代甘肃士绅的空间分布——以进士群体为例

（一）空间分布

作为科举时代功名的最高享有者，进士人数多寡在各地的分布状况，是衡量该地区经济发展、文化教育水平以及学风、文风等优劣的最直接表征之一。事实上，由于各地的经济和文化教育水平不均衡的事实及差异，清代甘肃进士的空间分布也呈现出非常明显的地区差异和不平衡性特征。

总体来看，清代甘肃进士分布比较集中的地区依次是兰州府、巩昌府、秦州直隶州、凉州府，进士分布较少的区域则是甘州府、安西直隶州、肃州直隶州。为了直观揭示和说明清代甘肃332名进士在各地区的分布状况，我们依然列表予以分析和说明。

① 王应奎：《柳南随笔》，《续笔》卷2，中华书局1997年版，第165页。

表1－6　清代甘肃进士的空间分布

府、直隶州	具体所属州、县	人 数	合 计
兰州府	皋兰县	46	74
	金县	6	
	兰州	2	
	狄道州	8	
	靖远县	8	
	河州	4	
	渭源县	0	
平凉府	平凉县	7	21
	华亭县	0	
	静宁州	12	
	隆德县	0	
	庄浪县	2	
固原直隶州	固原	2	2
泾州直隶州	崇信县	0	10
	镇原县	9	
	灵台县	1	
巩昌府	陇西县	16	60
	漳县	1	
	安定县	10	
	会宁县	12	
	通渭县	2	
	伏羌县	13	
	宁远县	1	
	西和县	0	
	岷州厅	3	
	洮州厅	2	

续表

府、直隶州	具体所属州、县	人　数	合　计
秦州直隶州	秦州	23	41
	秦安县	12	
	清水县	3	
	礼县	3	
	徽县	0	
	两当县	0	
阶州直隶州	阶州	6	11
	文县	5	
	成县	0	
庆阳府	安化县	4	10
	合水县	0	
	环县	0	
	正宁县	2	
	宁州	4	
宁夏府	宁夏县	9	31
	宁朔县	1	
	宁灵厅	0	
	平罗县	4	
	灵州	12	
	中卫县	5	
西宁府	西宁县	7	8
	贵德厅	1	
	循化厅	0	
	碾伯县	0	
	大通县	0	

续表

府、直隶州	具体所属州、县	人 数	合 计
凉州府	凉州	1	57
	武威县	39	
	镇番县	11	
	永昌县	2	
	古浪县	1	
	平番县	2	
	满营	1	
甘州府	甘州	1	3
	张掖县	2	
	山丹县	0	
肃州直隶州	高台县	1	1
安西直隶州	敦煌县	0	1
	玉门县	0	
	安西	1	
迪化州	迪化	2	2

通过表1-6我们可以看到，在清代甘肃所辖的州县中，进士最多的是皋兰，该县以曾产生46名进士位居各县进士人数的第一位。处于第二位的是武威，拥有进士39名。第三位则是秦州，拥有进士23名。这三个地区的进士总数为108名，占整个清代甘肃332名进士的33%，平均每地产生进士36名。除了位居前三位的这几个进士最集中的地区外，进士次集中的依次是：陇西，产生过进士16名；伏羌，产生过进士13名；秦安、灵州、静宁州、会宁，拥有进士人数都是12名。镇番有进士11名，安定10名，这六个地区的进士总数为98名，占整个清代甘肃进士群体的30%，平均每地有进士17人。最后，就是进士比较匮乏的地区，这些地区各自所拥有的进士人数都没有超过10名，这53个地区拥有进士的总数只有126名，占清代甘肃进士总数的37%，平均每地大约只有进士2人。其中，渭源、华亭、隆德、崇信、徽县、两当、成县、宁灵厅、循化、大通、敦煌、玉门等地区在清代的进士人数

是零，也就是说，这些地区在清代没有产生过进士。

表1－6对清代甘肃进士在各府、州、县的具体分布做了一个比较详细的统计，为了便于从宏观上比较各府和直隶州的进士数目以及名次，我们再据表1－6制作一个小表，即表1－7，清代甘肃各府、直隶州进士分布表。

表1－7 **清代甘肃各府、直隶州进士分布表**

府、直隶州	进士总数	位次排序
兰州府	74	1
巩昌府	60	2
凉州府	57	3
秦州直隶州	41	4
宁夏府	31	5
平凉府	21	6
阶州直隶州	11	7
庆阳府	10	8
泾州直隶州	10	8
西宁府	8	9
甘州府	3	10
迪化州	2	11
固原直隶州	2	11
安西直隶州	1	12
肃州直隶州	1	12

通过表1－7，我们可以更清楚地了解到，不但清朝时期甘肃各地县的进士分布很不平衡，而且各府之间、各直隶州之间的进士分布也很不均衡，明显表现出地区之间的巨大差异。例如，在各府中，兰州府以74名的优势高居首位，仅这一府的进士就占了整个清代甘肃进士总数的22%，与兰州府进士总人数高居首位形成明显对比的是甘州府，它在整个清代只产生过3名进士，仅占整个进士的0.9%；仅次于兰州府的是巩昌府，它拥有进士60名，占整个进士群体的18%；进士人数排

名处于第三位的是凉州府，它在清朝共产生进士57名，占整个清代甘肃进士群体的17%；在清代甘肃的8府中，进士次集中的府是宁夏府和平凉府，它们分别产生进士31名和21名；在8府中，拥有进士数目处于后三位的依次是庆阳府、西宁府、甘州府，它们分别拥有进士10名、8名、3名，其中前文已经提到，甘州府拥有进士数目位于8府中的倒数第一位。除8府外，各直隶州之间拥有进士数目的差距也很大，例如秦州直隶州在清朝共产生进士41名，不但在各直隶州之间雄踞榜首，而且在府、直隶州中也位居第4位，仅次于兰州府、巩昌府、凉州府。除了秦州直隶州外，阶州直隶州和泾州直隶州产生的进士数目分别是11名和10名，比较而言，清朝时期，甘肃地域产生进士人数最少的直隶州是安西直隶州和肃州直隶州，它们都只产生过1名进士。

（二）空间分布特征

综合以上分析可以看出，清代进士的空间分布呈现出如下比较明显的特征。

1. 分布广泛

从表1－7可以看出，尽管各府、直隶州之间进士人数差异比较大，但是各府州大多有进士分布。① 所以，无论是以庆阳府、平凉府为中心的陇东地区，以秦州直隶州为中心的陇东南地区，还是以巩昌府、兰州府为中心的陇中地区，以凉州府为中心的河西地区，在清朝时期都有比较广泛的进士产生和分布。

2. 不平衡性

清代甘肃进士的空间分布呈现出不平衡特征，主要表现在以下几个方面。其一，少数地区拥有该时期甘肃进士总人数的绝大部分。例如，兰州府、巩昌府、凉州府三府分别以拥有进士74名、60名、57名位居前三位，这三府共产生进士191名，占整个清代甘肃进士的大多数，其比例高达58%；而其他五府拥有进士的总数是73名，只占整个清代甘肃进士群体的22%。另外，各直隶州之间进士的多寡也呈现出分布不

① 这里所说的分布广泛，是从较大的区域即府、直隶州来说的，并不是指具体的县，例如在清代秦州直隶州所辖的徽县、两当县以及阶州直隶州所辖的成县，都没有产生进士。

均的状态，例如秦州直隶州拥有进士 41 名，远远超过了其他直隶州所拥有进士的人数，秦州直隶州进士人数在整个清代甘肃进士群体中的比例是 12%，而其他几个直隶州，即阶州直隶州、固原直隶州、泾州直隶州、肃州直隶州、安西直隶州、迪化州总共才产生进士 27 名，仅占整个清代甘肃进士群体的 8%。其二，进士分布具有明显的地域性差异。兰州府、巩昌府以及秦州直隶州等陇中地区的进士数量多于西部地区和南部地区，西部地区的凉州府多于同在西部地区的甘州府和肃州直隶州。此外，同一府州内部各县级地区之间的进士分布也存在很大差异，例如，兰州府共有进士 74 名，但仅皋兰就占了 46 名，而其他几个州县总共只有进士 28 名，靖远县和狄道州各有进士 8 名，其中渭源县在整个清朝时期没有产生过进士；再如，秦州直隶州有进士 41 名，但仅秦州就有 23 名，超过了本直隶州进士总数的一半，而其所辖的徽县和两当县在整个清朝也没有产生过进士。

3. 集中性

通过分析我们还发现，除了各府州之间进士分布不平衡，呈现出地区差异外，在各府州内，进士也主要集中分布在各府治、直隶州所在县地。例如，兰州府治所在地皋兰县是兰州府进士最多的地区，在整个清朝时期共产生进士 46 名；与此类似，巩昌府府治所在地陇西县，在整个清朝时期共产生进士 16 名，也是巩昌府产生进士最多的地区；同样的现象，凉州府府治所在地武威也是清朝时期进士产生最多的地区，共产生进士 39 名；秦州直隶州共有进士 41 名，而秦州由于是直隶州所在地，拥有进士人数也最多，共有 23 名。

进士主要分布在河谷平原地带及交通要冲地区。甘肃大部分地区位于干旱、半干旱区，降水稀少，蒸发量大，只有河流经过的地区才有可能发展农业生产，形成村镇。因此，清代甘肃进士大多分布于支流众多、土壤疏松、开发较早的渭河流域、泾河流域、黄河河谷地区及石羊河流域。此外，在古代中国，河流及河谷在大多数情况下又是交通路线，商业的发展及农业开发使河流河谷地带出现许多城镇，所以，进士大多也主要分布于这些城镇之中。例如，平凉进士主要分布在泾河流域的城镇，例如平凉、静宁；渭河干支流上的秦州、伏羌、陇西是进士分布较多的地区。再如，黄河河谷地带的兰州、靖远，黄河支流洮河河谷的狄道都有较多进士分布。最后，石羊河流域的凉州、镇番也是进士密集分布区。概括这些地区进士相对较多的原因，其共同特点就是处于各河流流经地，以及交通要冲。

（三）影响清代甘肃进士空间分布的因素

探究影响甘肃进士空间分布的因素，除了我们在上文所提及的原因外，集中来说，主要有以下几个方面。

1. 文化教育的影响

明清时期，甘肃学校数量明显超过前代，创建和开设了大批府、州、县学及书院、社学、义学，城乡文化教育得到了进一步的发展。以书院为例，书院最早形成于北宋初年，多设在山村僻静处，是中国封建时代一种特有的教育组织形式，是官学之外的重要教育机构。当官学恶化时，它就担当起培养人才的重任，不少进士及第者大多出自书院。而清代甘肃共新建书院77所，修复和重建书院5所，共计82所。从其类别来看，清代甘肃书院有省立、府和直隶州立、州县立、乡立之分。省立书院著名的主要有位于兰州的兰山书院、求古书院；府、州、县书院则主要建于各府、州、县治所，而乡立书院有建于榆中县的青城书院、蒋家湾的六德书院、金家崖的丰广书院、景泰县红水镇的宽山书院、庄浪县南湖的尊经书院、山丹县东乐的仰止书院、洪水堡的金山书院、永靖莲花城的爱莲书院等。这些书院的普遍设立，预示着可以为清朝甘肃士人提供更多的教育机会，从而培养出更多的科举士子。但值得注意的是，从书院的地域分布来看，书院一般集中在各府府治所在地，其他地方相对较少，据此，我们也就可以理解进士在各府中的地理分布主要在府治所在地的原因了。

例如，兰州府进士人数最多，绝对与它独特的政治、经济、文化、军事等方面的中心地位分不开。因为兰州府的相关书院，无论是在经费、师资还是生源上，都有较大优势。例如著名的兰山书院作为省立书院，就是非常典型的代表。第一，从生源质量方面看，兰山书院的学生是官方从全省生员中通过考试择优录取的，所以其学术素养等应该是比较高的。第二，从教育制度方面看，兰山书院的教学及管理也是非常严格的。书院对学生的管理非常严格，曾于乾隆三十五年和道光三十年两次颁布《学规》。道光三十年《学规》规定："旷课犯规旧有罚银之例，官课一次不到者，罚扣半月膏火，堂课一次不到者，罚扣五钱膏火，其各项犯规在乡会试场应干贴例者，俱扣半月膏火；诗中平仄错沩者，每一字罚银三钱，仍将失粘之字胪示讲堂，以免他人再行沿误；若有雷同、枪替者，永不准其应课，仍悬牌晓示俾知自愧。"① 第三，从教学方法方面看，书院在教学方法上比较科学，重视对学生读书方法的指导和自学能力的培养，要求学生读书时将心得、疑惑按日记于读书手册，每月逢五逢十呈送老师审阅指导。第四，从师资方面看，书院的主讲由督抚学臣以礼延请，必须学识渊博、德高望重，不准滥行题请。兰山书院自创建迄清末，许多著名人士先后到此讲学。如江苏人盛元珍，山东人牛运震，陕西人孙景烈，本籍人吴镇、张美如、吴可读、秦维岳、张澍等。第五，从书院的软件例如藏书方面看，书院还有书库，据统计，兰山书院在乾隆年间藏有经史子集和地方志240余种，书版20余种、2300余块，可随时印刷，这些都为学子提供了方便，兰州城内其他书院也大致如此。

总之，正是因为兰山书院等位于省城的书院，在诸如制度建设、师资构成、生源构成、经费筹措等方面所存在的优势，所以造就了包括清代甘肃进士在内的许多知名知识人大多出自兰州各书院。

2. 行政设置的影响

一定时期地方行政中心的建置与调整，对教育发展及人才培养也会产生重大影响。因为，一般而言，地方行政中心既是地方的政治、经济、军事中心，又是文化、教育和人才中心。所以，无论是古代还是当代，地方行政中心往往会聚集大量公共资源和文化士人，设置重要的教育机构。所以，这些设施完善的教育机构，灵通的信息资源，健全的制度，对人才培养具有重大的便利和推动作用。

皋兰、陇西、武威、秦州、平凉历来为府州治所之地，拥有良好的基础和资源。例如，陇西明清两代均是巩昌府治所，康熙二年至六年

① 《甘肃新通志》卷35《学校志・书院》，第275页。

(1663—1667) 为陕西右布政司治所，七年至八年（1668—1669）为甘肃布政司治所、甘肃省会；平凉在明清时为平凉府治所，所以这些地方出现了较多的进士。兰州在全省的中心地位是在清初形成的。顺治四年(1647)，清政府移临洮府同知驻兰州，改称临洮府兰州同知。康熙五年（1666)，清政府将甘肃巡抚由凉州迁驻兰州。康熙八年底（1669)，清政府移陇西甘肃布政司于兰州，甘肃按察使亦由陇西移驻兰州。康熙十四年（1675)，整饬临洮道，由临洮移驻兰州。乾隆三年（1738)，临洮府建置移驻兰州，改名兰州府，改兰州为皋兰县，乾隆五年(1740)，府治迁移完毕。与之相应，乾隆四年（1739)，改兰州州学为兰州府学。这样，兰州就由明代临洮府属州一跃而为甘肃省会，并取代临洮的几乎所有职能，成为区域的政治、军事、经济、文化、教育中心。正是由于建置的调整，清代兰州府的进士数量达到 74 人，且仅皋兰就有 46 名进士。

3. 经济因素的影响

区域经济发展水平的高低对教育发展、人才培养有直接或间接的作用。例如，进士的分布变化，显示其与区域经济发展进程具有基本吻合的态势。在明清时期，经济发达区就是农业发达区。由于农业生产对自然环境有着强烈的选择性和依赖性，所以土地肥沃、灌溉便利的河谷平原地带往往成为农业发展的最优地区。甘肃的主导产业是农业。陇东、陇中黄土高原的渭河流域、泾河流域的川原河谷地带和河西绿洲地区，由于自然条件较为优越，适于农耕，人口较多，所以是甘肃最主要的农业区。而且自汉唐以来，这些地方已进行过大规模的屯垦活动，历代水利、屯田等设施保存较好。在明清时期，政府又重点进行了开发建设。

清初，政府采取一系列优惠政策鼓励引导农民进行农田水利建设。如顺治六年（1649）规定，地方官员广加招徕各地逃往人民，不论原籍何处，一律编入保甲。同时，将无主荒地拨与耕种，官给“印信执照”，准为永业。待耕垦六年后，地方官员亲自查勘核实成熟亩数，按亩征收粮银，六年之前，不许开征，更不得佥派差徭。而屯田及一系列措施的采用，使得甘肃经济得到恢复发展，这表现在几个方面：其一，耕地面积扩大；其二，人口较前增加；其三，新建扩建了一些城镇；①其四，保证了军粮，减轻了人民的负担。

根据“经济基础决定上层建筑和意识形态”的原理，我们可知，这种经济的长足发展，尤其是包括兰州、陇西、秦州等府治所在地经济的长足发展，对其地区文化教育乃至进士人数的增加产生了积极的促进作用。

4. 人口基数的影响

虽然人口的多少与进士人数的多少没有必然联系，但是人口基数大小与应试人数的多少有一定的联系，所以从概率的角度看，应试人数多寡与中式率有着密切的关系。由于科举考生来源于各类各级学校，若两个地区的学校设置、办学规模一致，那么拥有较多人口地区的学校在学生遴选上就有更大的选择余地，这无疑增加了学生之间的竞争力。把科举的竞争直接延伸到学校，从而有助于提高地区的科举竞争力。因此，人口及其所包含的考生资源，是地区获得科举成就大小的一个基础。

兰州作为甘肃省会所在地，聚集了大量的人口，相应地，这些人中参加学校教育和科举考试的人数也就比较多，自然，录取率也会提高，从而产生的进士人数也成为各府州中最多的。相反，因为肃州、安西州等地处于偏远地区，人口较少，所以读书应试的人也较少，自然，该地区的进士人数也最少，在整个清朝时期，都只产生过 1 名进士。

5. 民风民俗等的影响

甘肃历来为多民族杂居之地，陇东、陇中高原、陇南河谷盆地、河西绿洲为汉族聚居地，祁连山区、甘南草原等地为蒙、藏、裕固等民族游牧地，临夏为回、东乡、撒拉等民族聚居地。各民族服饰不同，语言不同，信仰不同，风俗各异。所谓“汉敦儒术，回习天方，蒙番崇信佛教，自古至今，未之有改”。② 各民族不同的经济生活和传统习俗，形成不同的文化价值观念。不同的文化观念对于当地的文化教育也产生了

① 金其贵、张霞光等:《甘肃古代史话》，甘肃人民出版社 1991 年版，第 360—366 页。

② 《甘肃新通志》卷 33《学校志・贡院》，《中国西北文献丛书》第 24 册，第 272 页。

不同的影响。

例如“兰土柔泽，人多秀逸，好修饰美服，居嗜草卉诸玩家，营纺织，有南土风，士勤读嗜学，重气谊，谨礼度，彬雅斐郁”。[①] 狄道人“率敦忠信，业耕读，与中土无异”。[②] 渭源、会宁、秦州等地风俗与狄道大同小异，多以耕读崇儒为重。正宁则有所不同，“塞野少文士，习端悫农务，多而不精，习好讼而易息，其气愚以鲁，其性质以刚”。[③] 古浪风俗大致如正宁，“人性刚勇，以骑射为能，孳牧为业。无匠技商贾，以縠量牛马，尚有秦风”。[④] 民风的不同导致各地崇文重学之气有所不同，具体到科举考试，则是各地中式士子的多少不均。

“时移代易，随俗而变，因风而迁。”[⑤] 风俗在不断变化之中，不同时期、不同地区有不同的风俗。武威清代因国家风教翔洽，许多人开始博涉经史，究心诗赋古文。永昌县明代士风刚毅、崇尚读书，出现一些文章事业炳耀桑梓者，经过明末战祸，士风遂变为尚武少文。所谓“上行下效谓之风，众心安定之谓俗”。[⑥] 此外，风俗的改变要有人倡导，地方士绅官员的倡导对风俗改变的作用很大。如肃州在明代成化之前商多悬磬，婚丧仅足成礼，成化之后，良田沃野成片，人民开始富足，但文教未兴，河南武涉人李端澄做肃州地方官之后，开始诱令肃州人读书识字，军民稍知礼法。后来天津人张愚来到肃州任职，规定周边来肃州学习的人可以免除差徭，于是人民开始慕习文教，知道尊敬师长，肃州城内学习的童生有几百人，士庶之家知廉耻礼让，社会出现上下有等、少长有序、男女不同席的新风尚。肃州在明代没有进士产生，清代有进士1名，应该与清代这些地区教育的提倡和士子积极入学有密切关系。总之，区域风俗的差异导致不同的文教风尚，进而也导致不同时期和不同地区进士数量的差异。

---

① 《甘肃新通志》卷11《舆地志·风俗》，《中国西北文献丛书》第23册，第599页。

② 同上书，第600页。

③ 同上书，第601页。

④ 同上书，第602页。

⑤ （清）鲁廷琰修，田吕叶纂：《陇西志》卷2《风俗》，《中国西北文献丛书》第39册，第267页。

⑥ （清）赵本植：《庆阳府志》卷12《风俗》，乾隆二十六年刻本。

总之，从清代甘肃进士的分布中可以看出，人才多寡与地方社会的行政设置、地理环境、经济发展、教育文化、人口基数、民风民俗等都有重要的关系。

第二章　甘肃士绅身份的获得与出路

身份是一个人或者一个群体区别于他人，以及其他社会成员的重要标志。在阶级和等级社会中，不同身份所对应的权利和义务差距也很大。作为一个等级制度特别分明的时代，在中国封建时期，不但统治者和被统治者之间等级分明，界限森严，即使统治阶级内部的上级和下级之间的界限也很森严。甚至在同为“士、农、工、商”的四民之间，也有着严格的界限。士，高居四民之首，不但在平民百姓中处于优越地位，而且在某种程度上，他们的权力甚至大于当地的地方官。究其原因，则在于他们所拥有的士绅身份，以及他们在乡村宗法社会中作用的不可替代。这种特殊的身份使得他们不仅拥有其他平民所没有的特权，而且在其人与普通百姓之间划出一个明显的界限。而这一切都是因为士绅所独有的科举功名身份，因为“功名，只有功名，才能确立绅士的身份。因此，功名在绅士和百姓之间划出一条深深的鸿沟，在事实上比任何试图给社会阶级划分的界限要清楚得多。”①

可见，若要享受士绅特权，就必须获得士绅身份。

据上文论述，我们得知，“只有那些拥有科举考试的学品、学衔、功名或者是由异途而获得同等身份者，才可以视为绅士成员”。② 而学品和学衔都必须通过参加科举考试而获得。但要通过科举考试，就必须接受儒家经典教育。教育的形式在清代是多样的，有家学、族学、私

---

① 张仲礼：《中国绅士的收入》，上海社会科学院出版社 2001 年版，序言。

② 张仲礼：《中国绅士——关于其在十九世纪中国社会中作用的研究》，上海社会科学院出版社 1991 年版，第 184 页。

塾、学校教育等途径。学校教育又有官学、私学之分。可以说，科举考试是读书人获取士绅身份的最主要途径。

除科举考试可以获得士绅身份外，士绅身份还可以通过捐纳和军功以及赏赐而获得。为了区别这两类士绅的差异，一般习惯上把通过科举考试而获取士绅身份者称为正途，把通过捐纳而获取士绅身份者称为异途。

第一节　士绅的读书求学

读书求学不但是士子获取知识的途径，也是通过科举考试所必需的环节。因为读书求学是获得士绅身份的前提。所以在本节里我们将主要论述清代甘肃士绅的读书与求学活动。因为知识的丰富与匮乏，至少在理论上是可否通过科举考试获取士绅身份的关键。①

中国古代农业社会落后的生产生活水平，限制了更多的人接受文化教育。也正是这种自给自足、封闭的社会生活决定了清代知识分子获取知识的途径各不相同。但无论何途，他们中的大多数人一般都有刻苦读书的经历。在接受教育的形式上，主要有蒙学、家学和学校教育三种形式，他们之间的差别，不过是有些人受家庭教育多些，有些人受学校教育多些，而有些人则是在游学与实践中学问大增，从而通过科举考试获取士绅身份和出仕资格的。但无论哪种教育形式，其人刻苦读书、发愤学习等，是绝大多数士子中举出仕的必经阶段和共同特点。只是因为个体差异，有人少年得志，有人大器晚成，还有人终无所获，从而以业儒终其一生。

一　士绅读书求学的动力

（一）外部因素——国家和社会的激励

士子一朝进学为生员，国家便复其身，免差役，地方官以礼相待，

---

① 因为在科举考试中，许多偶然的因素会影响士子能否通过科举考试。除偶然因素外，名额的有限性也会导致有些知识丰富的人可能无法通过科举考试，进而获取士绅身份和做官资格。但是，至少在理论上，知识储备越丰富，其考中率也就越高。

非黜革不受刑责。廪生并得食廪，贫寒者给学租养赡，生员经出贡或中举，即可以正途入仕。如再会试中式，成进士，入翰林，则平步青云，尤为士子荣显之阶。①

可见，正是因为取得士绅身份的读书人会拥有如此众多的特权和优厚待遇，所以几乎整个社会都把读书入仕作为士子的最主要出路，并不断激励和支持这种社会心态的扩大。除了士子自身的自我激励外，这些激励还来自于国家和家庭的期望与督促。

受科举教育及入仕的影响，清代的蒙学教育大多也是以培养科举人才为目的。在许多蒙学读物中，充满了以科举激励儿童发奋读书的话语，如《神童诗》说："天子重英豪，文章教尔曹，万般皆下品，惟有读书高。""少小须勤学，文章可立身。满朝朱紫贵，尽是读书人。""朝为田舍郎，暮登天子堂，将相本无种，男儿当自强。""学乃身之宝，儒为席上珍，君看为宰相，必用读书人。""莫道儒冠误，诗书不负人，达而相天下，穷则善其身。""遗子黄金宝，何如教一经，姓名书锦轴，朱紫佐朝廷。""大比因时举，乡书以类升，名题仙桂册，天府快先登。""喜中青钱选，才高压众英，萤窗新脱迹，雁塔早题名。""年少初登第，皇都得意回，禹门三级浪，平地一声雷。""玉殿传金榜，君恩与状头，英雄三百辈，随我步瀛洲。""慷慨丈夫志，生当忠孝门，为官须作相，及第必争先。"除此之外，还有《三字经》中的"若梁灏，八十二，对大廷，魁多士。""窦燕山，有义方，教五子，名俱扬。"《增广贤文》中的"一举首登龙虎榜，十年身到凤凰池。十年窗下无人问，一举成名天下知。""家无读书子，官从何处来。"《幼学琼林》中的"窦钧五子齐荣，人称五桂。"……所有这些都可能化为童子们强大的精神动力，敦促着他们为理想而苦读，并不断提升他们读书成名的品位。

这些均是在封建国家的提倡和激励下，士绅迫切期望实现科举入仕理想的反映，而读书人之所以有着如此热切的心理和动力，恰恰是和国家给予中举士子及士绅种种特权和荣耀密不可分的。

---

① 王德昭：《清代科举制度研究》，香港中文大学出版社1984年版，第127页。

首先，礼仪和称呼上的不同。如士绅在拜见地方官时，可免除一切平民所必需的限制和礼节，一般平民对地方官必须称大老爷，同时，平民也必须称没有官衔的士绅，即举人、贡生、生员、监生等为老爷。关于士绅在这方面的特权，顾炎武的论述最为明确，他说："一得为此（生员），则免于编氓之役；不受侵于里胥，齿于衣冠，得以礼见官长，而无笞捶之辱。"① 可见，获得生员身份的读书人所获得的特权主要有：一是免除徭役；二是基层的胥吏不得随意惩罚他们；三是他们从此就可以士绅身份和礼仪拜见官吏。

其次，经济方面的特权。士绅享有赋税和徭役的优免权和法外特权。对于这种特权，封建统治者有明确的规定。例如乾隆元年（1736）的上谕规定："任土作贡，国有常经。无论士民，均应输纳。至于一切杂色差徭，则绅衿例应优免……嗣后举贡生员等，着概免杂差，俾得专心肄业……"② 上述规定充分表明，士绅在经济方面有差役优免特权，而且这种特权有时候还能惠及其家族成员。例如，贵州黎平府学所立的碑文中就提到："凡生员之家，一应大小差役概行永免。"③ 除了明确规定他们的家庭成员也不需要服差役外，他们实际获得的好处更大，因为他们的特权地位常常使他们免缴苛捐杂税，少纳或不纳他们理应缴付的田税。④ 可见，正是因为中举后不仅可以使得士子本人受益，而且家族成员也会沾光，所以其家庭对于督促子弟读书也就更加严厉。

最后，法律方面的特权。在法律方面，士绅犯罪，一般不会上刑，如果所犯罪行很重而且必须加以惩处，则必须先革除其士绅身份，然后才能对其处以刑罚。关于生员犯罪的惩处，清代的法律也有相当明确的规定：

> 生员犯小事者，府州县行教官责惩。犯大事者，申学黜革，然

---

① 顾炎武：《亭林文集》卷1。
② 《钦定学政全书》卷32。
③ 俞渭：《黎平府志》卷5上，光绪十八年刻本。
④ 张仲礼：《中国绅士——关于其在十九世纪中国社会中作用的研究》，第42页。

后定罪。如地方官擅责生员，该学政纠参。[①]

显然，这个规定对于获得士绅身份的生员是一种保护，这也从法律上体现了国家对士绅的重视和处罚的慎重。正是在国家所赋予这些特权的引导和促使下，广大士人几乎都走上了漫漫的求学之路和科考之途。即便明知这条道路充满坎坷，但在种种特权的诱惑和光宗耀祖心理的带动下，苦读应考就成为广大士人自我安慰，以及希冀实现目标的不二选择。

（二）内部因素——士绅之贫困

“万般皆下品，惟有读书高；朝为田舍郎，暮登天子堂。”诸多这类成功的谚语，激励了更多的士人希冀通过读书来改变贫寒的家境。因为士绅的贫困化在古代社会里始终是一个不争的事实，尤其在明清之际，士绅贫困化现象更加严峻，不仅是我们熟知的明遗民中的士人贫困、枵腹，即使那些生在清代的士人，他们的贫困化现象也相当严重。“伤哉贫也！”[②] 对于士人的这种贫困化现象，很多文献笔记都有比较详细的记载，例如：

四民之中，士最贵，亦最贫。……举人为破家之子，亡命之徒。

举人老，盘川少，不虚也。[③]

杜濬《复王于一》曰：“承问穷愁何如往日，大约弟往日之穷，以不举火为奇；近日之穷，以举火为奇——此其别也。”[④] 彭士望《与陈少游书》则曰：“易堂诸子各以饥驱，游艺四方”“魏善伯以明经贡入太学，客宰相之家，不乐仕宦，旅贫至不能治归担”[⑤]。魏禧《溉堂续

① 《钦定学政全书》卷31。

② 《礼记·檀弓下》。

③ 冯桂芬：《改会试议》，《校邠庐抗议》，第37页。

④ 杜濬：《变雅堂遗集》文集卷8，光绪二十年黄冈沈氏刊本。

⑤ 彭士望：《树庐文钞》卷2，道光甲申刊本。

集叙》说孙枝蔚："豹人年五十，浮客扬州，若妻妾子女奴婢之待主人开口而食者，且三百指。世既不重文士，又不能力耕田以自养，长年刺促乞食于江湖。"[①] 戴名世《种杉说序》曰："余惟读书之士，至今日而治生之道绝矣，田则尽归于富人，无可耕也；牵车服贾则无其资，且有亏折之患；至于据皋比为童子师，则师道在今日甚贱，而束脩之入仍不足以供俯仰。"[②] 其中，甚至有因贫而饿死的遗民知识分子，如李确。[③] 此外还有被称为"饿夫"的彭士望。以上虽然论述的是明遗民知识分子的贫穷化，但贫穷不是遗民特有的现象，它普遍存在于整个士绅群体当中，尤其是在那些终生苦读，却无缘中举的读书人中，更是如此。所以，从现实和理想来看，对于贫穷的读书人来说，读书入仕似乎是其人缓解贫穷现实的首选。

二　士人之苦读

士人之与书，犹如鱼之与水，农夫之与土地。因为中国古代士人具有以天下为己任的自觉理想，具有强烈的参与意识和社会责任感。所以，为实现理想和抱负，他们必须不断提高自己的知识水平和文化素养。因此，读书在士人生活中占有重要的位置，被视为恒业。但是，其人读书的目的也不尽相同，有的为出仕而读，有的为提升自己知识水平，陶冶情操而读。无论如何，对于绝大多数贫寒的士绅来说，读书应举是他们改变贫穷，实现抱负与理想的唯一选择。例如下面这段资料的主旨就是如此：

> 满盘打算，绝无半点生机，饿死不如读死；仔细思量，仍有一条路，文通即运通。[④]

这是邓廷桢的一番话，也是中国古代士绅，尤其是贫士心态和理想

① 魏禧：《魏叔子文集》卷9，道光二十五年刊本。

② 《戴名世集》卷3，中华书局1986年版，第83页。

③ 魏禧：《魏叔子文集》卷6《与周青士书》，道光二十五年刊本。

④ 徐珂：《清稗类钞》第2册，第60页。

的真实写照。于是，在封建国家给予种种特权的诱惑和激励下，在自身贫苦无依的情况下，苦读成为士子唯一的选择。因为一旦中举，其人不但可以进入士绅集团，享有种种特权、解决生活无依的困境；同时，从士人的传统理想和抱负实现的角度来说，出仕，唯有出仕，才能进入统治阶层行列，从而实现士人修齐治平的政治理想。因为中国古代社会的政治特性，以及知识人的依附性特点，决定了士绅只有进入统治阶级行列，才能代表统治者治理万民，从而施展自己的才华、实现自己的理想。

所以清朝的甘肃士绅也不例外，他们同样希冀通过刻苦读书来实现自己的抱负与理想。因为贫穷是绝大多数中国古代士人共同的约束和羁绊，所以翻开人物传，几乎所有的士绅都有过苦读的经历。因此，苦读、穷读、借书、抄书等成为士绅的标签和标志。

（一）贫穷好读的士绅

谈到古人之苦读，便不由想起许多家喻户晓的故事，例如匡衡“凿壁借光”“孙康映雪”“车胤囊虫”，还有苏秦“锥刺股”、孙敬“头悬梁”，等等。这些生动的故事不断传述，无疑成为进一步推动包括甘肃士绅群体在内知识人苦读的精神动力。所以在清代甘肃士绅群体中，这种类似于头悬梁、锥刺股般苦读的士绅有许多。

第一，在经济发展水平及贫穷的迫使下，他们不得不克服物质上的匮乏和贫穷，忍受皮肉之苦。

> 牛树桃，字渔溪，作麟仲子。幼赤贫，屡衣赤胫。课之读，则心气专一，就墙隅成诵乃已。后随父读于馆中，冷屋敝裈，每遇冬雨，膝脱壳。……雪夜，孤灯正襟读书，万籁俱寂，开门一笑，不自知其所乐之为何也。①

显然，牛树桃的家庭是赤贫的，不过，其虽然“屡衣赤胫”“膝脱壳”，但他苦读的意志和精神却始终如一，所以他经常“孤灯正襟读

① 《甘肃新通志》卷64《人物志·乡贤上》。

书”。类似这样的例子在清代甘肃士绅群体中还有许多，例如路于兖的为取暖掘地为坑，拾羽毛，但苦读不辍的例子。

路于兖，字东山，镇原人。雍正庚戌进士……于兖幼时家贫好学，冬掘地为坑，拾鸡羽实之，纳足其中，肃坐朗读。膏尽，继以香烛，逐字映之，鸡鸣乃已。为人谦和，与物无忤，后由教职告归，闭户读书，市人罕睹其面。①

再如谢三宠的“藉草读书”：

谢三宠，字宾于。幼孤贫好学，冬月，藉草读书。康熙壬午中乡试，丙戌成进士，选翰林院庶吉士。②

还有王云章的忍饥读书：

王云章，静宁廪生。家赤贫，性耿介。不因人热，茅屋数椽，聊蔽风雨。虽枵腹，手不释卷。其表亲家素封，尝助之以金，坚辞不受。③

可见，在物质十分匮乏的古代社会，对于很多清贫的士子来说，他们甚至连最基本的吃饭等问题都无法解决，所以他们中的许多人或者忍饥读书，或者只能饮水，以水代食。例如任其昌和朱锦蔚：

任其昌，字士言，秦州伏羲城人。……幼时家贫，忍饥勤学，弱冠补博士弟子员，咸丰壬午举于乡。春闱再踬，徒步归……自始

---

① 《甘肃新通志》卷67《人物志·群才二》。

② 《宁夏府志》卷13《乡贤》，《中国西北文献丛书》第50册，兰州古籍书店影印本1990年版，第436页。

③ 《甘肃新通志》卷66《人物志·群才一》。

学至老，未尝一日去书。[①]（任其昌），少聪颖，且嗜读，四子小学诸书皆父赠。翁口授赠，翁临终，遗命，即饿死勿改业，君谨遵之，自总角（应该指儿时）至老，未尝一日废学。……家贫甚，啖粗粝不继，午餐或缺，则饮水以代，然终不以饥告人。[②]

朱锦蔚，字絅堂，贡生。厚重质简，当同治兵燹，半菽不饱而手不释卷。能文工诗，士林推为巨臂，乡试屡荐，辄不合于主司，遂设帐，成就后学。[③]

第二，在贫穷的迫使下，他们还必须具备坚强的毅力和苦读的恒心。在物质匮乏，衣食等基本条件无法满足的情况下，这些清贫的士子为了获取知识、实现理想，依靠和支撑他们坚持苦读的动力，就是他们坚强的意志和恒心：

权尚絅，字锦堂，武威人。为诸生时，尝徒步数十里抵郡城应文社课，辨色往，迨暮乃归，如是者十年。……光绪壬午举于乡，后用史馆誊录，议叙知县，未及铨，卒于京师。[④]

王化行，清水人……幼孤，勤学，家极贫，有负薪读书之概。精举行，屡荐不售，以明经老，邑人惜之。[⑤]

王汝中，字执甫，清水人。家贫力学，弱岁有文名，举也之精与化行齐名。[⑥]

---

① 《甘肃新通志》卷65《人物志·乡贤下》。

② 《甘肃新通志》卷90《人物志·艺文志》。

③ 《重修漳县志》卷7《人物志·耆旧》，《中国西北文献丛书》第40册，兰州古籍书店影印本1990年版，第144页。

④ 《甘肃新通志》卷69《人物志·群才四》。

⑤ 《甘肃新通志》卷67《人物志·群才二》。

⑥ 同上。

由上可知，在贫穷艰苦的条件下，广大寒士均有一个共同的特点，那就是他们大多能够克服贫穷，靠坚强的意志坚持苦读，而不轻言财富与物质。

汪起甲，字蔚亭，清水廪生。家贫嗜学，藜藿不充，晏如也。①

刘树棠，字南溪，漳县贡生。性澹泊，诗笔清绝。……□瓢屡空，晏如也。②

罗锦章，秦州庠生。……家甚贫，而绝口不言财利……③

巩侃，贡生，正宁人。有学行，始习举业，不售，遂专意圣贤诚正之学，老而益勤。家贫，饔飧不继，怡如也。临终，水浆不入口，犹谆谆为人说孝廉耻事。④

张钰文，大通贡生。性端严，孤介自失，家无儋石，不以动念。子夜篝灯，书声动四壁，后署西和县训导……⑤

陈一贯，字了一，靖远人，顺治戊子举人。负性旷达，家屡空，诵读不辍。⑥

石攻玉，字伯可，正宁人，乾隆己未进士。家贫，绠水负薪，必携册吟哦，所为文皆半得于林岩溪谷之间……⑦

---

① 《甘肃新通志》卷74《人物志·孝义下》。
② 《甘肃新通志》卷67《人物志·群才二》。
③ 同上。
④ 《甘肃新通志》卷68《人物志·群才三》。
⑤ 同上。
⑥ 《甘肃新通志》卷66《人物志·群才一》。
⑦ 《甘肃新通志》卷68《人物志·群才三》。

可见，在极端贫困下，很多士人都能够超越物质匮乏的困扰，专心课读。从记载可知，上述这些甘肃读书人能够坚持苦读，并获得士绅身份，支撑他们的就是其人坚强的意志和毅力。

除了物质上的匮乏外，因为甘肃教育文化水平低下，求学的士人还常常面临独学无师的困境，所以为求答疑解惑，除了靠自己的努力和揣摩外，他们有时候还必须去很远的地方寻求名师的帮助。

> 孙克明，字鉴涵，镇番人。康熙三十九年进士，为国朝河西甲第之首，尝徒步二千里，越境访师，史流芳见而奇之，授以关学编，克明豁然悟解，慨以圣贤自任。镇邑地多沙患，康熙四十三年率邑民王众等呈请，于东边六坝湖移亩开垦，贫民赖之，后官湖广通城知县，颂声载道。①

此外，在物质极端匮乏的情况下，清贫的士子不但要忍受物质上的贫穷，具备坚持苦读的毅力和恒心，还要甘于清贫，不接受施舍，从而保持知识分子所具有的节操和气节。

> 温涌龙，会宁庠生。读书敦品，安贫乐道，不妄交，不苟取，不入公门。日行街头，目不斜视，见者皆敬之。……年六十余，邑富绅某墓其人，聘教其子入学，致敬后月余，某未谒涌龙，供馔仍丰，力辞去，其不苟如此。②

> 刘诰，字圣书，武威人。为秀才，有才名，常游学关中，名渐起，而性孤俊，不乐与富贵人交，闭门不通杂客，日惟饮酒弹琴自娱。晚益穷，或经旬卧不起，有老友来，与之饮，陶然辄醉。如言及外间酬酢与一切世物，诰则以被韬面，不复答。③

---

① 《甘肃新通志》卷65《人物志·乡贤下》。

② 《甘肃新通志》卷67《人物志·群才二》。

③ 《甘肃新通志》卷75《人物志·隐逸》。

王孙谦，字珊苔，张掖诸生。善琴，家无立锥之地，终日饱琴枯坐，不复与世为缘。乾隆间，陕西巡抚毕沅耳其名，以礼招至青门，尝受学焉。①

张继志，字续亭。皋兰人，廪生，安贫守约，不妄求人。②

罗新邦，两当诸生，耿介有奇气。家贫力学，饔飧不继，晏如也。食饩后，设教香泉寺。同治二年，率县川民修西山堡避乱，工未端尔郭逆陷城，遂遗避北崖。贼攻崖急，只身往说，贼索贿，劫以白刃，伤左颊，血盈面。贼退，崖众验视，新邦神色自若。③

缑作镇，字伯伍，秦州贡生。作镇自幼镇静笃实，勤学不倦，家亦贫，不汲汲于治生。其教人先令多读书，用静细功，学规谨严，从游者爱而畏之。故凡功力切实，文名卓著者，半皆出其门下。咸同间，州人论善教者，咸推罗（锦章）缑（作镇）为二难云。④

贾汉英，字仲儒，武威人。……家极贫，邻人悯其困，或饩之粟，汉英辞不受。且曰，“穷视其所不取，是谓养廉；达视其所不为，是谓知耻。夫人必穷，有不取而后达，有不为也。”……康熙间，诏求天下隐逸，郡守以其名荐，汉英不起，屡征屡却之。晚岁所学益粹，而贫日甚。飧食常不继，乃陶然独乐，泫诵之声达于户外，乡人化焉。⑤

刘钧，字乐天，秦安莲花城人。道光己酉举于乡，性极狷，非其人不肯与交。与同门巨潭相友善，尝以黄表录所作示潭，嘱阅后

---

① 《甘肃新通志》卷75《人物志·隐逸》。
② 《甘肃新通志》卷66《人物志·群才一》。
③ 《甘肃新通志》卷71《人物志·忠节二》。
④ 《甘肃新通志》卷67《人物志·群才二》。
⑤ 《甘肃新通志》卷65《人物志·乡贤下》。

> 付火，毋令他人见。或邀与联名留长官去任，不赴。有诗云："从无辽豕堪夸白，岂有山鸡不爱毛。"其狷介如此，家无儋石，处之晏如。主讲景泉书院，所奖拔皆才隽士。其卒也，贫无以殓，门下士醵金以葬。①

在中国古代，士之所以为士，正是因为其人这种坚强的毅力和不为五斗米折腰的高尚品质和情怀。所以，在中国古代任何时期都不乏名垂史册的士人，也正是这种高贵品质的绵延不绝和不断传承，才成就了中华民族知识人永远不屈的脊梁。

第三，由于生活条件艰苦，有些贫士为了实现读书理想，不得不躬耕自给，或者选择昼耕的方法来换取夜读，从而继续其苦读的生活和理想。在清朝甘肃，也有许多这样的读书人：

> 江树蕙，字熏卿，同治庚午举于乡。性耿介，不为俗移。家贫，昼力耕，夜读书，寻主四郡书院讲席。②

> 张志尹，崇信人，乾隆间贡生。家贫好学，昼耕夜读……③

> 张得位，字权公，灵台人。……家贫，躬耕自给，性嗜书，手不释卷，与诸生谈论古今得失，辄中肯。同治回乱，办理乡团，堡赖以全。④

> 陈炷，字我檀，岁贡生。性孝友，弱冠时，亲老家贫，投笔事耕锄。习农圃者二十余年，风雨晦阴亦不废书，后聚村童数十人授经，以砚田代耕作。⑤

---

① 《甘肃新通志》卷75《人物志·隐逸》。
② 《甘肃新通志》卷66《人物志·群才一》。
③ 《甘肃新通志》卷67《人物志·群才二》。
④ 同上。
⑤ 《皋兰县续志》卷6《孝友》。

从谋生及维持读书条件的角度来看，除了以耕助读外，训蒙和教授对于寒士来说，不但是维持自己生存的手段，也是他们坚持读书的另外一种途径和方式。

朱光前，字子瞻，静宁从政里人。家贫好学，为大姓授徒，遂入庠。军兴，避入城，仍勤学不辍。后为义学师，生徒益众，多所成就。①

胡曜鳞，字化伯，静宁朱清寨人，道光中贡生。入庠后家贫甚，训蒙自给。持身端正，文亦清真，有周济者必拒之。②

可见，上述两人都是以教书来获取自己继续读书需求的。而对于那些超越追求科举功名理想的士子来说，读书不仅是为将来科举考试储备知识的过程，还是一种乐趣，在清代甘肃，这样的士绅主要有：

王偀，字子俊，静宁人。淡泊自守，品学纯正。家贫，耕读为乐。中光绪乙亥举人，礼闱报罢，遂绝意进取，主讲阿阳书院，门下士掇巍科者接踵。从游日众，没世，人犹述其教泽。③

陈锡禄，字次如，肃州赤金所庠生。父殁时年十四，有志读书，而祖父母在堂，皆六旬余。兄弟尚幼，家贫甚，入金塔营充字识，借以养亲而学未辍。食未尝饱，省口腹以奉亲，敬兄爱弟，和气一堂。入州庠后，惟以训蒙勤耕为事，不求显达。④

对于清代的甘肃士绅来说，他们的夜读和苦读不仅仅是因为贫穷。

① 《甘肃新通志》卷66《人物志·群才一》。
② 同上。
③ 同上。
④ 《甘肃新通志》卷74《人物志·孝义下》。

那些接连不断的战乱及社会动荡，也是他们能否坚持苦读的一个重要原因。而他们中的许多人不仅克服了贫穷，也克服了颠沛流离之困，因为即使在绵延的社会动荡中，他们依然攻读不辍。也正是因为如此，他们通过了科举考试，获取了功名。

> 张理治，字爕臣，狄道庠生。同治壬戌狄河难作，携家避入南山，虽干戈扰攘而读书不辍。①

> 张鹏举，字霞轩，海城人。咸丰辛酉拔贡……避乱山中，读书不辍。癸酉举于乡，甲戌成进士。②

> 蒲修政，字敏生，秦州人。性聪慧，同治初，……院试久停。修政以奇贫为贾人司出纳，昼无暇晷，夜则篝灯读，竟夕不寐……③

> 吕奏清，字象天，成县人。廪生，性朴钝，博闻强记，以易学着闻。屡困兵，闭门纮诵自若，邑令王三锡额其门曰"奕世书香"。④

> 任棠，平罗贡生。好学能文，乐善不倦。同治……，流离困苦，吟咏不绝。⑤

因为在独重科名的科举时代，只有那些即使在颠沛流离中也不废读的士人，才有可能通过科考，实现其人读书做官的理想。

---

① 《甘肃新通志》卷66《人物志・群才一》。
② 同上。
③ 《甘肃新通志》卷67《人物志・群才二》。
④ 《甘肃新通志》卷68《人物志・群才三》。
⑤ 同上。

王佑，字笃生，秦州人。天资英爽，工于词赋。……久停院试，未尝废读。同治癸酉入庠即得拔萃，甲戌朝考，以知县分发湖北。①

惠登甲，字莲塘，安化人。同治初，避乱关中，境奇穷，诵读不辍，中己巳补行乡试举人，光绪丙子成进士。②

刘鉴，字镜塘，秦州人。尤劬于学，性质直无文饰。同治初……州试停逾十年，流离颠沛中未尝废学。光绪乙酉登乡荐，力主西宁、河州各书院讲席，士林推服。委署兰州府教授，以父忧未赴任，逾年卒。③

然而，对于知识人来说，他们能克服物质上的贫寒、社会动荡的影响，却不能改变中举名额太少而导致的激烈竞争。因为在科举时代，受科举名额的限制和其他一些因素的影响，并非苦读者和饱读诗书者就能实现中举理想，所以生不逢时、穷困潦倒的士绅大有人在，例如在甘肃就有许多这样的知识人：

王明德，字宣三，丹葛尔增生。质敏学博，负不羁才，惜遭逢不偶，潦倒以卒。④

第四，苦读力学，成为清代甘肃士绅一个显著的特点。由于甘肃地处西北边疆，自然环境恶劣，经济发展水平低下，因此相对于其他区域的士人之贫来说，甘肃士人可谓贫上加贫。然而，也正是因为贫寒下持之以恒的苦读和求学，所以他们中的许多人不但通过了科举考试、获取了士绅身份、实现了出仕的理想，而且还产生了一批在地方乃至全国颇

① 《甘肃新通志》卷74《人物志·孝义下》。
② 《甘肃新通志》卷68《人物志·群才三》。
③ 《甘肃新通志》卷67《人物志·群才二》。
④ 《甘肃新通志》卷68《人物志·群才三》。

有名望的知识人。

赵相南，武威庠生。为人朴讷，而读书之勇倍于常士，肄业本郡书院。闭户默识，不与人酬接，人闯其室，相南喃喃背诵所读书，或有问，亦不答。尝谓："理与法具乃可言文，揣摩风气之说，吾甚不取，吾惟守吾法，以阐圣贤之理而已。"①

孙俌，字仲山，武威人。乾隆庚申拔贡，居母丧，庐墓三年，读书不辍。时山左牛运震宰平番，俌丧既除，往从之学。同门为秦安进士吴墱、狄道举人吴镇、同邑生员吴懋德，皆负隽才，善诗文，有"三吴之称"。俌资不逮三人，而苦学过之。乾隆庚午领乡荐，辛未成进士。②

唐敬，字惺斋，阶州人。嘉庆间明经，幼读书过目成诵，颖悟绝伦。经史子集无不博通淹贯，而甘贫嗜学，至老不渝，人尊为通明先生。③

可见，清贫的甘肃士绅之所以能够实现读书出仕的理想，就是因为他们坚持不懈、长年累月的苦读。

展誉美，字在中，靖远人。官朝邑训导，性耿介，家贫，读书寒暑不易。④

李崇实，字辉之，静宁水洛镇人。家贫好学，尝肄业关中书院二十载。⑤

---

① 《甘肃新通志》卷69《人物志·群才四》。

② 同上。

③ 《甘肃新通志》卷68《人物志·群才三》。

④ 《甘肃新通志》卷66《人物志·群才一》。

⑤ 同上。

雷鸣夏，字豫叔，狄道人。少孤贫，力学不倦，工诗文，性嗜酒，与人坦夷无城府。后以岁贡铨雒南训导，辞不赴。[①]

薛宗周，字少轩，静宁人。家贫，敦品励学，同治癸酉举于乡。力主郡县书院讲席，成就多才，从游者常百余人，寻授安定县教谕。[②]

梁永清，字定山，泾州人。同治癸酉拔贡，肄业兰山书院，刻苦志学，竟夕不眠，浮薄者望而生畏。[③]

张辅臣，字汉亭，伏羌人。幼颖悟，家贫嗜学，登康熙庚戌进士，官江西信丰知县。[④]

蒋昶林，字延年，伏羌人。入郡庠，安贫好学，老而益笃。[⑤]

韩孔淑，字三善，甘贫嗜学。善属文，有德，在里持是非，人咸服焉。存之日，乡党无讼事者二十余年。其教人也严肃出入，有则不使逾越。[⑥]

彭绳祖，秦安陇城人。六岁就傅，过目成诵。家贫，攻苦，晚年登进士第。[⑦]

---

① 《甘肃新通志》卷66《人物志·群才一》。

② 同上。

③ 《甘肃新通志》卷67《人物志·群才二》。

④ 同上。

⑤ 同上。

⑥ （民国）《重修漳县志》卷7《人物志·耆旧》，《中国西北文献丛书》第40册，兰州古籍书店影印本1990年版，第141页。

⑦ 《甘肃新通志》卷67《人物志·群才二》。

在极端艰苦的情况下，尽管士绅的苦学力学成为他们实现中举和出仕理想的有效途径，但也有许多人因此而身心疲惫和憔悴，甚至有许多人因为长时间苦读而劳累致死。

> 毛鹏展，丹葛尔增生。家贫力学，尝百余昼夜不息，遂之过劳成疾，年二十五而卒。①

我们知道，虽然毛鹏展苦读致死只是一种个别现象，但它却有力地说明，苦读和力学不仅是中国古代社会士绅中，尤其是贫寒士人中的一种现象，而且在清代甘肃士绅群体中，这种现象依然存在。

（二）抄书的贫士

由于中国古代书籍数量相对较少，而士人的贫困化又使得他们无力购买更多书籍，于是借书、抄书就成为他们获取知识的一种途径。在清代甘肃士绅群体中，为渴求知识而借书、抄书的例子有许多。

> 曾钊，“笃学好古……遇秘本或雇人影写，或怀饼就钞，积七八年，得数万卷”。②

> 阎正衡，酷爱读书，但家乡偏僻贫穷，找不到书看。他得知一同乡家中有《史记》，便去借阅，同乡不肯，他提出在同乡家中阅读，还不同意。后来，他发现同乡家中缺少柴草，便提出每天背去一捆柴，换读一天《史记》，同乡才答应。从此阎正衡每天早上打一捆柴，并带着笔墨到同乡家去，边读边抄，几个月后将《史记》全部抄完了。③

可见，地处偏远地区的甘肃，由于经济、文化落后，借书和抄书便

① 《甘肃新通志》卷68《人物志·群才三》。

② 《清史稿》卷482《列传》269，第13280页。

③ 《清朝野史大观》卷10。

成为士人刻苦读书和获取知识的重要手段。

韩遇春，字曦先。为诸生时甚贫，然嗜古力学，闻有异书，尝一二百里借抄。①

安仁，字体元，秦安人。……少时，家贫失学，就乡先生问字质义，退而探索，久乃贯通。于是遍览经史，抄书盈箧，择先儒格言别为一编，身体力行，邑令王汝铨有“真人品”之目。②

武登第，武威庠生。家贫，无藏书。偶从邻家借史记读，浏览一过，邻家索原本去，登甲穷日夜默写成帙，不一字伪……③

潘凤声，秦州人，乾隆甲午举人。安贫积学，每借得人书，穷日夜手抄，遂积至等身……里人呼为潘圣人。④

杨古英，字时俊，恩贡生。好读书，年八十余，犹手自抄录不辍。及卒，门人发其箧，蝇头小楷数万卷。⑤

石光岳，字子五，狄道贡生。年八旬犹手自抄书，勤学不倦……以教学终其身，门下多所成就。⑥

对于读书人来说，书籍比任何东西都重要，所以当他们不得不在物质财富和书籍之间作出选择时，通常会把书籍作为首选。因为书籍不但是获取知识所必需的，也是士人为士的象征，所以，对于士绅来说，他

① 《甘肃新通志》卷65《人物志·乡贤下》。
② 《甘肃新通志》卷67《人物志·群才二》。
③ 《甘肃新通志》卷69《人物志·群才四》。
④ 《甘肃新通志》卷67《人物志·群才二》。
⑤ 《狄道州志》卷9《人物中》。
⑥ 《甘肃新通志》卷66《人物志·群才一》。

们大多爱书胜过爱财富，清代甘肃士绅中也有这样的读书人：

> 梁梅，庠生，安定□口人。受业乡贤马疏之门，性朴诚至孝，笃学不倦。………同治甲子十月十七日，逆回至庄，梅登山呼曰："我之衣物，财贿，尔等任取。诗书乃圣贤典籍，若坏之，行兵不利。"寇退，至家，急收拾书本，字帖，括入箱箧，乘夜逃，再踩脚犹燃灯照读……①

（三）不甘废读的士绅

在古代社会独重功名思想的影响下，读书做官成为士人及社会的主流思想，即使是那些因贫寒或其他原因而不得不弃学或废学者，大多也心有不甘，有些人最终克服困难，重新坚持读书入仕模式，这种情况在清代甘肃士绅群体中也普遍存在。

> 巨潭，字镜舫，秦安人。少以贫废学，年十九，见兄入庠，始欲读书，以父不允，忧愤成疾。父以检讨张位劝，令读乃许之，疾果愈。②

> 张联星，山丹人。幼时家贫，为人牧羊，朝夕过学塾，闻塾师讲书，辄倾耳而听，塾师奇之，教之读，弥年淹贯经史，补博士弟子员，旋获选拔。③

> 牛作麟，字振风，通渭人，作麟少时，家赤贫，身任薪刍，常以不获读书，梦中哭醒。年二十始从父学，三十始补弟子员。④

> 张兆珪，丹葛尔人，幼贫，为人牧。畚近塾，尝窃听学童读书

---

① 《甘肃新通志》卷73《人物志·孝义上》。
② 《甘肃新通志》卷67《人物志·群才二》。
③ 《甘肃新通志》卷69《人物志·群才四》。
④ 《甘肃新通志》卷64《人物志·乡贤上》。

而默识之，塾师见而异之，授以书，即借其义。由是半读半牧，遂入邑庠。以教授为生，肆志于经世之学……终未竟其施用。[①]

周宗祎，山丹岁贡……杂于市侩，佣工养母，寻弃工业儒，入泮食饩，贡成钧，以慰母心。[②]

徐友麟，字石庵，秦州人。刻苦力学，入庠后，因家贫改习贾。久之，复发奋读书，遂登丙子贤书，丙戌成进士。[③]

周梦熊，字渭阳，宁夏县生员。父母俱早亡，与兄同居，家甚贫。为酒佣，年二十七尚不知书，偶为无赖子所辱，深耻之。跪请于兄，欲从学，兄谓其年长，再三请，乃许之。受业于廪生张坤，坚志苦学八年，雍正三年入学，后事兄如父，敬嫂如母。[④]

以上事例记载的就是那些不甘废读的甘肃士绅。他们中的许多人因为生活所迫而不得不废学，一旦条件具备，还是会重拾书本，刻苦攻读。究其根源，就在于其人内心深处对读书中举的渴望，以及士绅对传统理想和政治抱负的不懈追求。

（四）终身嗜读的士绅

由于家庭、经济等因素的影响，许多士人读书较晚，但是他们不仅努力读书，而且往往以读书为乐，从这点来说，这些人真正践行了乐在其中的学习态度。此外，在陶渊明隐逸思想的影响下，也有一些读书人并不以汲汲苛求功名为终极目标，相反，他们往往把读书看作人生中不可或缺的永恒追求。在清朝甘肃，类似的知识人主要有：

齐文淮，皋兰人，少孤贫。事母至孝，年十八始从师读书，性

① 《甘肃新通志》卷68《人物志·群才三》。
② 《甘肃新通志》卷74《人物志·孝义下》。
③ 《甘肃新通志》卷67《人物志·群才二》。
④ 《甘肃新通志》卷74《人物志·孝义下》。

敏慧，日记千言，乾隆十八年以拔贡举于乡，赴礼部试，卒于洛阳旅舍。①

武时可，字际亭，秦州佾生。尹可升，字书庵，庠生，均和平乐易。年逾七旬，手不释卷。时可喜读周易，可升喜读南华，家本素寒，均以舌耕糊口，凡知交皆爱敬之。②

王乃先，平番人。隐居苦水朝阳山下，名公巨卿召之不就……年逾八十，犹手不释卷。③

陈诲，字存之……乾隆庚子列乡荐，晚年就教职。选陕西同州府蒲城县教谕，以母疾告归，……年八十，犹手不释卷。④

邓铭堂，字敬轩，秦安监生。幼承庭训，孜孜为学。年十八，丧父，遂弃儒业贾，孝养以赡其家。……尝训子侄曰，“尔曹读书不第，宜习勤，犹贵能耐苦，即他日得志，无忘此训。”……家藏书甚富，行年七十，犹手不释卷。⑤

张彭龄，字莲泉，清水增生。乡试屡荐不售，以善书称，敦厚伦。常栽培后进，幕横渠遗风。年近九旬，犹手不释卷。⑥

除以上所论及的那些读书较晚和终身嗜读者外，在清代甘肃士绅群体中，那些自幼聪慧、学有所成的，或者说少年早慧的优异者也屡见不鲜。

---

① 《甘肃新通志》卷66《人物志·群才一》。
② 《甘肃新通志》卷67《人物志·群才二》。
③ 《甘肃新通志》卷75《人物志·隐逸》。
④ 《皋兰县续志》卷8《孝友》。
⑤ 《甘肃新通志》卷67《人物志·群才二》。
⑥ 同上。

张师斌，字图南，金县人。幼时问其父曰："读书为何?"父曰："光前裕后"。斌曰："仁义礼智非学业乎?"父奇之，教以读书，过目成诵，十岁能文。[①]

此外，还有那些不仅熟读儒家经典，而且博涉群书、知识广博的士人。因为在科举考试内容的限制下，许多读书人是为了博取科名，大多只重视科举考试书目，而对于其他书籍则涉猎不多，从而使得相当多的读书人知识面狭窄。但是在清代甘肃士绅群体中，博涉群书、阅读面极广的读书人也为数不少：

张逢箕，字维南，狄道人。博涉典籍，里人号曰"书籍"。[②]

任纪瑞，字云五，礼县贡生。弱冠即能为文，肄业关中，嗜书如命，不释手。自经史百家外于程朱诸书致力尤笃，识者不仅以文人目之。[③]

作为少数民族众多的区域，在清代甘肃士绅群体中，也不乏那些苦读、乐读、爱读的少数民族读书人：

刘全孝，化平圣女里回民，好读书，杜门不出……[④]

最后，在以科举为正途的情况下，即便可以通过其他途径入仕，有些士人还是希望自己能够通过"学校—科举—入仕"这种模式来实现人生理想。

---

① 《甘肃新通志》卷66《人物志·群才一》。

② 同上。

③ 《甘肃新通志》卷67《人物志·群才二》。

④ 《甘肃新通志》卷66《人物志·群才一》。

何孔述，镇番人，顺治辛卯举人。颖悟非常，日记数千言，髫年食廪。顺治五年……总督孟乔芳嘉其功，檄署本营参将，莅任数月……述辞，愿以科名显，是年即拔贡，辛卯捷至。孟公笑曰："何生果有大志，真文武全才也"。[①]

总之，地处西北偏远地区的甘肃，其经济、文化、教育落后等现实情况造成了清代甘肃士绅在读书求学方面的诸多障碍及困难，但是他们中的许多人没有因为这些客观障碍而废读。相反，他们不仅刻苦读书、努力抄书，而且爱读、乐读，涌现出一大批科举考试的佼佼者和文名卓著的知识分子。所以，从士绅知识的获取途径和追求来看，清代甘肃士绅的攻读生活既体现出中国古代士绅群体的共性，也有其人地处清代甘肃地域的个性。

第二节　士绅与科举入仕

前文已经提到，在中国古代社会里，获得士绅身份的途径主要有以下几种：科举考试、捐纳、军功以及恩赐和赏赐等。但是，无论在古代社会，还是在当今学术界，人们一般习惯上把通过科举考试获取功名，从而进入士绅阶层者称为正途出身；相应地，把那些科举之外，例如通过捐纳途径进入士绅阶层者称为异途出身。所以，对于绝大多数士人来说，由科举考试出身者不仅可以获得较高荣耀，同时也是获得士绅身份，从而进入士绅集团的最主要途径。

一　科举正途

在官本位的中国古代社会里，一个人的身份、地位和价值集中表现为他能不能做官和所做官的品级如何上。[②] 清朝沿袭了隋唐以来的传统，科举依然是读书人获取功名，从而进入仕途的主要途径。虽然在某

① 《甘肃新通志》卷65《人物志·乡贤下》。

② 艾永明：《清朝文官制度》，商务印书馆2003年版，第37页。

些时期，或因政治原因，或因财政需要，或因标榜仁政，或因囊括人才，从而扩大了人才选拔途径，出现入仕之途众多甚至仕途淆杂的现象，但是长期以来，被视为“抡才大典”的科举，无疑成为士人入仕的最主要途径，这种心理自始至终在中国古代处于主导地位，因此其他各途都无法与之相提并论。正途与异途的区别体现在许多方面，例如在官员选拔上，即使是较低级别的教官一职，往往也只授予那些“正途”出身者。例如清朝对于任用教官就明确规定：“除进士、举人、正途贡生外，其例贡生，非由廪膳生员者不与。”① 而论品级，教官应该只是所有品级中较低的官职了。这些充分表明，在科举独为正途的情况下，它的优越性和主导地位是科举时代其他各途不可替代的。

于是，科举就成了天下万民的功名利禄场，绝大多数社会成员的身价、地位全系于科举场上的成败。那些金榜题名、鹊噪报吉者，朱紫裹身，顶戴荣冠；相反地，那些名落孙山、困顿场屋者，骨肉愁容，亲朋冷眼。于是，科举成名成为许许多多人的第一人生追求。年幼者、年轻者竞相角逐自不必说，就是那些七八十岁高龄的老翁依然竭虑科场者也大有人在。②

二　中举的荣耀与下第的凄凉

（一）中式之难

在统治阶级的激励与笼络下，在家人及社会的督促下，中国古代的广大读书人几乎毫无例外地走上了科举入仕的道路。然而，为了保证科举制在知识分子中的崇高地位，以及读书人对统治阶级的向心力和凝聚力，统治阶级牢牢掌控了科举考试之大权，他们往往通过严格控制中举名额的方式来加强对读书人的掌控，从而使得中举难上加难。因此，在中国古代常常会产生大批终身困于场屋而不能自拔的读书人。科考中举之难和激烈竞争，成为晚清主张废科举人士批判科举制最为激烈的理由之一。

---

① 光绪《大清会典事例》卷105。

② 《钦定大清会典事例》卷354。

关于中举之难，竞争之激烈，清代士人在他们的笔记和文献资料中有许多记载和论述。例如梁启超就曾在上折中，对科举之激烈竞争批评道："邑聚千数百童生，擢十数人为生员；省聚万数千生员，而拔百数人为举人；天下聚数千举人，而拔百数人为进士；复于百数进士，而拔数十人入翰林。"① 此后，对于清朝科举考试的中举之难，何怀宏进行了统计，并与明代的中举概率做了比较。他的研究表明，明代洪武二十六年录取进士在总人口中所占的比重为0.000055%，而清代嘉庆二十五年则为0.000031%。② 所以，对于绝大多数士子来说，科举中第犹如水中之月，可望而不可即。然而，在统治者给中举者特权及恩惠的诱惑下，不甘放弃的读书人，总是希冀自己有朝一日能得到梦寐以求的桂冠。因此，为了实现人生理想，许多人虽然经历了艰苦的磨难，但难以舍弃；尽管他们中的绝大多数人都有刻苦读书的经历，然而科举入仕的理想却始终无法实现。《清史稿》就记载了许多刻苦读书却与科举高中无缘的士绅。

任启运"家贫，无藏书，从人借阅，夜乏膏火，持书就月，至移墙不辍。"③

胡秉虔，"自幼嗜学，博通经史。尝入都肄业成均，夜读必尽烛二条。"④

洪颐煊"少时自力于学，与兄坤煊、弟震煊读书僧寮，夜就佛灯讲诵不辍。"⑤

显然，以上三则事例中的主角都希冀通过自己的刻苦攻读而获得科

---

① 梁启超：《饮冰室文集》（三），台湾"中华书局"重印本，第22页。
② 何怀宏：《选举社会及其终结》，生活·读书·新知三联书店1998年版，第349页。
③ 《清史稿》卷481《列传》268，第13184页。
④ 《清史稿》卷482《列传》269，第13265页。
⑤ 《清史稿》卷486《列传》273，第13411页。

名，但是，在统治阶级掌控的有限名额下，他们往往名落孙山。因此，在科考时代，并不是经历了刻苦读书就能中举的，除了以上事例外，这样的读书人可谓比比皆是，例如我们熟悉的孔乙已、范进等，虽是小说人物，却也是清朝社会读书人常考不中者悲剧的真实写照。在科考时代，由于科举名额的有限性以及科考中一些诸如作弊、通关节等偶然以及人为因素的影响，能够中举者毕竟只是极少的幸运者。此外，由于科举三年一科的制度特点，许多读书人的人生就恰如“今科失而来科可得，一科复一科，转瞬而其人已老”①。因此，在清代，终身考试而不中者大有人在，白发童生、寿星举人也屡见不鲜。例如蒲松龄奋斗一生也无法实现科考中举之理想。再如，有一考生“八战秋闱”“自后不复应试矣”②。还有另一考生七次应乡试而不中。③ 更有一考生 14 次应试不中。④ 与这些久试不中的士人相比，那些像高泳“年近六旬，始岁贡入太学”⑤；姜宸英“成进士时已年逾七旬”⑥；谢启祚 98 岁中举人，他们又是幸运的，因为与上文所列的那些科举受挫者相比，这些人毕竟最终实现了科举入仕的理想。尽管中举之后已不可能出仕。但是，对于读书人渴求功名的理想来说，他们的目标也算是实现了。

（二）中第与下第

科举时代，任何时候都有围绕中第与下第，从而出现的少年得志，以及终身困于场屋的落魄者，甚至像范进、孔乙已这样比较极端的科举牺牲品。

中举入仕者的荣耀与落第者的凄惨。中举与否，不但关系着自身的荣辱，而且与家人宗族甚至整个村庄都有着密切的关系。因为新中举人和进士的荣耀，除荣恩宴、雁塔题名外，还有游街等活动，那种“一日

---

① 冯桂芬：《改科举议》引饶廷襄语，《校邠庐抗议》〈清咸丰十一年〉卷下，台湾学海出版社影印本，第 55 页。

② 丁福保等编：《锡金游庠同人自述汇刊》上册《杨恩沛自述》，1931 年刻本，第 13 页。

③ 《锡金游庠同人自述汇刊》上册《顾潜节略》，第 15 页。

④ 王麟祥：《叙州府志》卷 36，光绪二十一年刻本，第 96 页。

⑤ 《清史稿》卷 484《列传》271，第 13329 页。

⑥ 同上书，第 13359 页。

看尽长安花”的喜悦，在科举时代的各种笔记小说中屡见不鲜。在此，我们以中举对族人乃至地方所带来的荣誉为例来了解一下中举后的荣耀及影响力。道光时直隶宝坻县人李光庭，曾谈到家乡人中举后的情形："村庄中有刘举人庄、张举人庄，其来已久，似乎表宅里树风声，亦难能而可贵者。"[①] 可见，在科举时代，这种以中举人的姓氏来作为村庄的名字，足以表明中举对地方宗族血缘社会的深远影响。所以说，中举获得的荣耀，不仅播衍于士绅本身及其家人，同样因中举而获得荣耀的还有其所在的地方社会。

与中举者获得的尊敬和荣耀相反，一旦科举下第，即使家人，也会对其人进行严厉谴责。这样的例子，除我们所熟知的范进、周进等人在中举前后家人的不同态度及表现外，戴莲芬在《鹂砭轩质言》中还记述了道光初年王广荫落第回里，其父怒叱不纳的故事。[②] 此外，即使那些已是举人者在尚未中进士之前，在科举功名最高的进士面前，也是受人冷落，被人瞧不起的。例如浙江德清人蔡启樽是康熙九年庚戌科状元。当他还是举人时，公车赴京会试，路过山阳县时，得知同乡邵某在此任县令，便前去拜访，谁知邵某不但不理会他，还令手下人"查明回报"。蔡启樽受此羞辱，一怒而去。到京后，一举荣登榜首，邵县令闻讯后，后悔不迭，欲赠厚币谢过，蔡题一绝句于扇寄邵，诗曰："去冬风雪上长安，举世谁怜范叔寒，寄语山阳贤令尹，查名须向榜头看。"[③] 由此可见，在等级社会中，即使已中举人，但在已入仕为官者的面前，也是被人瞧不起的。

另外，从大量落第士绅的诗词中，我们也可以感受到下第者的凄凉。如《冷庐杂识》中的《下第词》所记，沈锡田戊寅下第，赋陌上桑词、语绝凄婉："传来一纸魂销，顷刻秋风过了，旧侣新俦，半属兰堂蓬岛。升沈异数如斯也，漫诩凌云才藻。忙挑灯，昨夜并头红蕊，赚人多少。愧刘贲策短，江淹才退，五度青衫泪。绕桂魄年年，只恐嫦娥

---

① 李光庭：《乡言解颐》卷3《士》，中华书局1982年版。

② 戴连芬：《鹂砭轩质言》卷3《王文慎公》条，《笔记小说大观》第8册，第5131页。

③ 王士禛：《池北偶谈》卷19《谈艺九》，中华书局1992年版，第456页。

渐老。清歌一曲，凭谁诉，惹得高堂烦恼。梦初回，窗外芭蕉夜雨，声声到晓。”① 从这首词中，我们不但可以得知，他参加科举考试受挫已经不是一次了，而且从其悲凉的词句中还可以感受到其万念俱灰和悲苦无处诉的凄凉心境。

蒲松龄《聊斋志异》中也有对科举考试士子情形的描述，即“七似”，其中关于下第之情况，“迨望报也，草木皆惊……行坐难安，则似被絷之猱；忽然而飞骑传入，报条无我，此时神情猝变，嗒然若死，则似钳毒之蝇，弄之亦不觉也。”这些都是下第者凄凉与悲伤情绪的流露与反映。在清代，因为久试不中而发疯乃至为此丧命的也不乏其人。如《冷庐杂识》记载，咸丰壬子，浙江乡试第二场，山阴某生闱中发狂病，曳白而出。卷面题二绝句云：“记否花前月下时，倚栏偷赋定情诗。者番新试秋风冷，露失罗鞋君未知。”“黄土丛深白骨眠，凄凉情事渺秋烟。何须更用登科记，修到鸳鸯便是仙。”款书“山阴胡细娘”。某生旋卒于寓所。② 再如“同邑叶杏楼茂才文照，笃志好学，家贫授徒为生，昼督馆课，夜乃自课，恒达旦不寐。每应试被放，辄哭泣数日，目为之肿”。常云：“‘若得登科录中题名，虽死何憾！’竟以力学得疾，卒年未及三旬。”③ 沈逢源“……既屡不得志于有司，益纵于酒，每当夜深人静，持杯独酌，狂呼恸哭，辄惊四邻，遂以是得病，卒年三十有六”④。这些史料充分反映了中国古代科举考试的成功与否，对读书人所产生的影响是至为深远的，可以说，它几乎主宰了读书人一生的命运。

总之，在科举中第者无上荣光等因素的诱惑下，古代士人无一例外都对科举入仕寄寓了无限希望，因为荣华富贵、耀祖光宗全在此一举。然而，最终能进入仕途者只是少数人。他们中的绝大多数人虽经长期不懈的拼搏，但仍与仕途无缘，他们中的大多数终身困于场屋，甚至因此或疯，或死，这也成为清代乃至整个古代读书人极其悲惨命运的写照。

---

① 《冷庐杂识》卷4，第180页。
② 《冷庐杂识》卷2，第62页。
③ 《冷庐杂识》卷4，第218页。
④ 《冷庐杂识》卷2，第90—91页。

三　科举——驭人之策

清朝满洲贵族入主中原后，面对的是人数众多、文化底蕴深厚的汉民族。如何加强对这些民族观念极强的汉人，尤其是反抗尤为激烈的汉族知识分子的控制，使得他们为其所用，是摆在满洲贵族面前的头等难题。因为清朝统治者深知“士为四民之首”，是百姓中的优秀分子，所以要想巩固其在中原的统治地位，必然要先笼络与控制士人阶层，在选取何种控制手段上，深悉士人重视科举功名心理的清朝统治者，选择了科举。

其实，早在天聪三年，皇太极在上谕中就说：“朕思自古及今，俱文武并用，以威武克敌，以文教治世。”[①] 由此确定了清朝以文治武的政策，也奠定了承袭科考的基础。人心向背的决定性作用使得清朝统治者明白，治天下必得民心，而得民心必先得士心。所以，在顺治元年（1644），当反清复明的斗争还在继续，当南明势力与大顺残余力量等引起的战事还在持续之际，清朝统治者就实行了开科取士政策。对于开科取士的驭人之效及作用，顺治二年（1645），时任浙江总督的张存仁就明确建议通过开科取士的办法，进一步笼络江南儒士之心，从而消除各种反清意识。他说：“开科取士，则读书者有出仕之望，而从逆之念自息。”[②] 与这种言论相似，范文程也曾上疏说：“治天下在得民心，士为秀民，士心得，则民心得矣。请再行乡会试，广其登进。”[③] 可见，深悉儒家经典的知识分子对科考作用认识得非常到位，因为他们深知：治国必得民心，得民心必先得士心，得士心必使之有登进之望，而科举无疑是笼络士心的有力武器。在急需有效驭人策略的清初，这些建议得到了清朝统治者的赏识和认可。自此以后，科举考试也就成为清朝统治者笼络士绅的主要手段，并被不断完善和强化。

此后，历代清帝都把科考作为控制士人、加强皇权，从而巩固统治

---

① 王先谦：《东华录》“天聪三年”。

② 《清世祖实录》卷19。

③ 《清史稿》卷239《范文程传》。

的手段和策略。具体来说，他们一方面采取鼓励士子积极读书应试，另一方面严格控制中举名额的策略，从而牢牢地把士绅控制在封建皇权专制体制之中。对于士人的笼络与利用，康熙帝在《训饬士子文》中说得比较明确：

从来学者，先立品行，次及文学。学术事功，原委有叙……士子果有真才实学，何患困不逢年……国家三年登造，束帛弓旌，不特尔身有荣，即尔祖父，亦增光宠矣。①

可见，康熙通过对中举者的恩惠来诱导士人坚持苦读、坚持科考，甚至将科考不第看作士人真才实学没有修到位。此后，为了进一步强化科举的驭人之功，乾隆帝的“训饬士子文”，也强化了士人唯有苦读才可能中举的心理，借此批驳那些科举累人的言论：

独是科名声利之习，深入人心，积重难返。士子所为汲汲皇皇者，惟是之求，而未尝有志于圣贤之道……朱子同安县谕学者云：“学以为己。今之世，父所以诏其子，兄所以勉其弟，师所以教其弟子，弟子所以学，舍科举之业，则无为也……”朱子云：“非是科举累人，人累科举。若高见远识之士，读圣贤之书，据吾所见，为文以应之，得失置之度外。虽日日应举，亦不累也。居今之世，虽孔子复生，也不免应举，然岂能累孔子也？”②

除此之外，不断有皇帝发出鼓励士子应试的上谕。于是，在统治者的极力拉拢和鼓动下，不用说生在清世的读书人，就连那些曾经信誓旦旦、坚不仕清的明朝遗民知识分子，也有积极参加科举考试者，对此种现象，有人作诗讥讽道：“圣朝特旨试贤良，一队夷齐下首阳。家里安排新雀帽，腹中打点旧文章。当年深自惭周粟，今日幡思吃国粮。非是

---

① 《清圣祖实录》卷208。

② 恭阿禄编：《钦定学政全书》卷4，嘉庆十七年刻本，第10—12页。

一朝忽改节，西山薇蕨吃精光。”[①] 由此可见，科举入仕对知识分子的吸引力是相当强大的。

除常规的科举考试之外，清统治者还善于用皇帝特设的“制科”来搜罗不愿应科举的著名学者。如顺治初就令地方官荐举“山林隐逸之士”。康熙十七年（1678）又首开博学鸿词科，不拘一格地招揽“奇才硕彦”，罗致名士 143 人入京应试，录取 50 人，授以翰林官职，令修《明史》。此后的乾隆元年（1736）、乾隆十四年（1749）又两次开博学鸿词科。清朝时期制科的开设，虽遭到部分有气节故明文人的抵制，但还是收罗了一批名人，如知名学者朱彝尊、毛奇龄、施闰章等都到京应试，李因笃、冯勖、潘耒、严绳孙等，皆以布衣入学，海内荣之。由于这些入选的士人在社会上有较大影响力，此举不但有力地宣传了朝廷崇儒的方针政策，而且推动了士阶层与官方的合作。除以上的常科和制科外，为了笼络知识分子积极应试入仕，清朝统治者还实行不定规格的“招揽”和“恩赐”举人、进士，并给予官职。除了以上所提及的各种考试外，为了加强对士人的控制，统治者还通过亲自举行殿试和赏赐等方式，加强对士绅的控制，从而强化士人对于统治者的向心力和凝聚力。

总之，清朝统治者之所以重视科举，正是因为他们洞悉汉族知识分子渴望出仕的心理，他们积极通过各种考试来笼络读书人，并给予中举者极大的荣耀和权力。于是，科举考试不但耗费了读书人的全部热情和注意力，而且家人也以子弟读书、应试、入仕为荣，其督责之严，其心之切，有时甚至胜于应试者本人。

四　科举入仕是士人的主业和首选

在士之传统和儒家文化的影响下，修身、齐家、治国、平天下成为古代绝大多数士人最理想的人生追求，而欲实现这一理想，他们往往不得不走读书入仕这条路，即“学而优则仕”。对于走科举之路的益处，有人通过最优、次优等顺序进行了剖析：

---

① 《清朝野史大观》（三），《清人逸事》卷 5，上海书店 1981 年版，第 7 页。

> 士大夫之子弟苟无世禄可守，无常产可依，而欲为仰事抚育之计，莫如为儒。其才智之美能习进士业者，上可以取科第，致富贵；次可以开门授徒，以受束脩之奉，其不能习进士业者，上可以事笔札，代笺简之役。次可以习点读，为童蒙之师。①

这段言论充分说明了读书入仕的种种好处，它还非常详细地把这些好处分为上、中、下等。其中，被视为上等的就是科举入仕。科举入仕对于士人之意义，孟子也说："士之仕也，犹农夫之耕也。""士之失位也，犹诸侯之失国家也。"② 所以，在孟子看来，士之出仕是天经地义的事，身为上，就应该辅佐帝王，为君主制定治国方略，代圣人立言，作帝王之思。类似这种关于士人从政的思想，对历代文人学子产生了非常深远的影响，他们大多怀着"治国平天下"的理想，为参政入仕而刻苦攻读，四处奔波。对此，有一首劝学古诗论道："少年须勤学，文章可立身，满朝朱紫贵，尽是读书人。"而且，古人对读书可以改变命运，并带来丰厚利益的事实直言不讳。据传，宋真宗赵恒写过一首《劝读诗》，就形象地描述了读书的功利性：

> 富家不用买良田，书中自有千钟粟。安居不用架高堂，书中自有黄金屋。娶妻莫恨无良媒，书中有女颜如玉。出门莫恨无人随，书中车马多于簇。男儿欲遂平生志，五经勤向窗前读。③

宋人洪迈在《容斋随笔》中记载了当时流传颇广的《得意诗》和《失意诗》，更是将科举入仕看成了人生最得意的事，相应地，时人将科举下第视为最失意之事，这种态度充分反映了科举在士人生活中的重要位置。其《得意诗》云："久旱逢甘雨，他乡遇故知。洞房花烛夜，

---

① 《吴门袁氏家谱》卷8《世范二》，江苏苏州，1991年本。

② 《孟子·滕文公下》。

③ 《真宗皇帝劝学文》，《古文真宝》前集卷首。

金榜题名时。”与之相对，《失意诗》则云：“寡妇携儿泣，将军被敌擒。失恩宫女面，下第举子心。”

正是因为科举入仕在知识分子的生活中占据着如此重要的位置，所以清代士人也一样成为科举制的俘虏。尤其是在清朝初年，虽然受明遗民的影响，有许多士人反对清朝，反对清朝征召和应清试，但是也有不少读书人积极应试，而且随着清朝统治的巩固，积极应试士人的队伍越来越庞大。这种状况充分说明了科举对知识人的吸引力。具体来说则是，在清朝初年，由于多年战乱，“士子无不破家失业，衣食无仰”①，而正是科举给了他们出仕的希望。

所以在统治者的控制和诱导下，不仅读书人本身，其家庭成员也对子弟的科举入仕充满了希望。因为入仕做官，不仅是天下儒生的最大追求和唯一出路，而且做官所得的俸禄待遇也是其人生活的主要依靠。一旦失去官职，不但其自身和家庭断了经济收入，而且还被四邻众人鄙视和耻笑。

关于家人督促子弟读书应试的史料记载，随处可见，如彭元瑞在《录遗告示》中说：“贡监生员等，奋志芸窗，希心桂籍。或贫而辍馆，远道盈千；或老且观场，背城战一。少年英俊，父兄之督责维严；壮岁飞腾，妻孥之属望尤切。又或穷无资斧，持卷向人；家有亲朋，携壶出祖。”② 再如，“自科举之法行，人期速效。十五而不应试，父兄以为不才；二十而不与胶庠，乡里得而贱之。”③ 可见，弟子出仕带给家庭乃至家族的影响是不可估量的，他们自身不但可以拥有巨额财富，还有种种特权和利益，甚至在日常生活中，士绅家族成员都比其他人有优越性。以下这个例子就是对士绅的优越性以及乡人为雪耻而教子读书的最好诠释：

安徽乡农某，家素封，任谨厚。一日因细事，一秀才殴之。农

① 《皇清奏议》卷1《条陈学政六事》。

② 诸联：《明斋小识》卷7，《笔记小说大观》正编第5册，第3327页。

③ 陈东原《中国教育史》第421页引戴钧衡《桐乡书院四议》，见《求是斋文存》。

大恚哭问人曰："彼胡能殴我也?"人曰："伊秀才也。"农曰："秀才为何物?"曰："秀才为科明中第一步。"又问："还有何物?"人曰："尚有举人、进士、翰林，甚至状元也。"问："何以得之?"曰："读书则得之。"农无言，遂归。归即以已田择地掘为池，中起屋二间，四围皆水，一面以活桥搭之。不惜重聘，延师教其子，日夜望子得科名，几成心疾。凡师之一言一动，一茶一饭，无不事事惟谨。每夜潜梯于屋，揭瓦窥其子。子若诵读则喜，如倦卧或嬉戏则泣，或竟哭失声，泪淅淅下，落其子之顶。一日，师谓徒曰："尔父供帐极丰，饮食亦美，惟每日酒肴不甚热，何也?"徒步对。师疑其路远，亦置之。三年后，始有人告其师曰："凡师吃饭时，每热一菜，农必供于家神祖宗前，三叩首，复亲尝而后进之。师愕然。一日伏暑，师午间偶思食猪肝，晚膳即具猪肝甚美。师次日疑而问之曰："此处距城垣，且酷热天暮，猪肝何由得也?"徒曰："昨日师言后，吾父即杀一九十余斤猪而取其肝也。"师吓甚，问："余肉何用?"曰："吃少许，其余皆败矣。"师由是大惧，教诲臻至，皆尽心力。子亦惠敏，未几入泮，复连捷得知县。而殴人秀才，其时尚在，犹潦倒青襟云。①

以上例子就是士绅特权以及家人为雪耻和督促子弟读书的最好说明。在科举时代，正是因为社会心理比较认同只要刻苦读书，就有机会获得士绅身份和做官资格，从而衣锦还乡、光宗耀祖，所以，历史上类似这样督促子弟刻苦读书的例子可谓屡见不鲜。

五　热衷科举的士绅

在科考时代，科举就像一根有巨大吸引力的魔棒，使无数读书人为之倾注了大量乃至于一生的心血和才智。它以形式上和理论上的相对公平性，与士子今科不得、来科再搏的心理结合起来，造就了一大批梦想通过科举实现出仕和光宗耀祖的科举狂热分子。除此之外，统治者的有

① 丁柔克：《柳弧》卷1《乡农敬师》，中华书局2002年版，第42页。

意提倡也是造成士人狂热科第的一个重要因素。例如科考没有年龄的限制，而清朝统治者之所以不做任何年龄上的规定，其目的绝不是选拔人才的需要，而是最大可能地将知识分子束缚于应试之中，从而保持封建统治的稳定。以康熙朝浙江人姜宸英为例：

> 姜宸英“工古文，布衣时圣祖即知其名。屡试不售，荐入史馆，纂修明史，分撰一统志，月给俸钱，衣儒生衣，杂坐公卿之次。丁卯顺天乡试，已拟第二，因二场有点窜尧典舜典一语，为监场御史所贴。后以丁丑会试中式，殿试进呈卷在二甲第四。上（康熙帝）问：‘有姜宸英乎?’内阁学士韩菼对曰：‘宸英在史馆，识其字，第七当是。’上曰：‘老名士也，积学能文，至老犹笃，可拔至一甲三名，为天下读书人劝。’”①

可见，姜宸英正是在康熙帝的照顾下获得一甲三名的，关于此举的目的，康熙帝说得很清楚，即“为天下读书人劝”。因此，清朝统治者会不时地采取恩赐举人等科名的办法来加强对士绅的笼络。清朝甘肃也不时有获得恩赐头衔者，不过相对较少而已。例如，秦州直隶州所属的清水人马元章，“励志举业，晚益勤学，遂由乙卯恩赐副榜，于嘉庆戊辰恩赐举人”。② 可以说，在统治阶级的有意提倡和士人一心出仕心理的双重作用下，热衷科举的士子何止数十百千，说有成千上万，一点也不夸张。从其人年龄构成来说，他们中既有百岁老人，也有髫龄小儿；从科举境遇来说，既有少年得志者的意气风发，也有终身困顿场屋的潦倒。例如比较极端的范进、周进等人，虽是小说中人物，但也代表了在科举时代下，士绅渴望出仕而又备受挫折的现实经历。

热衷科举的高龄士子，在清代史料笔记中不少，例如陈康祺《郎潜纪闻》记载：

---

① 余金：《熙朝新语》卷2，上海古籍书店影印，1983年。

② 《甘肃新通志》卷67《人物志·群才二》。

道光丙戌春闱，广东一百三岁老人陆云从应会试，恩赐国子监司业衔。①

康熙三十八年己卯，北闱有广东贡生黄章，年已百岁，入闱时大书“百岁观场”四字于灯，令其曾孙为之前导。②

乾隆四十五年，高宗五巡江浙，三月初六日，谕赏福建百岁举人郭钟岳为进士，并赏赉耆儒陈应腾等御书、缎匹、荷包。③

以上几例就是统治阶级有意赏赐给高龄士绅科举功名，从而吸引众多士子积极应考的例子。在科举时代，除了高龄上了可以通过赏赐获得科举功名外，那些少年得第的士子，无疑更是促使广大士人积极应科考的鲜活榜样。例如，陈康祺《郎潜纪闻三笔》记载：

合肥李编修孚青，文定相国子也。康熙己未入翰林，年才十六。本朝科第之蚤，惟顺治乙未满洲伊文靖公桑阿，馆选时与之同岁。④

正是有了少年士人高第榜样的鼓动，以及高龄士子获得赏赐举人和进士的先例，所以，当时的读书人无不刻苦勤读，希冀有朝一日摘取桂冠。于是，日复一日、年复一年的读书应考，就成了许多士子一生的主业和追求，即使他们反复地受挫折和受打击，大多数人依然无怨无悔，不轻言放弃。

---

① 陈康祺：《一百二岁老人应会试》，《郎潜纪闻二笔》卷3，中华书局1984年版，第372页。

② 陈康祺：《百岁观场》，《郎潜纪闻二笔》卷6，中华书局1984年版，第427页。

③ 陈康祺：《百岁举人》，《郎潜纪闻二笔》卷6，第429页。

④ 陈康祺：《李孚青十六岁入翰林》，《郎潜纪闻三笔》卷4，中华书局1984年版，第716页。

高淳张彝叹进士为诸生时，试必冠其曹，困举场三十载，未尝有愠色。治诗古文，所得皆警迈，而未尝争名于时。年近五十，始登甲科……①

对于久试方中的士人来说，这种漫长的应考岁月不仅仅是三五年，也许是几十年，甚至一生。然而，他们也许还不是最悲惨的。相反，他们从某种角度来说，可能还是幸运的。因为，对于他们来说，不管曾经经历了什么样的苦难和艰辛，但最终结果是他们实现了自己的中第理想。而对于那些皓首穷经一生却无缘高中的士绅来说，其人的悲凉岂是一个辛苦和辛酸了得！对于那些为科考而付出自己生命的士人来说，又何止是悲惨了得！然而，围绕着科举考试，在中式与落第之间，在少年得志和老年得仕之间，在终身无望的现实情况下，士绅群体呈现出各种各样的心态，这种不同的境遇和心态，也折射出不同士人在不同境遇下，面对同样境况的不同反映。那些为科举高中而怀揣夹带、关节等的作弊现象，那些围绕科举而衍生出的各种科考迷信思想，那些科举中式者的善报和因果报应等现象，应该说是中国古代社会里一种独特的现象，而这种种现象繁衍的根源就是科举狂热。

作为整个士绅群体的一部分，清朝时期的甘肃士绅虽然人数较少，文化水平偏低，但他们希冀通过科举实现入仕，以及光宗耀祖的心理与科举时代的所有读书人没有两样。他们都把科举出仕看作人生的最高追求，以及最主要的途径，从而跋涉在漫漫的科举追梦路上。在难逃既有程式的清代甘肃士绅中，不乏高龄士子积极应试者，也不乏为了科举而忙碌一生者，同样，也不乏那些终其一生也没有实现中式目标，甚至最终以生命为代价者。

总体来看，清代甘肃士绅热衷科举考试有以下几种情况：

第一，刻苦勤学，终于获取科举功名者。苦读是绝大多数士绅群体追梦路上的共同经历，因为他们中的大多数人坚信，苦读，唯有苦读是获得科名和士绅身份的前提。然而事实却是，由于科举名额的有限性等

① 陈康祺：《郎潜纪闻三笔》卷4，第719页。

因素的限制，并非苦读就一定能够通过科举考试，获取士绅身份和做官资格的。所以，无论如何苦读，总有绝大多数人名落孙山。因此，相对于那些终身苦读而无法通过科举考试的士子来说，那些有幸获取士绅身份的幸运儿，应该算是热衷科举所获取的最好结果了。在清代甘肃士绅群体中，这类幸运的士绅主要有：

> 惠登甲，字莲塘，安化人。同治初回变，避乱关中，境奇穷，诵读不辍，中己巳补行乡试举人，光绪丙子成进士。①
>
> 孙俌，字仲山，武威人。乾隆庚申拔贡，居母丧，庐墓三年，读书不辍。时山左牛运震宰平番，俌丧既除，往从之学。同门为秦安进士吴墱、狄道举人吴镇、同邑生员吴懋德，皆负隽才，善诗文，有“三吴之称”。俌资不逮三人，而苦学过之。乾隆庚午领乡荐，辛未成进士。②

第二，虽然经历了苦读，但最终还是没有获取功名，甚至因为科举而丢掉自己的性命。在上文中，我们已经多次提到，由于官员队伍增加的有限性和士子队伍扩大的无限性，科举录取名额相对较少，从而导致竞争越来越激烈。尤其是清代，科举考试更是在统治阶级的绝对控制下，竞争之激烈超过历史上任何时期。因此，对于甘肃士绅来说，能够获取科第功名者就更少了，因为在陕甘分闱前的乡试中，获取举人身份的大多是陕西士子。关于陕甘分闱之前的乡试情况，我们以每科解元获取者为例，了解一下甘肃士子的中式情况。清代从顺治二年开始，到光绪元年陕甘分闱前，共进行了95次乡试，相应产生解元95名，然而在这95名解元中，除6名籍贯不详外，有66名出自陕西，而获得解元的甘肃士绅只有22名，所占比例不到1/4。他们分别是，顺治十七年庚子科，平凉人梁联馨；康熙五年丙子科，灵台人杨淑；康熙五十三年甲午科，安定人孙昭；乾隆六年辛酉科，皋兰人梁济尘；乾隆十五年庚午

---

① 《甘肃新通志》卷68《人物志·群才三》。

② 《甘肃新通志》卷69《人物志·群才四》。

科，正宁人赵文重；乾隆十七年壬申科，通渭人张翼儒；乾隆二十七年壬午科，宁夏人张采；乾隆三十九年甲午科，宁夏人张绎武；乾隆四十八年癸卯科，武威人刘化鹏；乾隆五十四年己酉科，平凉人张绍学；乾隆六十年乙卯恩科，武威人何承先；嘉庆三年戊午科，会宁人王晋墀；嘉庆九年甲子科，会宁人康节；嘉庆十二年丁卯科，皋兰人张锦芳；嘉庆十三年戊辰恩科，宁州人昔光祖；道光五年乙酉科，武威人李培滋；道光十五年乙未恩科，武威人赵振甲；道光十七年丁酉科，武威人陈作枢；道光十九年己亥科，皋兰人郑学重；道光二十四年甲辰恩科，狄道人赵于进；咸丰元年辛亥恩科，武威人王锐堂；咸丰九年己未恩科，安定人王贵三。① 所以，在激烈的竞争下，清代甘肃士绅群体虽然苦读终身，但与科名无缘者人数众多，甚至有许多人为此而丧失性命。

> 权尚絅，字锦堂，武威人。……光绪壬午举于乡，后用史馆誊录，议叙知县，未及铨，卒于京师。②

> 毛鹏展，丹葛尔增生。家贫力学，尝百余昼夜不息，遂之过劳成疾，年二十五而卒。③

> 齐文淮，皋兰人，少孤贫。……乾隆十八年以拔贡举于乡，赴礼部试，卒于洛阳旅舍。④

> 俞如衡，字平湖，皋兰人，庠生。……咸丰八年赴陕西乡试，卒于旅社。⑤

> 张璐，字宝臣，镇原人。乾隆己酉拔贡，壬子举人。……后赴

① 法式善：《清秘述闻三种》，中华书局1997年版。
② 《甘肃新通志》卷69《人物志·群才四》。
③ 《甘肃新通志》卷68《人物志·群才三》。
④ 《甘肃新通志》卷66《人物志·群才一》。
⑤ 同上。

礼闱，卒于旅邸。①

赵瞻武，字绳之，安西州人。幼孤，抚于伯父寿洳，性嗜学，光绪丙子登贤书。……赴京会试，卒于客舍。其嘉言懿行，乡人称道不置。郡守廖某曰："瞻武诚不愧孝廉也"。②

通过以上材料可知，这些苦读的士人为了科考之梦，葬身于异乡。尽管，我们不能搞清楚其人死亡的具体原因，但是有一点却非常明确，那就是他们基本上都是在赴考的旅途中去世的。

第三，在科考时代，虽然士人也可以通过其他途径入仕，但在独重科举的时论下，许多人还是坚持选择科举道路。在古代社会独重科举，并把通过科举者看作正途出身的情况下，有些士绅虽然也有机会通过非科举考试而获取士绅身份和做官资格，但是他们依然不愿异途入仕，坚持科举正途。例如，何孔述就是如此。

何孔述，镇番人，顺治辛卯举人。颖悟非常，日记数千言，髫年食廪。顺治五年，逆回贴清泰猖獗，述与邑廪朱运开，参将马圯倡民兵灭回党，总督孟乔芳嘉其功，檄署本营参将，莅任数月，兵民帖服。述辞，愿以科名显，是年即拔贡，辛卯捷至。孟公笑曰："何生果有大志，真文武全才也"。③

不仅何孔述，许多受科举正途思想影响的士绅，一般也不会把军功作为仕进的首选。因此，即使他们具备捐纳的资格和条件，他们也会选择坚持科举之路。

第四，热衷科举，像上文所提到的姜宸英、黄章等高龄士子。这些读书人坚信苦读是通过科举考试，获得士绅身份和做官资格的前提。于

① 《甘肃新通志》卷67《人物志·群才二》。
② 《甘肃新通志》卷74《人物志·孝义下》。
③ 《甘肃新通志》卷65《人物志·乡贤下》。

是他们坚持不懈地苦读、应考，幸运地在高龄时终获一第。例如苟淐。

> 苟淐，字还初，狄道庠生。年九十六犹偕其子孙数十人赴岁试，或有讽其劳者，淐曰："仆偶与诸小儿嬉戏耳，焉知劳乎?"及领卷，仍第一，学使愈大奇之……①

榜样的力量是无穷的。在中国古代社会，也正是这些苦读而高中的先例，给了那些依然坚持苦读、热衷科举的读书人以更多的信心和力量。

第五，清朝甘肃也出现了类似江浙等文化发达地区的科举家族。关于科举家族的概念，张杰说："科举家族，是指那些在清朝世代聚族而居，从事举业人数众多，至少取得举人或五贡以上功名的家族。"② 按照这个界定，我们知道，要成为科举家族，必须具备三个条件：一是在清代世代聚族而居；二是从事举业的人数比较多；三是要取得五贡以上的科举功名。

按照张杰的标准，清代甘肃热衷科举，并可以称之为科举家族的有：

光绪二年（1876）丙子科甘肃乡试举人，巩昌府洮州厅包永昌家族。包氏始祖包国华，原籍安徽庐州府合肥县，明初任都指挥使，后调至"陕西行都指挥使，始家于洮"。太祖包万象为洮州卫千户时，"始西迁城西刘顺川"。到包永昌光绪中举时，已历四五百年，"世居新城西乡刘顺川孙家庄"。③

除以上包永昌家族外，庆阳府正宁县的巩氏家族也算得上是科举世家了。巩氏家族虽然所获科举功名并不算高，但是其家族里习儒、业儒、应科考者人数众多，在当地算文化名人家族，对当地的文风、学风乃至社会风气等都产生了积极影响。为了便于比较详细、全面地了解这

---

① 《狄道州志》卷9《人物中》。

② 张杰：《清代科举家族》，社会科学文献出版社2003年版，第24页。

③ 顾廷龙：《清代朱卷集成》第230册，台湾成文出版有限公司1992年版，第365、366、372页。

一家族的情况，我们以《甘肃新通志》中的记载为依据，对巩氏家族的士绅情况作一简单介绍：

> 巩尔盘，字石公，正宁人，副贡。有文誉，美丰姿，六经子史靡不究览，尤工古诗文。①

> 巩耀，字少潜，正宁人，拔贡。任山东德州州判，性嗜古，每公退，不废吟哦，晚年尤笃于学。②

> 巩我燕，正宁人，拔贡。性敏好学，下帏云寂寺者二十余年，望重一时。③

> 巩我癯，字子丹，正宁人。性豪放，喜歌诗纵饮，遨游几遍海内。所至题咏，士大夫多传写之，与庶常张曾庆、编修李因笃最善，因笃尝曰："海内可与谈风雅者，惟我癯而已。"尤精堪舆，吴楚间多驻迹焉。④

> 巩我造，字子矫，正宁人，康熙丙午举人。幼聪敏，读书数行下，尤工诗。其听箫句有"云彩霞深院花开，明月高楼鹤去时。"又"关山灯下叹羁臣，江浦舟中泣嫠妇"等句。闻橹诗云："城门朝开路临水，人语烟中近鱼市。谁摇飞橹入苍茫，带梦惊凫柳边起。"云云，颇为一时所赏。⑤

> 巩侃，贡生。有学行，始习举业，不售，遂专意圣贤诚正之

① 《甘肃新通志》卷68《人物志·群才三》。
② 同上。
③ 同上。
④ 同上。
⑤ 同上。

学，老而益勤。①

巩帝疆，字慎封，正宁人，拔贡。有夙慧，读书过目成诵，少时人号曰“神童”。既长，材益淹贯，所为古文诗赋诸体无不工。②

考虑到清代甘肃的文化教育状况等客观因素，我们可以认为，以上正宁巩氏家族就是甘肃科举家族中的一个典型代表。因为他们中的许多子弟不但获得了贡生以上的科举功名，而且人数相对较多。在清朝录取名额十分有限的情况下，巩氏家族高中者的大量存在，也间接说明了该家族从事举业的人数和队伍是相当庞大的。

六　科举受挫的士绅

在科举时代，受个人学识水平差异、科举录取名额有限的制约，以及其他诸如个人身体素质、家庭条件等的制约，追逐科举梦的读书人大多经历过各种各样痛苦的科考磨炼。然而，虽然大多数读书士子有着相似的苦难经历，但是结果却各有不同。其中，少数幸运者虽经历苦难，但终获科名，而大多数却不得不中途放弃举业，转而研习他业。这种弃儒现象不仅存在于士绅人数众多、科考竞争激烈的江浙地区，作为一种古代士人读书生活以及科举社会中的共性，它还普遍存在于中国古代社会中，所以清代甘肃士绅群体也不例外。

第一，在各级科举考试中受挫的甘肃士绅。由于名额的有限性，科考竞争相当激烈。于是，即使是最低的童试要想通过都很难，例如我们熟知的类似范进这样的读书人。由于科举考试的三个级别是一级比一级难，相应地，其竞争激烈之程度也是一级胜过一级。所以，会试与乡试相比，其竞争就更加激烈。甘肃士绅和全国的其他士绅一样，他们虽然刻苦力学，但是同样有绝大多数人在科举考试中受挫，从而以较低的科举功名甚至业儒终老一生。在《甘肃新通志》人物传中，有许多这种

① 《甘肃新通志》卷68《人物志·群才三》。

② 同上。

刻苦读书但终无所获的例子：

> 马挺，清水人。生性聪敏，善吟咏，才名著陇右，尤善书法，以明经登乾隆壬申贤书，累举进士不第，人多惜之。①

> 王祖义，清水人，字兰亭。精举业，善吟咏。累举不第，以明经终。②

> 王化行，清水人。幼孤勤学，有负薪读书之概，精举行，屡荐不售，以明经老，邑人惜之。③

> 张彭龄，字莲泉，清水增生。乡试屡荐不售，以善书称，敦厚伦，常栽培后进，幕横渠遗风。年近九旬，犹手不释卷。④

> 杨世茂，字文斋，伏羌人。清操甘贫，恭以持己，谦以待人。乡试盛荐不售，然学优养邃，士林盛称之。⑤

> 胡钺，字鼎臣，秦安人。少负异才，于书无所不通，入县庠。雍正十二年，拔贡会考列第一，廷试报罢，盖刻苦力学……然终不得一第。⑥

第二，科举受挫，转而以授徒为业的士绅。对于许多取得较低功名的士绅来说，在更高一级的科举考试受挫之后，为了谋生和为下科的科考做准备，教授生徒就成为他们的首选。因为在农业社会里，从谋生的

---

① 《甘肃新通志》卷67《人物志·群才二》。
② 同上。
③ 同上。
④ 同上。
⑤ 同上。
⑥ 《甘肃新通志》卷65《人物志·乡贤下》。

角度来看，对于士人来说，开馆授徒，收取束脩是科举入仕之外的最好选择了。因为以知识换取财富，对于士绅来说不仅是一种比较体面的途径，而且是他们与社会交换的方式。所以教授生徒，对于那些绝意进取的士绅来说，还是他们一生的主业。

> 王琮，字黄山，肃州人。康熙甲子举人，会试不第。隐居授徒，专尚理学，其门下多名士，远近学者宗之，称为黄山先生。①

> 殷发祥，字雪坡，肃州人。父嘉其志，命入塾，由是发奋攻苦，中道光乙酉举人。会试不第，归里教授生徒，成就极多，州人咸称颂之。②

> 王俣，字子俊，俶兄也。淡泊自守，品学纯正。家贫，耕读为乐，中光绪己亥举人，礼闱报罢，遂绝意进取，主讲阿阳书院……③

> 王俶，字南村，静宁人。沉静寡欲，退让不与人争，少时立志读书，不以家累作辍。同治癸酉举于乡，学益力。时文得力于前明诸大家，屡上春官不第，遂主阿阳书院讲席，学者称南村先生。④

> 张耀祖，字勉斋，清水恩贡生。学问淹博，士林引重，行文不超时尚，屡困场屋，以设教终。⑤

> 刘模，字子范，皋兰人，岁贡生。雅擅文名，道光十一年应陕

---

① 《甘肃新通志》卷69《人物志·群才四》。

② 同上。

③ 《甘肃新通志》卷66《人物志·群才一》。

④ 同上。

⑤ 《甘肃新通志》卷67《人物志·群才二》。

西乡试，闱中已拟元，既而失之。①

巩辰极，字道三，伏羌人。颖悟能属文，学使器之。初应乡试不售，遂无意进取。教授生徒，讲明正学，温恭雅饬，迄老无惰容。②

范维琮，号西村，幼聪颖，喜读书，未冠游庠。为文遒折，迥异时手。屡试不售，遂设帐授徒终老焉。③

清朝时期，在科举考试越来越形式化和僵化的情况下，士绅的落第因素比较多，也比较复杂，有时候或许只是因为不合主考官的喜好：

朱锦蔚，贡生。厚重质简，当同治兵燹，半菽不饱而手不释卷。能文工诗，士林推为巨臂，乡试屡荐，辄不合于主司。遂设帐，成就后学。④

除了像朱锦蔚这样因得不到考官的欣赏而落第外，更有甚者，有些人即便是已经拟确定取得高第，也会因为考试中的瑕疵而最终落选：

苏文明，武威人，贡生。工于制义，应乡试已被荐为解元，以后场小疵黜，人皆惜之，教尚严，乃门畏若神明。⑤

可见，在有限的中式名额和激烈的竞争下，中式与否往往并不能反映和代表读书人学识水平的高低。例如，在科举社会里经常有这样的现象，即虽然因科考失利，不得已而以教授为生，但是这些受挫的士绅们

① 《甘肃新通志》卷66《人物志·群才一》。
② 《甘肃新通志》卷67《人物志·群才二》。
③ 《皋兰县续志》卷8《忠节》。
④ 《皋兰县续志》卷7《耆旧》。
⑤ 《甘肃新通志》卷69《人物志·群才四》。

培养出来的学生却往往会在科考中获得较高功名。虽然我们并不能说教师一定要比自己的学生水平高，但至少按常理来看，教师应该比所教授生徒有着更丰富的知识和阅历。在清代甘肃，这种教师科举受挫，而所授生徒获取高第的事例也有许多：

> 徐迎庆，字云五，秦州人。性严重，不苟为笑语，以文行钟于时。屡赴秋闱辄困，遂绝意进取，专心教授。门下捷南宫者数十人，而迎庆竟以诸生终。①

> 邱沛，字雨田，恩贡生。少孤，事母至孝。屡试不售，后以母老，遂废举子业。……授徒讲学，以立身行己为重。得其传者，如辛酉科举人，直隶候补令杨廷秀、贡生耿应离、王一清及列庠生者四十余人。至武举张作友、邹国权、重庆镇总兵张作功，得其绪论，亦有古儒将风。②

第三，科考失利，闭门著述和游山玩水的士绅。隐居乡野，寄情山水也成为士绅暂时忘却科举失意的一种方式和寄托。“读书—科考—做官”是中国古代社会中大多数读书人的最高理想，也是他们寻求实现自我价值的主要途径。但是，山水游乐和著书立说是古代读书人的优良传统，一旦科举受挫，科举入仕的理想破灭后，许多士绅往往会选择寄情山水，通过笔端的诉说和山水游玩来宣泄和抒写他们的心境。这样的甘肃士绅主要有：

> 杨翼，字子鹏，武威人。与张昭美、白暲齐名，而翼尤倜傥。工四书制义，理真词雅。时场屋喜割裂四书语命题，题往往棘手，而翼文独谨严，每一篇成，学者奉为圭臬。先是，雍正初，诏郡县各举优行之士，有司以其名上格于部，试无所遇。后主讲太原，得

① 《甘肃新通志》卷67《人物志·群才二》。

② 《皋兰县续志》卷8《孝友》。

遍览中条、五台诸胜。胸次洒落，为文进而日上，然不利科目，以明经终。①

王镇，字颖斋，静宁水洛镇人。博学多名，尤工古文。乡试三荐不售，遂放浪江湖，偕豪侠游以自娱，文名弥着。学使孙某尝给以明经选俊匾额，终道光丁酉贡生。②

杨凌霄，字壤三，陇西恩贡生。绩学能文，尤长诗。同治丙寅，回逆陷巩郡，时凌霄客外免难，橐笔从戎，佐平氛祲。在军中前后十年，陇上被兵事知之最悉。乱后，教授里塾，门下多知名士。乡试五荐不售，遂潜心著述。以陇西志被毁，惧无征，博访周咨，书成七种，以为后来修志据。学使叶昌炽索观，将以襄武文献榜其门。卒年六十五，时论惜之。③

黄建中，字西圃，皋兰人，乾隆二十五年举人。一试礼部不第，遂闭户着书，不复作……④

第四，科举受挫后，心情抑郁，最终竟然为此丧命的士绅。有关科举中因力学而丧生的士绅，我们在上文已经有所涉及。在这里，我们再通过几个例子来了解一下科举失利对士绅所造成的严重影响，以及由此折射出的科举中第对士绅的重要性。

令敷南，字敬五，通渭人，道光乙酉拔贡。性质直，诗情俊逸，士林争传诵之，肄业兰山书院，……凡五踬秋闱，以亲老不复事举业。亲殁，庐墓三月，哀毁成疾，卒。⑤

① 《甘肃新通志》卷69《人物志·群才四》。
② 《甘肃新通志》卷66《人物志·群才一》。
③ 《甘肃新通志》卷67《人物志·群才二》。
④ 《甘肃新通志》卷66《人物志·群才 》。
⑤ 《甘肃新通志》卷67《人物志·群才二》。

谢瑃，字玉山，丹格尔廪生。聪颖力学，屡荐不售。光绪乙未襄办团练颇得力卒，以怀才不遇，抑郁以终。①

傅恩永，字慎斋，清水人。性颖敏，逆回之变，家居关中。登庚午乡举，辛未春闱，见摈后卒，士论惜之。②

通过以上例子我们发现，士绅热衷科举的原因除了我们所熟知的，中举除可以获得做官资格外，还有光宗耀祖和赡养亲人的因素。于是，一旦亲人，尤其是父母去世后，有些士绅就会放弃继续科考，因为他们认为，此后参加科举已经失去了报答父母、光耀门楣的机会，所以在他们看来，也就没有了继续科考的必要，例如以上所列举的令敷南就是这样。

第五，坚持科举入仕，反对其他异途入仕的士绅。在科举独为正途的影响下，甘肃士绅同样把这一途径作为正途。即使他们或许可以通过军功，或者可以通过纳赀入仕，他们注重和追求的还是科举入仕。关于不愿意通过军功入仕者，前文已经论及，在此，我们再举一个不愿意纳赀入仕的士绅。例如，“成适，字少伯，秦安人。……光绪己丑举于乡，累上春官不第。……成本素封，或劝其输赀入官，以‘未能事父，焉能事君’对?”③ 从成适的情况来看，他应该具备通过捐纳入仕的条件。一方面，他连续几次会试落第；另一方面，他家境富裕，具备捐纳的资格。但是，他依然谢绝了捐纳入仕的劝告，究其原因，应该说还是受科举出仕为正途的心理所驱使。

第六，漫长的科考之路及畸形的心理特征。科举考试三年一考的特点，以及士绅内心今科失意，来科或许可得的心理，使得大批的读书人长年累月地跋涉在科举道路上。例如张栋曾经15次参加会试，但都没有考中。

---

① 《甘肃新通志》卷68《人物志·群才三》。

② 《甘肃新通志》卷67《人物志·群才二》。

③ 《甘肃新通志》卷74《人物志·孝义下》。

张栋，字松生，武威贡生。……有神童之目，由明经官凤翔训导。乾隆甲午举于乡……而栋凡十五入秋闱，无所遇。通医卜，医尤精，求者履盈户。诊视无倦容，不善谋生产，老而弥穷。……栋喜论史，而论及李林甫、秦桧、严嵩一辈人辄骂。其痛恶奸谀如此。病中，命季子鉴为读明史，听之病革，尤对客作戏谑语。①

从这则事例可知，张栋共参加过 15 次礼部支持的会试，按照三年一科的特点来看，仅在这一级别的坚持中，他共耗时 45 年。这则事例充分说明了士绅以科举中式为目标、坚持不懈的奋斗历程。可以想象在这漫长的 45 年中，他是如何热切地渴望实现科举入仕理想的，然而，结果还是一无所获。此外，士绅不善治生和不善理财的缺陷使得他虽然为医，但晚年依然穷困潦倒，这不仅是对古代士人之贫的再次诠释，他疾恶如仇的谩骂，何尝不是其长期坚持、科举受挫后，心中抑郁不得志的充分反映。

第七，望子成龙的士绅家庭。科举入仕不但是士绅自己的理想，而且是其家庭乃至整个家族和村庄所有人的光荣和荣耀，所以，家人乃至族人对士绅的入仕所寄予的热情和希望也相当大。有时候，他们也会将自己所无法完成的目标和愿望寄托于子弟。并且，他们以子弟的中式为荣。

胡绅，字大缙，环县人，廪生。耿直，为乡里所敬惮……性疏散，屡困场屋。及长子龙金举于乡，慨然曰："吾有子入官，吾行义矣。"即让贡于人，徜徉山水，足迹不入城市，寿七十而终。②

很明显，胡绅最终以豁达的态度优游林下，过着安逸的生活，是与其儿子进入仕途有着密切的关系。他"吾有子入官，吾行义矣"的宣言，正是这种心态的最直接表白。这是因为儿子出仕后所获得的俸禄，

① 《甘肃新通志》卷 69《人物志·群才四》。
② 《甘肃新通志》卷 74《人物志·孝义下》。

足可以保其衣食无忧。而儿子科举中式后所获得的荣耀，也使其光宗耀祖的心理得到了极大的满足。所以，他徜徉山水，足迹不入城市，寿七十而终。

七　弃儒业的士绅

在繁重的生存压力和家人因年老、疾病以及社会时局动荡等因素的影响下，放弃科举成为明清乃至科举时期一种比较常见的现象。在清朝晚期，弃儒业就成为士绅中比较常见的现象。在种种压迫之下，清代甘肃士绅也不例外，他们或者因为贫穷而弃儒治生，或者因为父母家人生病而弃儒习医，从而成为儒医，或者因为科举考试竞争之过于激烈而弃文从武。此外，在社会动荡时期，尤其是咸、同年间社会动荡时期，弃文就武的甘肃士绅不在少数，他们中有许多人还通过军功奖叙而获得了出仕资格，但放弃者也不少。这种放弃，除了那些热衷于自由耕读和著述生活的隐逸因素外，与其人轻视异途，以及认识到在战乱时期，就武比就文更能显示士绅社会责任的心理，也有着重要关系。

（一）弃儒耕读的士绅

耕读是中国古代大多数读书人现实生活的反映，对于贫寒的读书人来说，一旦家庭经济状况因贫寒而无法维持其继续读书，那么弃儒而耕就成为他们在教授生徒外的主要生存之道。在清朝甘肃区域，有许多这样的事例：

> 陈炷，字我檀，岁贡生。性孝友，弱冠时，亲老家贫，投笔习耕锄，习农圃者二十年……①

> 李启明，安化人。幼业儒，长无意功名，耕田黑泉峪。树艺之暇，究心六壬，屡遭兵变，不预其害。②

---

① 《皋兰县续志》卷6《孝友》。

② 《甘肃新通志》卷97《志余·方技》。

王锡田，清水副榜……因家贫，废学习艺。[①]

上文我们已经讨论过，科举的公平性和公正性只是体现在理论上，而在实际的生活中，有许多士绅，尤其是贫士是无法完成学业，以及坚持长期的科举考试的。以上几位就是弃儒而耕读的读书人。因为受制于科考的时间之漫长、竞争之激烈、贫寒之现实，尽管或出于自觉，或出于无奈，因贫而弃儒，转而改习他业就成为士绅尤其是寒士不可避免的选择了。例如陈灶，就是因贫而废学耕读的，王锡田也是因贫而废学习艺的，这些废学和弃儒，无不是因为一个“贫”字。

（二）弃儒而医的士绅

行医虽然经常被批评为近利，易坏心术，然而在现实生活中，还是有许多士绅选择弃儒而医。这是因为，一方面，社会需要医生来肩负救治疾病的职责；另一方面，从行医的回报来看，行医不仅可以解决士人自身之贫，并借此践行孝养，同时，行医还可以救济穷人。因此，从社会责任和理想实现的角度来说，这也是为社会尽责的一种方式。因此，清朝甘肃士绅群体中，也不乏弃儒而医者。

王永和，宁夏人。弃儒而医，用力二十年，精于伤寒。[②]

路廷诏，字云来，（宁夏府）学生。赋志淳厚，力学敦本，事亲孝，友于诸弟。因母孟氏患反胃疾，廷诏遂弃举子业，潜究医方，一意调治，母疾竟愈。多不为外人诊视，亲知有求理者，亦不辞。贫者并资以药，不取值。与人交，恭敬和蔼，年仅五十卒，乡里远近闻者多为垂泣。[③]

可见，上述两人就是那些弃儒而医的士绅代表。关于士绅弃儒而医

① 《甘肃新通志》卷74《人物志·孝义下》。

② 《甘肃新通志》卷97《志余·方技》。

③ 《宁夏府志》卷16《人物·孝》。

的原因和动机，我们在上文已经提到，除了习医可以解决自己的生存困难之外，还可以接济贫穷的人。从士人之传统理想来看，施贫济困也一直被士人视为自己社会责任的一部分。即便自己并不富有，也依然把施贫济困作为自己的职责。例如，王家干在论及这个问题时就曾说：

存心利物，一介何嫌？必待有余，终无济日。①

这种救济思想对当时乃至现在的慈善救济，有着非常重要的促进和推动作用。从某种程度上可以说，中国古代乐善好施现象之多、慈善救济之广，无疑与这种捐助思想密切相连。因为，毕竟不是每一个慈善救济者在施与之前，都已经积攒够了足够的救济财富。

（三）弃文而武的士绅

在激烈的科举竞争下，不能通过科举正途而获取士绅身份以及做官资格的读书人有时也会选择习武，从而希望通过军功奖励获取士绅身份和做官资格。这种现象在战事颇多的甘肃更成为一种比较普遍的现象。所以，清朝时期就有许多弃文就武的士绅。

陈其乐，河州宁河人。贡生枢长子也，少喜读，因贫废学，长习拳勇。②

赵坤，少孤贫，弃书从戎，以战功历任副总兵，累被圣祖仁皇帝召见，赐赉稠叠。③

岳咨，弱冠读书，有神童之目。后弃文就武，中康熙丙子武解元，成进士。选侍卫，肆力于学，以能诗名，圣祖问侍卫内能诗者，大总裁李绂以咨对，即命进呈。④

① 《宁夏府志》卷16《人物·义》。
② 《甘肃新通志》卷70《人物志·忠节一》。
③ 《宁夏府志》卷13《人物·乡贤》。
④ 同上。

> 刘效渠，字乙青。秦安人。效渠性慷爽，重义气。回匪之变，甘疆事急。慨然曰：“地方事，不自任之，将谁诿乎？”遂投笔事戎。会西宁办事大臣豫师督粮陇南，一见器许，委以军火局务，效渠竭心力，终事无误。豫拟保奏，力辞，终蓝领五品军功。①

以上士绅尽管都是弃文习武，但情况各不相同。例如，岳咨弃文习武，考中了武进士，从而实现了科举入仕的理想。虽然不同于传统的以文中第，但毕竟进入了仕途。这种状况的出现，应该说与当时甘肃文化相对落后，而军事人才较多有着非常密切的关系。因为相比较而言，对于甘肃士绅来说，他们在武科举中取得的功名头衔，要远远高于文科考试所取得的功名头衔。因此，像岳咨这样弃文习武，通过武科举考试取得功名者，应该与武科中式比文科中式更有把握，更有优势有关。此外，刘效渠的弃文就武应该说是特殊时期士绅的一种本能反应，因为士人历来都把维持社会秩序的稳定和安危，作为自己社会职责的重要组成部分。历史上也正是因为有了这种精神和传统，所以才在古代中国社会，尤其是危急时期涌现出众多的民族英雄，他们尽管只是一介书生，但却勇于坚守自己所追求的信念和理想，哪怕牺牲自己的生命也在所不惜。从资料可知，刘效渠就是咸同年间弃文就武甘肃士绅群体中的代表，其人履行维护地方社会稳定的职责，就是中国古代士人传统的典型体现。

八　士绅弃举业的原因

科举考试之所以能够取代其他选官制度，并成为隋唐以后的主要选拔方式，主要是因为它所体现的相对公正和平等精神。在科举时代，至少在理论上，除奴、仆、娼、优、隶等所谓的“贱籍”外，其他任何社会成员都有资格参加科举考试。所以，科举不仅成为主要的选拔途径，而且成为社会的主流追求。不过，对于科举考试的所谓公平性，学

① 《甘肃新通志》卷74《人物志·孝义下》。

术界的争论就从来没有停止过，存在许多不同的观点。这些争论主要集中在隐性的不公上，例如贫寒之士之无力科考，再如科考人情因素的影响，等等。然而，虽然质疑其公正、公平的论点一直不断，但是科举考试至少在形式、资格、制度上具有平等性和公平性，应该是确定无疑的。而这也正是学术界质疑科举考试公平性的主要依据。例如，张仲礼指出：

> 据说科举制度所以能延续千余年是因为它的平等精神。从理论上说，这一途径对任何想取得绅士地位和官职的平民，都是一视同仁的。科举制度确实使某种机会均等成为可能，但是它对于那些有财有势者却大为有利。①

很明显，张仲礼是从科举考试中的经济因素和一些人为与偶然因素出发，来论述这种科举制度之非公平性和非平等性的。事实上，除了经济因素之外，科举考试中的不公平性是有多方面表现的，例如人情、科举作弊等。恰恰是这些科考中的非公平因素，成为迫使大批寒士弃儒和“绝意进取”的重要因素。所以，具体来说，这些因素既有经济方面的制约，也有古代人情社会中请托、作弊等因素的影响。

第一，在科举考试中，最大的不平等就是寒士是否有经济能力读书应考的问题。因为在整个社会生产力水平比较低下的情况下，很多穷人家庭可能无力承担子弟多年读书应考的费用。此外，由于教育资源分布的不均衡性，以及教育制度的非普及性，并没有公共教育制度可以保障大多数士人，尤其是贫寒子弟能够完成学业。因此，学生读书应考只能通过或延聘塾师，或是入私塾攻读的方式，但这种教育形式对于许多连维持生计都成问题的士子来说是相当困难的。“仓廪实而知礼节、衣食足而知荣辱”，试想，一个连温饱都无法解决的寒士，怎么可能有钱请塾师或者入私塾呢？虽然在古代社会里也有士绅和官员创办的义学、社学等慈善教育机构，但是，这些数量较少的义学根本无法满足广大寒士

---

① 张仲礼：《中国绅士——关于其在十九世纪中国社会中作用的研究》，第 202 页。

科举应考的需要。此外，从劳动力的需求角度来说，大部分穷人家庭需要儿子下田务农，所以不仅在经济上无力供养他们常年读书，而且从劳动力方面来看，更需要他们耕田养家。因此，从这些角度来看，科举时代里的广大贫寒子弟，是没有资格和机会接受教育和参加科举考试的。所以，从这个角度来说，这与制度上所体现的人人可以参加科举考试的公平性、公正性来说是有差距的。

第二，对贫寒之士来说，即便他们可以凭借毅力在艰苦的条件下坚持苦读，但科考必需的考试费用对他们来说，也是一项不小的开支。因为士子参加的每一级考试、每份卷子都是要收费的。再者，在考中后，士子还要向教官以及为他们考试作保的廪生纳规费。[①] 至于所纳规费的多少，则视各自的经济条件和家庭情况而定，一般来说，"家道殷实的生员每项纳银七八十两，家资不富的生员也需纳约三十两"[②]。关于这个数字，张仲礼以《仁怀厅志》的记载为例进行过研究，虽然各地由于经济水平的高低，以及生员个人经济状况的不同而所纳银数各有不同。但是有一点却十分肯定：凡是参加科举考试者，都需要向考官和为自己作保的士绅缴纳数量不等的规费。所以，科举考试所需缴纳的试卷费，以及中式后的规费不但是加剧士子贫困化的重要因素，而且是学界对科举公平性和平等性产生争论的主要理由和依据。在科举时代，正是因为科举考试对于寒士有着这样的经济负担和压力，所以，经常有士绅和富有的家族专门捐款、捐纳田地等作为士子，尤其是寒士参加科举考试费用的现象。因为得到资助的寒士就有机会参加科考，也就有了中式的机会。而对于那些自己没有经济能力，而又无法得到资助的士子来说，他们连受教育的机会都没有，更别说参加科举考试了。

因贫废学和放弃科举考试的甘肃士绅，在整个弃科考士绅中所占比例应该是比较大的，这种状况也与清朝时期甘肃的经济、教育等水平低下相符合。例如，清代甘肃有一种专门助学的民间性质组织的出现，就是大批寒士无法完成学业和正常赴考的有力证明。这种民间性质的助学

---

① 张仲礼：《中国绅士——关于其在十九世纪中国社会中作用的研究》，第204页。

② 同上书，第205页。

组织，就是“兴文社”，或者“崇文社”。其主要目的是解决应试士子的盘费问题，如武威，“里有兴文社储巨款，发商生息，为乡、会试士子川资”。[①] 因为甘肃距离陕西比较远，例如镇番（今民勤）距离陕西“二千余里，制科之士往往艰于斧资，裹足不前。致使皓首穷经，终老牖下者指不胜屈”；[②] 即使是甘肃经济、文化中心的兰州府，其相距陕西也有“一千四百余里，至京会试者四千余里，越陇坂、涉泾渭，险阻崎岖，异于平抵。壤瘠民贫，餱粮不济，盖简练三年而瑟缩于临时者多矣”。[③] 于是“兴文社”或“崇文社”等捐助机构应运而生。清代甘肃大部分县都有类似“兴文社”这样的组织，这些组织的资金一般主要由官民捐助，如镇番崇文社，“嘉庆二十二年，署邑令补知州李师唐及阖邑士庶捐置”。[④] “兴文社”一般由“举贡生员之品行端方者经理之”。[⑤] 关于乡、会试资助士子银两的多少，金县（今榆中）方志中有记载，金县在光绪年间给赴京参加会试的士子斧资银50两。[⑥] 而50两是远远不够的，但是对于寒士来说，就连这50两也是天文数字。因此，寒士的弃考也就不足为奇了。例如，“梁蔓春，字悟吾，礼县人。辞气谦抑，绝口不言人过，非先儒理学书不肯寓目。家贫，绝意进取，不应有司之试。座右悬理欲图一幅，终日凝神对坐，以体认念善念恶之分途”。[⑦] 很显然，在科举出仕成为士人首选的情况下，梁蔓春的因贫废科举不只是个别现象，他只是众多贫士因贫废学、弃科举的一个代表。这种因贫废学和弃科举现象，也再次说明了士人的贫困化是明清时期的一种客观事实，尤其在甘肃这样经济发展水平较低的地区，士绅的贫困

① 《先大夫云章府君行述》，《李于锴遗稿辑存》，兰州大学出版社1987年版。

② 许协修，谢集成等纂：（光绪）《镇番县志》卷5《学校志·文社》，台湾成文出版公司据道光五年刊本影印。

③ 张国常纂修：（光绪）《重修皋兰县志》卷15《学校》，光绪刊本。

④ 许协修，谢集成等纂：（光绪）《镇番县志》卷5《学校志·文社》，台湾成文出版公司据道光五年刊本影印。

⑤ 张国常纂修：（光绪）《重修皋兰县志》卷15《学校》，光绪刊本。

⑥ （光绪）《金县新志稿·建制志·兴文社》，甘肃省图书馆据北京中国社会科学院图书馆藏稿本复制。

⑦ 《甘肃新通志》卷67《人物志·群才二》。

化更是一种普遍现象。

第三，科举考试中对于商人和官员子弟的照顾，不但是对科考公平性的否定，也是导致寒士中式概率大大降低，从而弃举业的一个重要因素。除了经济因素的制约外，国家常常把科举功名作为赏赐的行为，也是加剧科举竞争激烈，导致中式概率降低，从而使得士子弃举业的重要因素。“例如举人衔或官衔有时会授予那些达官贵人的子孙，也授予那些察觉并奏报谋反活动的人，那些捐输军饷或热心赈济的人。”① 所以，有些人可以通过朝廷的赏赐，无须经过考试竞争而获得功名或官位。因为科考的中式名额毕竟有限，赏赐名额的产生和增加势必会造成科举中式名额的相对减少。所以那些满腹经纶的考生在多次受挫后，往往在入仕无望的情况下不得不放弃科考。

在科举受挫的士绅中，每个人的情况也不尽相同。有些人是在多次科考失利的情况下不得不放弃科举入仕的。也就是说，他们的放弃更多的是无奈，是别无选择的放弃。与此种放弃不同的另外一种，即在一次科考受挫后，就主动放弃科举，转而以圣贤之学或其他实学为目标，应该说，这种放弃是一种主动放弃，其中不乏看穿了科考束缚人性和知识发展的种种弊端而放弃者。

在这些绝意进取的甘肃士绅群体中，主动放弃的典型代表主要有：

> 黄建中，字西圃，皋兰人，乾隆二十五年举人。一试礼部不第，遂闭户着书，不复作……②

> 巨潭，字镜舫……少以贫废学。年十九，见兄入庠，始欲读书，以父不允，忧愤成疾。……入学后乡试未售，遂不复求进取，专以讲学授徒为己任，所成就前后数十人。③

---

① 章中如：《清代考试制度》，上海，1932 年，第 58—61 页。

② 《甘肃新通志》卷 66《人物志・群才一》。

③ 《甘肃新通志》卷 67《人物志・群才二》。

巩侃，贡生。有学行，始习举子业，不售，遂专意圣贤诚正之学，老而益勤。①

很明显，黄建中、巨潭、巩侃等人属于主动放弃科举者。因为在科考名额十分有限的情况下，能一次通过科举考试的比例是相当低的，大多数人都是经过几次甚至许多次的科考后才实现中式目的的，而以上几人则是在首次科考失利后就选择了放弃，转而以读书著述，或者教书育人作为自己的追求目标。

在主动放弃科举的士绅中，有些人是因为厌倦了科考的刻板程序而选择放弃，例如王尚敏就是在自己的见解和看法得不到学使认可的情况下放弃的，“王尚敏，字季平，秦州人……应道光丁酉乡试，首场三艺皆以五经诂题，同考官陈世镕极赏之，傍发，仅中副车第一。己亥录遗对策……学使骇其言，竟黜不送可科，自是绝意进取。”②

此外，还有不甘心自己被科举的繁琐形式所束缚，主动放弃科举入仕者，例如，“张宗孟，武威人。性颖悟，读书过目成诵，人目为神童。年十二为生员，一至陕西应乡试，见举子肩行李伺候听唱名，慨然曰：‘读圣贤书当不于此求荣矣！’弗衣归，屏迹城市，惟以经籍自娱，尤肆力于周易，殚思竭虑十余年，著有成书”。③

最后，还有一种放弃者就是士绅本身淡泊名利，不乐仕进者，所以他们在科举受挫后选择弃儒，对他们来说，这种放弃不仅不是遗憾，反而是一种解脱。这样的士绅代表主要有：

吴振业，武威人，始业农。乾隆戊子举于乡，性朴略，不乐进取。试礼部不第，绝迹城市，且不与朋辈往还。衣常至骭，杂耕夫坐起，或负暄弄孙，载歌载笑。客问振业何不出仕，则曰：“人生幸逢太平世，乐太平足矣，官胡为乎？”闭目不复与言。④

① 《甘肃新通志》卷68《人物志·群才三》。
② 《甘肃新通志》卷67《人物志·群才二》。
③ 《甘肃新通志》卷69《人物志·群才四》。
④ 《甘肃新通志》卷75《人物志·隐逸》。

白贡扬，亲州增生。读书不治章句，以躬行心得为诣。力事亲，诚养居，母丧，三年足不至内室。闻李二曲讲学关中，裹粮往访之。李与谈而喜曰："此读书真种子也，然子老矣，书不必多读，只于身心体验处着力即可也。"即归，乃绝意科名，惟读近思、反身二录而已。[①]

王元卿，字特衡，礼县人，道光初岁贡。性耽山水，多识堪舆家言。读性理诸书，反身内证始有心得。自是弃举子业，专心为己之学。题其室曰："退思斋"。于先儒语录搜览无遗，教人以养性为宗，立诚为要，践履伦常为实际，论者以为秦州白贡扬。[②]

蔡辅清，字若梦，秦安贡生。乡试屡荐不售，乃曰："人生贵适志耳，安用久困笔砚间乎?"遂绝意进取，课二弟及子侄辈读书。……同治初，陇上军兴，当道以督办城防敦请，辞不获，遂起任事，建北郭为城屏蔽，城赖以全。[③]

邓敏，字捷二，西宁人。性敏好学，淡于仕进，持躬勤俭，严于治家，满架图书无尘俗气。[④]

如前文所述，在绝意进取的士绅中，许多人是在多次科举失利的情况下不得不放弃的，此种放弃者有着许多的无奈和失落。因此，教授生徒和寄情山水等就成为他们忘却科考失意烦恼的一种途径和方式。例如，"陈光华，廪生，狄道人，中年弃举业，教读终生"。[⑤] 可见，陈光华是在中年后弃举业的，如果按正常年龄推算的话，他应该是在多次科

① 《甘肃新通志》卷67《人物志·群才二》。
② 同上。
③ 同上。
④ 《甘肃新通志》卷68《人物志·群才三》。
⑤ 《甘肃新通志》卷66《人物志·群才一》。

举失利后，在年龄逐渐衰老的情况下不得不放弃的。

如果说陈光华中年后不得不放弃，是我们的推测的话，那么下面几位则是在多次受挫后，有明确记载显示他们不得不放弃科举行为的。

徐迎庆，字云五，秦州人。性严重，不苟为笑语，以文行钟于时。屡赴秋闱辄困，遂绝意进取，专心教授。[①]

范维琮，号西村，幼聪颖，喜读书，未冠游庠。为文遒折，迥异时手。屡试不售，遂设帐授徒终老焉。[②]

朱锦蔚，贡生。厚重质简，当同治兵燹，半菽不饱而手不释卷。能文工诗，士林推为巨臂，乡试屡荐，辄不合于主司。遂设帐，成就后学。[③]

王镇，字颖斋，静宁水洛镇人。博学多名，尤工古文。乡试三荐不售，遂放浪江湖，偕豪侠游以自娱，文名弥着。[④]

巨源，字少海，秦安人。学既成，以亲老家贫应聘，充邑宰幕宾。宰叩及邑中某事某人，则正色曰："此非幕中所当言。"陕甘学政赏其诗赋，辟阅试卷，既而欲以优行贡，源辞曰："迹近私，非敢居也。"乡试屡荐不售，遂绝意进取。[⑤]

荆维墉，字勤垣，两当岁贡。弱冠入庠，为文才气奔放，乡试屡荐不售，遂绝意进取，肆力于经史百家……主讲香泉书院凡二

---

① 《甘肃新通志》卷67《人物志·群才二》。

② 《皋兰县续志》卷8《忠节》。

③ 《皋兰县续志》卷7《耆旧》。

④ 《甘肃新通志》卷66《人物志·群才一》。

⑤ 《甘肃新通志》卷67《人物志·群才二》。

十年。[①]

王应凤，字桐舫，静宁人。工书善画，屡试不售，遂隐居于镇之南坪。非人不交，非义不为，有隐君子之遗风焉。[②]

曹如渊，号摩天，通渭人，入庠后终身不试。性嗜山水，善丹青，好写钟馗像。后归里，不与俗为伍。兴动即写山水自娱。[③]

赵飞熊，字渭占，平罗诸生。世居李刚堡，性豪逸，诗酒徜徉，不求仕进。有田百亩，率子耕耘，供八口衣食。……诗体初好晚唐，暮年进而盖上，着有西园草，当时邑令高其品，多与唱和。[④]

很显然，徐迎庆、范维琮、朱锦蔚、荆维墉的教授生徒，王镇、曹如渊、赵飞熊的放浪江湖，王应凤的隐居，等等，都是士绅在科举受挫和出仕无望后的一种精神寄托。当然，士绅的教授生徒行为也不排除维持生计和传播文化的因素和目的。因为对于士绅来说，在科举出仕无望的情况下，毕竟教授无疑成为他们谋生和治生的首选职业。

除了经济因素制约、科举受挫而弃考外，由于自身及家庭因素，例如疾病等也是大批士绅弃科举的原因。

中国古代社会是以儒家思想为主流的，所以忠孝、仁义等思想不仅成为社会中的主导思想，同时也成为人们的行为规范。在这样的情况下，有相当多的士子是因为父母年事已高，为了照顾年迈的亲人而不得不放弃科举考试的。另外，士绅自身的疾病、对于性理之学的热衷，以及对科考的厌倦也是部分士子放弃科考的一个不可忽视的因素。

为了尽孝而选择放弃科举出仕。这在甘肃士绅群体中所占比例也比较大，这种现象再次充分说明了古代中国社会中孝、忠所占据的核心地

① 《甘肃新通志》卷67《人物志·群才二》。
② 《甘肃新通志》卷73《人物志·孝义上》。
③ 《甘肃新通志》卷75《人物志·隐逸》。
④ 《宁夏府志》卷16《人物·隐逸》。

位。联系到现今社会中层出不穷的老而无依的案例，我们不得不感慨古代社会忠孝思想的根深蒂固，以及这种思想和行为对社会稳定的重要意义。除此之外，古代社会不但讲求孝敬父母等长辈，还要求友爱幼弟等，这些思想和潮流的长期存在，有可能成为士绅绝意进取的不可忽视的因素。

首先，不忍远离父母而弃儒。在以孝义为重的中国古代社会里，这种为孝敬父母等长辈而弃科考，是这类弃科考现象中最多的一种。在这类因尽孝而绝意进取的士绅中，有些是因为父母年迈，为养亲而弃仕的，有些则是因为亲老或病故而弃科举的。

因亲老而弃举业的清代甘肃士绅主要有："吴锡绶，会宁人，家贫入庠。舌耕养家，丙子举于乡。父殁，尽哀尽礼，无遗憾。服阕后，每值礼闱，以母老不肯渐离，遇大挑，不图进取。戚族有急，必周给之。庚寅荒饥，家仅存粮数十石，遵母命尽散，乡邻全活甚众。"① "卢炘章，字文峰，嘉庆己酉科拔贡生。性敏过人，学问书法造诣俱高，名公巨卿器许者众，以养亲不忍远离，遂绝意进取……"② "王者佐，字公辅，金县举人。家贫好学，性孝友，父未食不食，未寝不寝。凡父所需用必竭力供奉，肄业兰山书院，日必归省。赴京会试，病沈旅邸，以不得父面为恸，寻病愈归，自此不复远游，后竟先父卒，卒后目未瞑。"③可见，以上这些甘肃士绅均是在父母年迈的情况下绝意进取的，因为在他们看来，士绅不但恪守仁孝大义，而且应以养亲为第一要务。这类弃科举者虽然都是为养亲而放弃科举考试，但情况也有所不同，有些是压根儿就没有参加过科举考试，即属于"不忍远离或暂离的"而终身未赴试者，清代甘肃这类士绅主要有："王松，抚彝沙河堡生员……友爱昆弟，周恤戚邻，里党有争忿，善排解之。道光纪元，阖属绅耆公举孝廉方正，因奉侍老亲，辞不赴考。"④ "阎汶，字齐川，高台人，增生。纯孝至诚，诸兄弟多以武职显，汶绝意进取。养亲数十年，不忍一步离

① 《甘肃新通志》卷73《人物志·孝义上》。

② 《西宁府续志》卷7《人物》。

③ 《甘肃新通志》卷73《人物志·孝义上》。

④ 《甘肃新通志》卷74《人物志·孝义下》。

左右。”[①]“张书田，字种之，静宁优增生。性孝友，以亲老弃举业。经理家务，尚勤俭，待人和厚。村民贫户甚多，书田将所有田地除自种外，余俱令贫户耕种，俾足日用，交租听其自便。并出赀置义坟、义塾，邑有义举，皆资助无少吝。值岁饥，己粟无余，贷他人粟赈济之，全活甚众，凡乡村有力之家，因仿而行之。”[②]他们就是因为父母年老，为赡养父母而放弃科举考试的代表。其中，徐万鹏是这些因养亲而终身未尝赴科举考试的典型代表。“徐万鹏，皋兰人，廪生。以亲老不忍暂离，终身未赴陕西应乡试。……设帐授徒，先品行后文艺。”[③]

另外一种是在参加过科举考试后因亲老，为养亲而放弃科考者。例如：“令敷南，字敬五，通渭人，道光乙酉拔贡。性质直，诗情俊逸，士林争传诵之，肄业兰山书院……凡五踬秋闱，以亲老不复事举业。亲殁，庐墓三月，哀毁成疾，卒。”[④]“邱沛，字雨田，恩贡生。少孤，事母至孝。屡试不售，后以母老，遂废举子业。……授徒讲学，以立身行己为重。得其传者，如辛酉科举人，直隶候补令杨廷秀、贡生耿应离、王一清及列庠生者四十余人。至武举张作友、邹国权、重庆镇总兵张作功，得其绪论，亦有古儒将风。”[⑤]他们均是在父母年迈，而自己科举考试受挫的情况下，为了养亲，为了尽孝而选择了放弃科举考试，可以说，他们正是古代中国社会中对孝义的最好践行者。而在孝义思想的主导下，这种行为往往受到社会普遍认可和褒扬，例如安维峻就曾对王源瀚的孝义行为进行过高度褒扬：“王源瀚，字海门，静宁人。咸丰壬子优贡，光绪丙子举人，丙戌成进士。官江西知县……到家，出余赀分亲族。性至孝，事亲不离左右。先由优贡选授教职，以亲老辞。养亲事毕，始应会试。……时御史安维峻赠联云：‘移孝作忠不负所学，居敬行简以临其民’，盖纪实也。”[⑥]

---

① 《甘肃新通志》卷74《人物志·孝义下》。
② 《甘肃新通志》卷73《人物志·孝义上》。
③ 《甘肃通志稿》卷89《人物七》。
④ 《甘肃新通志》卷67《人物志·群才二》。
⑤ 《皋兰县续志》卷8《孝友》。
⑥ 《甘肃新通志》卷66《人物志·群才一》。

正是因为社会主导思想对孝义行为的推崇和赞扬，所以反过来进一步促进和推动了更多的人，包括士绅来孝敬父母，实践忠孝之大义。然而，受农本思想的影响，人们认为，士之出仕犹如农夫之事耕锄，所以在不违背孝义的前提下，有些士绅仍然把科举入仕看作最高追求，例如王源瀚就是这样，"养亲事毕，始应会试。……时御史安维峻赠联云：'移孝作忠不负所学，居敬行简以临其民'，盖纪实也。"①

除了上述因亲老，为养亲而弃科举者外，因为父母多病，为了给父母治病而放弃科举者也不少。例如，"田毓采，字贡五，皋兰人，嘉庆十八年举人。幼丧父，育于其叔贡生维粟，既登乡荐，从弟急欲析产，即以应得产业悉数献叔，而己则课读养母。母得喘疾，入冬益剧，奉使左右，不忍暂离，故未尝一赴会试，后官永昌县教谕，卒。"② "赵修士，字廉儒，寝州庠生。家居孝友，工文章。善谈论，尝与清水知县张某论经史于署中，终岁不辍。后因父病，弃举业，读医书，遂精其业。……尝拾金于道，追还其人。或负修士金，病且死，修士遽出券付之。"③ "路廷诏，字云来，（宁夏府）学生。赋志淳厚，力学敦本，事亲孝，友于诸弟。因母孟氏患反胃疾，廷诏遂弃举子业，潜究医方，一意调治，母疾竟愈。多不为外人诊视，亲知有求理者，亦不辞。贫者并资以药，不取值。与人交，恭敬和蔼，年仅五十卒，乡里远近闻者多为垂泣。"④ 显然，以上三人就是为了给父母治病而选择了放弃科举。其中赵修士和路廷诏还为了给父母治病转而研究医学，并最终由儒而医，从而成了儒医。材料显示，成为儒医后的士绅明显在经济上变得比较富有了，例如以上两个人都曾经为贫穷之人施医药，免除债券。试想，如果他们没有成为儒医，也许不仅自身生存问题无法得到保障，也就没有能力救济他人了。可见，行医的收入要远远高于普通为师者所得的薪金。

还有一种因为孝义而放弃科举的情况就是父母之丧。因为清朝明确规定：士子在丁忧服丧期间不得参加科考。在清代甘肃士绅群体中，这

---

① 《甘肃新通志》卷66《人物志·群才一》。

② 《甘肃新通志》卷73《人物志·孝义上》。

③ 《甘肃新通志》卷74《人物志·孝义下》。

④ 《宁夏府志》卷16《人物·孝》。

类弃考士绅的代表就有孙助策。“孙助策，字奉书，镇番廪生。笃于内行，赴陕乡试，比期近，母没讣至。或劝隐讣入闱，助策大恸曰：‘如此则大本已亏，功名何取乎？’不试而返。”①

除了因孝养而放弃科举外，放弃科举考试有时候也是因为自身的原因，例如身体疾病等个人因素。例如，“牛作麟，字振风，通渭人，岁贡。……四十三得足疾，遂不复举子业，专为本源之学……”②“田锡龄，狄道人，府增生。少失恃，事父克孝，父卒，哭泣尽哀，终丧不御酒肉。好学敦行，潜心宋儒之书。嘉庆二年，公举孝廉方正，以目疾未赴都。”③“王家干，字介人，太学生。豁达有器识……工书翰，以痫症废学，而志不衰。每训子弟以远大，慷慨乐施与，凡戚党有匮乏，必量力周乏。尝曰：‘存心利物，一介何嫌？必待有余，终无济日。’有亲族自中州长安来者，皆为安置得所，老友戴兴祖鳏独无依，养之数十年，并送其终。”④很显然，牛作麟是因为“足疾”、田锡龄是因为“目疾”，王家干是因为“痫症”而放弃科举者。他们放弃科举可谓实属无奈。因为科举考试不仅时间长，读书应科考的时间更长，所以对于身体不好的士子来说，他们是无法坚持这种强度大而又希望渺茫的读书应试活动的。由于资料有限，我们无法进一步探究他们在自身疾病等因素下，放弃科举有着怎样的心理，但是，根据“士之仕也，犹如农夫之耕也”的逻辑来看，其人内心的不甘和苦闷毫无疑问应该是存在的。

除了因为疾病而放弃者外，有些士绅则是在后继无人的感伤心情下放弃的。因为中国古代社会盛行“不孝有三，无后为大”的思想。反映在科举考试方面，则是科举中式后不仅可以光宗耀祖，还可以为子孙扬名。因此，士绅若是没有继承者，他们也会觉得自己的这种刻苦努力没有了实际意义。因此有些人会选择放弃科举入仕，例如在清朝时期的甘肃，这样的例子就有高栖凤。“高栖凤，字桐岗。性安和，寡言笑，补弟子员。……教授生徒，多腾达，年四十无子，遂无功名意，以诗酒

① 《甘肃新通志》卷74《人物志·孝义下》。

② 《甘肃新通志》卷64《人物志·乡贤上》。

③ 《甘肃新通志》卷73《人物志·孝义上》。

④ 《宁夏府志》卷16《人物·义》。

自娱，寻病卒。”①

最后，还有一种弃科举是因为不愿意通过赏赐等非正途而放弃。例如武威的张大烈，就是不愿意通过按成例而获得翰林头衔的弃儒者，“张大烈，字子节，武威贡生，陕西邠州学正。诸生执贽来者，量其有无受之。巡抚毕沅闻其贤，且以年八十以上招之应秋试，遂援例赐举人。一日，毕延大烈于署后圃，呼其子出会文。大烈文既清新，书法端谨，且先成。毕览之大曰：‘此真老师也!’厚礼之。居无何，毕语大烈曰：‘吾固知若贫士，吾将以五百金助若，若应礼部试，以年例，可得翰林检讨。’大烈辞焉。即归里，举行乡饮酒礼，推大烈为大宾。进退揖让，乡人望而敬之。”②

总之，在经济、家庭、自身等因素的制约下，弃科举成为古代社会，尤其是明清时期一种比较普遍的现象。而这种现象的长期客观存在，不仅是对科举考试公平、公正性的一种挑战，也是学术界质疑科举考试公平性的主要论据和理由。

九　出仕而弃的士绅

在上文中，我们已经比较集中地讨论了士绅由于经济因素的制约、科举名额的限制以及父母年迈和疾病、自己身体疾病及兴趣等原因而放弃科举考试的情况，在这里，我们将进一步探讨清朝甘肃士绅在获得入仕机会的情况下放弃仕途的种种原因及状况。

一般来说，通过科举考试是入仕做官的前提，所以，读书人一旦通过科举考试，就能够获得入仕的机会和资格。笔者原本没有打算把弃科举和弃仕途分开论述，但是在查阅资料的过程中发现，虽然弃科举的士绅与弃仕的士绅，在放弃的原因上有许多相似的地方，例如，都有父母年迈、患疾病，士绅自身不乐为宦及自己身体疾病影响等因素，但是弃科举者与弃仕途者的心态应该是有所不同的。具体来看，如果说弃科举是无法获得科举功名后的失望和无奈的话，那么中式后放弃仕途者则大

① 《宁夏府志》卷16《人物·孝》。

② 《甘肃新通志》卷69《人物志·群才四》。

多是一种主动行为。因为他们中的许多人或者是为了理想，或是因为家庭而放弃，基本上是一种主动的选择。在科举时代，对于士绅来说，获得科举功名不仅是取得为官的资格，而且是士绅身份的一种自我认同。所以，一旦获得科举功名，士绅身份就得到了社会的认可，那么做不做官并不重要。因为，从此以后，他的士绅身份不会因为他没有做官而被忽视。所以那些喜爱吟咏、爱好山水、自娱自乐的士绅，有时候会在获得科举功名后选择放弃为官。其中，自然也不乏那些通过军功等获得为官资格而放弃者。

（一）因亲孝养而弃仕

我们在上文已经讨论过，孝义养亲是中国古代社会中居于主导地位的思想，不仅受到社会的重视和提倡，而且深入人心。因此，作为四民表率的士绅，往往也会成为这种主导思想的主要提倡者和践行者。体现在科举入仕方面，则是他们中的一些人不惜为此放弃科举考试，甚至做官的机会。在清朝甘肃士绅中，也不乏这样的例子，例如，“胡志寅，字书咸……由诸生入太学，考授县丞，以养母不仕。”① “赵效孔，字卓如，狄道岁贡生。……后委权安西学正，以母疾，辞不赴……”② “王三锡，字师古，静宁人，廪生。家贫好学……有请为幕宾者，以祖父年高力辞。阖学公举孝子，三锡曰：‘孝道无穷，吾区区奉养，敢言孝乎？’”③ “李岐瞻，字肇西，静宁诸生。肄业成均，考授州判，以亲老不仕。”④ “米重玉，字田书，会宁辛丰里人，顺治十一年拔贡……康熙壬寅，恩例廷试，重玉因母年老，终养不仕。”⑤ “刘经带，字书田，宁远礤石川举人……部铨永昌教谕，以继母年老，辞不赴。”⑥ “胡恒升，字九如，秦州明太常卿忻孙也。五岁而孤，哀毁若成人。入庠后贡太学，得授州同知衔，以养母，故不出。”⑦ “吴昭，字义台，秦安人。七

---

① 《甘肃新通志》卷 74《人物志·孝义下》。
② 《甘肃新通志》卷 73《人物志·孝义上》。
③ 同上。
④ 同上。
⑤ 同上。
⑥ 同上。
⑦ 《甘肃新通志》卷 74《人物志·孝义下》。

岁失母，哀痛异常儿，事继母尤勤恪。晚岁援例得官，以继母老，坚辞不赴。"[①] 通过以上记载可知，因养亲而弃仕途的甘肃士绅也比较多，这种放弃，无疑是科举入仕让位于孝义养亲的结果。

（二）不愿异途入仕而弃

由于清代甘肃地处边疆地区，不但民族众多，而且战乱频繁。因此，往往在发生危及封建统治秩序等社会动荡时，居于乡村社会的士绅大多会挺身而出。这些为了维护封建秩序而采取的军事行为，经常会使他们中的优异者获取士绅身份，以及做官资格的机会。但是，或因为不愿出仕，或因为家庭等客观因素的影响，放弃做官机会和资格者也不少。例如，"杨价，字子藩，静宁监生。同治三年，兵勇乏饷，以五千金助之曹军门，克忠开保举，价坚辞不受。"[②] 再如，"张锡龄，字梦九，狄道庠生。同治间，以军功保直隶州衔，补用知县。锡龄以举家殉难，不忍仕进，遂退居于家，课子弟以终。"[③]

（三）因禄不逮亲而弃

在光宗耀祖思想的影响下，士绅参加科举考试也有着类似的使命和目的，所以，一旦科举中式和做官失去了这种光耀门楣和赡养父母的机会，士绅中的有些人也会选择放弃。在清朝甘肃士绅群体中，也有这样的事例，例如，"万抡，字颖先，秦州人……命以军功摄县令，抡固辞。……归乃补州学生员，贡国学。然父母已前卒，遂潜居不仕。当道以礼招之，亦不往。"[④]"冯禧，字景福，靖远人。甘贫好学……或劝之任，曰：'吾之苦学，为不负吾亲，今亲逝，仕何为?'因遁迹不出。"[⑤]"吴正炳，字勉梅，静宁威戎镇人，咸丰戊午举于乡，己未成进士。同治壬戌补殿试，以知县即用，签分湖南。回籍措资，丁亲忧，愁痛幽

① 《甘肃新通志》卷74《人物志·孝义下》。
② 《甘肃新通志》卷73《人物志·孝义上》。
③ 《甘肃新通志》卷66《人物志·群才一》。
④ 《甘肃新通志》卷75《人物志·隐逸》。
⑤ 《甘肃新通志》卷73《人物志·孝义上》。

思，闭门不复出。服阕后，匿迹山林，惟以耕读为业。”①“卢涛，字海如，西和人。……年二十二补弟子员，考授县丞。……父殁悲号，三年服阕，铨授县丞，涛慨然曰：‘古人不以三公易一日养，今禄不逮亲，何以仕为?’遂于黄江读书终其身。”②

总之，探究这些获得出仕机会而放弃的原因时，我们发现，其原因不外乎父母年迈和疾病等因素。但更值得注意的是其人放弃仕途的另外一种情况，那就是像冯禧和吴正炳以及卢涛。他们都是在自己亲人已逝的情况下获得官职的，他们的放弃是因为亲人已经去世了，所以他们认为做官已经没有了实际的意义。因为在他们看来，做官就是为了以俸禄来赡养父母，既然现在不能以做官所得的俸禄孝养亲人，也不能从精神和心理上实现父以子贵、母以子荣的传统社会价值，所以，他们选择了弃仕，选择了以读书终其一生。

（四）因厌倦官途而弃

在中国古代社会，官场往往成为名利角逐场，这是古代社会，尤其是封建王朝腐朽时期的真实状况，于是，总有些或者看透了这种尔虞我诈、钩心斗角的士绅，或者厌倦了这种繁琐的生活，从而选择放弃，例如，“胡多瑞，字辑玉，秦安人。性颖达而刚，以选拔赴铨抵京，胥吏少有需索，即愤志归，终身不复仕。”③“张尔德，字据可。永昌郡学岁贡。……为固原学官，巡道某遇，不以理，遽拂衣而去。”④从这些记载中可知，像胡多瑞、张尔德这样因为不愿意接受官场陋规而放弃仕途的士绅，正是对古代社会士绅刚直不阿精神的典型体现和反映。这些人选择了正义和道义，他们这种宁为玉碎、不为瓦全的精神，以及坚持士之有道则现、无道则隐的原则，恰恰就是对中国古代士绅高尚品格的最好诠释。

---

① 《甘肃新通志》卷73《人物志·孝义上》。

② 同上。

③ 《甘肃新通志》卷75《人物志·隐逸》。

④ 《甘肃新通志》卷69《人物志·群才四》。

十　士绅的官宦生涯

在中国古代科举社会里，能够通过十年苦读而获得科举出仕资格的士绅，无疑是庞大科举队伍中激烈竞争的胜利者。他们中的有些人，尤其是进士很快就能获得实授的官职。但是，在官宦生活中，各人的表现和结果却不尽相同。他们中的许多人把儒家先哲的箴言，以及那些历史上优秀官员的言行作为自己为官的格言和信条，并以循吏和清官作为自己的奋斗目标，从而严格要求和约束自己，涌现出众多优秀的封建官员。但是，也有一部分士绅由于自身的不足，以及士绅阶层本身的弱点和缺陷，其宦途生涯往往并不顺利，因此，他们中的有些人被罢官，有些人迫不得已而辞官，还有些人选择在功成名就后急流勇退。这些现象不仅充分反映了中国科举考试培养出来的官吏，在具体行政事务方面能力上的不足和缺陷、中国古代政治体制的不健全，还说明了士绅阶层政治追求、人生理想的不同。

（一）政绩优秀的士绅

立德、立言和立功，可以说是中国古代士人共同的追求和理想，所以体现在出仕为官方面，则是他们中的大多数人能够严于律己，以清官和循吏的高标准来要求自己。所以，在出仕为官后，他们往往能够关心地方百姓疾苦，并把平反冤狱、学校教育和教化等作为施政的主要任务，且在社会危急时刻不仅能够勇于坚守儒家的忠君和爱民传统，而且带头表率地方。正是因为如此，在古代不乏众多为后人所赞赏的优秀官员。清代甘肃士绅也不例外。他们中的许多人在出仕后，以历史上的廉吏和清官作为自己学习的楷模和榜样，积极致力于行政事务，关心社会民生，为清朝封建行政秩序的有效维护、地方社会的有效治理，做出了重要贡献。这些卓异的甘肃士人有时即便得罪权贵，甚至丢官，也要坚持自己的理想。

潘中吉，字霭如，乾隆甲子举人。除勉县教谕，迁庆阳府教授。……由举人行取知县，任山东即墨县。抵任，谓酗酒赌博，争讼之端而盗，命之薮也。设法治之，积习顿改。乾隆庚子春，上南

> 巡，跸经山东，中吉承办行宫，于常所供张外未尝以耗民财。上官复派协济，众兴集驿马半棚。中吉曰："是将重劳吾民也！"捐俸供之。后，县有冤狱已解勘咨部。中吉曰："惜一七品官与杀一无辜，孰重？"①

很明显，作为县令的潘中吉，明明知道他坚持原则的做法可能会使其丢掉官位，但是，在中国古代一些官员事迹的影响下，在重视民生的民本思想的敦促下，在他看来，只要能够免除百姓的困苦和负担，他是不会后悔丢官的。其"惜一七品官与杀一无辜，孰重?"的宣言，正是他坚持道义，关注黎民疾苦的真实写照。

除了上文所举的潘中吉外，王权也是一位优秀的、不畏权贵、不怕丢官的甘肃士绅代表，"王权，字心如，伏羌人。……（同治年间）蒙保知县，官陕西。初署延长县，县为瘠区，又值兵荒后，单骑赴任。招徕开垦，给牛种，设粥厂，施棉衣，延民复就苏。旋补兴平县……兴为西北冲要，驻藏大臣某过境，仆需索横恣，置之法。光绪初，陕西大饥，报粜谷赈救，又捐廉自散。嗣当道欲讳灾，令改册，权坚不可。兴民卒免捐缓征，嗣解印，士民赴省泣留。"② 可见，卓异的士绅在宦途与命运之间，在权势与道义之间，往往选择坚持道义。

由于古代社会生产力水平低下，在自然灾害发生时，普通百姓往往无法应对，因此，他们迫切需要得到来自以国家救济为主的社会救援，因为唯有如此，贫寒的百姓才不至于被大批饿死，或者冻死。但是，往往有许多或出于自己政绩考虑，或出于其他个人利益和目的的为政者，常常采取或隐瞒灾害，或虚报灾害等措施。在这样的情况下，卓异的士绅往往选择得罪上级，救济苍生。例如，在以上资料中，陕西的这位官员就是要王权隐瞒和少报自然灾害及损失，但是出于救济百姓的现实原因，以及士绅坚持真理的品德，王权选择了如实禀报。这样选择的后果就是，兴平地方百姓减少了赋税，而王权丢掉了官职。

---

① 《甘肃新通志》卷69《人物志·群才四》。

② 《甘肃新通志》卷64《人物志·乡贤上》。

此外，作为一名循吏，除了要坚持正义，不畏权贵，不怕丢官外，还要敢于面对苦难，勇于面对挑战。因为唯有如此，才更能检验一个人的品质，也才能得到地方百姓和人民的拥护与爱戴。在清朝陕西，就有许多这样的士绅，例如，康绳武就是敢于去艰苦的地方为官，并能够以前贤为楷模和榜样的优秀甘肃士绅代表：

> 康绳武，子祖昭，乾隆三十三年举人。……四十六年大挑广西知县。粤中故多瘴疠，人或以危险难之。绳武曰："昌黎赴潮，东坡过海，身为国用耳，遑恤其它。"遂毅然去不顾，历摄来宾、永宁、西隆等。俭慎勤廉，所在咸有政绩。五十二年补容县知县，除暴安良，民心爱戴。后解组归，晚年构小亭曰"退思"。优游林下二十余年，从不入官府。①

可见，正是因为康绳武不畏惧广西等地的艰苦，并能够始终、真正地关心当地人民疾苦，所以他的出仕不仅造福了地方人民，也得到了地方百姓深深的爱戴。

在历史上大批卓异官员的影响下，清朝甘肃的绝大多数士绅也把如何做一名好官作为自己为政的首要目标。所以，他们不但自身廉洁、秉公执法，而且始终关注地方社会事务，并以造福所在地方人民百姓为己任。所以，"清官""循良"等种种褒扬，屡屡出现在清代甘肃各地州县的方志记载中。

1. 清代甘肃士绅中的"青天"

在中国古代社会，"青天"代表的是官员的清正廉明，也是民间社会所能给予地方官的最高褒扬了。因为这个称赞，是对一名为官士绅人品、政绩等的积极肯定，所以，没有哪个为官者不以获此称赞为荣。甘肃虽然地处西北边疆，但不乏这样优异的士绅，地方志中有许多这样的记载：

---

① 《甘肃新通志》卷69《人物志·群才四》。

邢澍，字雨民，阶州人，乾隆庚戌进士。精天文、地舆之学。历任浙江永康、长兴等县。善治大狱，发奸擿伏皆神效，而行政利人，有“青天”之号。循声卓著，为上游所推重。①

高希贤，字勉斋，安化人。道光乙未进士，授四川盐源知县。……希贤抵任，以古礼劝谕，士民翕然从风，恶习遂革，县人呼为“高青天”。②

蔡天藻，宁朔拔贡，官四川知县。……历署巴县、雅州，以整顿学校为首务，补邛州知州，在任三年，口碑载道。署夔州府三年，剔除吏役收税积弊，民呼为“蔡青天”。③

孔文镛，张掖举人，咸丰间任广西象州事，有惠政，人称为“孔青天”。④

牛树梅，字雪樵，通渭人。……道光辛卯举于乡，辛丑成进士，分发四川即用知县，补彰明。历任隆昌、雅安、资州、宁远、茂州，皆以德化民。其任彰明也，江油匪徒聚众中坝场，距彰明太平场只隔一桥。匪扬言：“牛青天，我父母，凡彰明一草一木不敢践。”……每去任，百姓相率泣送，皆建石坊以志遗爱。彰明、资州建生祠，且有数千里送寿木者。⑤

王崇儒，字伯雅，皋兰人。能诗文，兼善书画。回酋张格尔之乱，总督杨遇春率师西征，崇儒上书呈方略，遂参戎幕。事平，授福建平海县丞，调和平，从讨台湾土匪张丙有功，擢知县。署长乐

---

① 《甘肃新通志》卷68《人物志·群才三》。
② 同上。
③ 同上。
④ 《甘肃新通志》卷69《人物志·群才四》。
⑤ 《甘肃新通志》卷64《人物志·乡贤上》。

县事，寻选湖南益阳知县，加知州衔，升干州直隶厅同知。……益阳俗好架祠构讼，谓之打油火。崇儒痛惩之，其风顿革。又斥绝益阳县试富室贿取案首积弊……及将赴干州，士民扶老携幼相送，且曰："未知青天能再来否?"多有泣下者。[1]

以上几位被誉为青天的甘肃士绅，应该说，只是清代甘肃士绅在外为宦优异者的代表。他们能如此受到地方百姓的欢迎和爱戴，就在于他们大多秉承了中国古代知识分子清正廉明的优良传统。体现在他们为官的活动中，就是清正廉明、秉公办事，以民生情怀为本。因为仔细考察这几个人的传记会发现，他们无一不是以清正廉能、公正公平为准则来处理行政事务的，所以得到了地方百姓和人民的拥护与认可，也实现了他们对卓异政治理想的追求。尤其是牛树梅所获得的青天之名，甚至连强盗都不敢不尊重，这充分表明在封建社会里，一个优秀官员对地方社会教化作用之重大和深远。把地方官称为"父母官"，或者"衣食父母"，应该也包含这个用意。这些被誉为青天的甘肃士绅，正是对古代中国士绅优秀品质的最好体现和继承。

2. 清代甘肃的循良

出仕做官几乎是所有读书人的梦想，做官后成为一个优秀的官员，更是所有出仕者为之积极奋斗的目标。然而，并非所有通过科举考试、获得出仕机会的士绅都可以成为深受百姓爱戴和统治阶级赏识的官员。其中，他们是否能够处理好各方面关系，治理好地方社会，并得到社会和统治阶级的认可是关键。因为，由于个人素质的不同，并非所有人都能实现做一名好官的愿望，有些人不仅谈不上卓异，甚至会落得罢官回籍的尴尬结局；有时候，并非这些人没有严格要求自己，而是受到能力、机缘等因素的影响。所以，最终能够得到"循良"称赞的士绅，与上文所说的"青天"称赞一样，是比较少的。在清代甘肃，被赞为"循良"的士绅代表主要有：

---

① 《甘肃新通志》卷66《人物志·群才一》。

武尚仁，字静山，陇西人。咸丰壬子进士，选庶吉士，改官四川知县。历任岳池、广安等州县，以循良称。①

于象谦，字吉六，官湖南溆浦知县。果敢善断，后告病，县民如失怙恃。……光绪元年，总督左宗棠督办新疆军务，派象谦收发总局用银数百千万，丝毫不染指，归时，仅老马一匹，宗棠称之曰“循吏”。②

像于象谦这样，能够做到经手银钱数百千万而不染指的官员，值得受到左宗棠这样的封疆大吏的赞扬和支持。因为贪污腐败问题在清代乃至整个中国古代社会，始终都是国家大力惩治的重要问题之一，但是贪污之风愈演愈烈，尤其是在清朝中后期国家财政紧张，军饷开支十分困难的情况下，官员挪用军饷、将领克扣士兵军饷更成为一种普遍现象。所以于象谦的廉洁和丝毫不取品质就更显可贵，这也正是士绅高贵品质的反映。除了以上所提及者外，在清朝甘肃士绅群休中，还有许多积劳成疾、卒于任所的循吏，例如，“刘永椿，字荫华，西宁人。光绪乙亥恩科举于乡，大挑广东知县。历任翁源、农川、茂名等县。大计卓异，政绩异常，时称循良第一，后积劳成疾，年五十一卒。”③

3. 其他对甘肃士绅的美誉

对于地方百姓来说，他们关心的不是谁来做官，而是在任官员能否造福地方，能否为地方带来实际的好处和利益。一旦他们认可了该官员，认为他是站在百姓和人民立场上的官员，他们就会认为该地方官是一个好官，因此，百姓对这些关心人民疾苦官员的褒扬也非常慷慨，并见诸各种方志记载中。“何济舟，字松崖，礼县人。嘉庆戊午举于乡，大挑一等，官山东临清州州同。……去官时，士民匾颂曰‘泽被群生’。”④“李应紫，字秀峰，礼县人。……中咸丰已未副榜，同治癸酉

① 《甘肃新通志》卷67《人物志·群才二》。
② 《甘肃新通志》卷68《人物志·群才三》。
③ 同上。
④ 《甘肃新通志》卷67《人物志·群才二》。

举人，光绪丙子进士。壬午以知县拣发奉天，署铁岭县事。善政宜民，有颂声，保加同知衔，仅先补用知州，再任铁岭，士民欢呼，谓‘生佛更临’。已而卒于官，上官助资，乃得归葬。”① 可见，正是这些官员的清廉和能干，使得他们赢得了百姓的良好口碑和赞誉。

由于佛教的盛行，在中国古代社会里信仰佛教的人很多，人们也往往把佛看作仁慈心肠的化身。上文所举的李应紫被铁岭人呼为“生佛更临”，就充分体现了当地百姓对他的爱戴，也说明了百姓和人民对优秀廉洁官员的欢迎。此外，赞扬清廉公正的甘肃士绅的还有“铁面”等词：

马明义，字镜台，镇番人，同治壬戌进士。官湖北知县……喜接见士民，于胥役则严加约束，不肯稍假，有“铁面冰心”之颂。去任时，父老攀辕而送者数百人。②

安荫甲，字乙垣，安定人。光绪壬辰进士，官广东罗浮知县，政简刑轻，有“铁面案下无私情之谣”。③

栗尔璋，宁夏人。……由进士授检讨，补临安府……筑修梨花堤，天缘桥，滇人德之，号“栗公堤”。④

以上“铁面冰心”“铁面案下无私情之谣”“栗公堤”等，即是地方社会尤其是百姓对几位优秀甘肃官员的肯定和认可。除此之外，地方百姓往往还为他们所拥护的官员建立生祠，这种看似极端的行为所体现的是百姓对优秀官员的怀念和爱戴。另外，在这些优秀的官员离任前，老幼攀辕相送的场面，更是表达了地方百姓对优异官员的留恋。在清朝时期，诸如此类的甘肃士绅代表主要有：

① 《甘肃新通志》卷67《人物志·群才二》。
② 《甘肃新通志》卷69《人物志·群才四》。
③ 《甘肃新通志》卷67《人物志·群才二》。
④ 《甘肃新通志》卷68《人物志·群才三》。

张思宪，字慎斋，西宁人。……咸丰辛酉罢工，廷试一等，签发四川知县。署永宁事，会兵勇闹饷滋事，居民惶恐，思宪单骑入营解散，地方以安。兵民感德，建立生祠，后告终养卒。①

彭绳祖，字觐堂，秦安陇城人。六岁就傅，过目成诵，晚年登进士第。分发河南，署嵩县事，捐廉修城，捻匪来围攻，绳祖登陴守御，昼夜不懈，转危为安，去任时，士民攀援走数十里。②

高崇徽，字云甲，康熙甲午举人。官江西安义知县，始莅任，值岁歉，崇徽捐俸为民纳钱粮。安义城垣倾废，崇徽倡众兴修，又修孔庙，修明伦堂。工作频仍，不请帑，不剥民。县中子弟有造，辄招徕反复训诲，崇徽忘其为部民，人亦忘崇徽为官也。后迁浙江安吉知州，濒行，老稚男女送者填巷街，妇人或脱钗钏投诸肩舆。③

李馨，字若兰，狄道人，顺治乙酉拔贡。官京山县丞，会邑令奉使他郡，馨署篆，痛革一切积弊。除火耗之半，仅完正赋。令归，嗛其轧己，潜贿司李劾于抚军。抚军廉其实，且责令，由是无一敢短馨者。后又署景陵，时景陵以征输逃亡逋粮数万，馨知为富豪欺隐及胥书诡洒。尽心搜剔，积逋咸清，惩革害民巨蠹百三十七人，究追故官之叛仆三十余人，颂声大作。前官刘毓宾、陶襄坐逋粮罢，俟馨皆设法代完，令还里。翰林谭某赠诗曰："居然境内成三异，不见囊中有一钱。"盖实录云。④

中国有句俗语叫"人走茶凉"，尤其是在中国古代的官场上，这种现象就更为常见。然而，那些表现优异的甘肃士绅，由于在任上给当地

① 《甘肃新通志》卷68《人物志·群才三》。
② 《甘肃新通志》卷67《人物志·群才二》。
③ 《甘肃新通志》卷69《人物志·群才四》。
④ 《甘肃新通志》卷66《人物志·群才一》。

百姓带来了实惠，他们不但得到了地方百姓的拥戴和认可，而且在致仕后还遣人问候，这更说明了其人在百姓心目中的位置。在清朝甘肃，这样的事例也比较多，较典型的，例如，“张元鼎，字和羹，镇原人。嘉庆辛酉进士，官山东海阳、沂水、长清等县知县，俱有廉声。后年老解组，父老攀辕者数百人。至归里，岁时犹遣人存问焉。”① 可见，卓异官员以自己的高尚品格、卓越的事迹赢得了民心，也回应了官场盛行的人走茶凉之风。

4. 卒于任所的甘肃士绅

诸多事例表明，一个优秀的官员一定是以百姓的需求、百姓的利益、地方社会的安危为出发点，所以这样的官员不惜辛劳和艰苦，甘愿为地方社会事务的有效治理而操劳、奔波。然而，在繁杂的事务和清贫生活的双重压迫下，官员卒于任所，就成为廉洁官员队伍中的一种现象，由于在任清廉而贫不能葬，也就成了廉洁官员中屡见不鲜的现象。最后，他们要么是得到同官或者地方士民的资助而得以魂归故里，要么只能安葬在异域他乡。在清代甘肃，这样的士绅代表主要有以下这些：

> 张晋笏，字玉峰，宁州人。由拔贡中副车，领乡荐，大挑四川知县，署南充县事。多善政，年余，以劳卒于官，百姓哭巷，为立庙祀之。②

> 牟标，字霞臣，狄道人。道光庚子举人，咸丰庚申进士。官陕西知州，署陇州知州。……以劳疾卒于任。百姓环署号哭，如丧怙恃。事闻，优恤如例。殁后贫不能归，因葬凤翔。③

> 张晋，字康侯，狄道人。顺治辛卯举人，明年成进士。……会主司以贿败，晋亦诖误，死时年三十一。死后，亏帑千三百两，士

① 《甘肃新通志》卷67《人物志·群才二》。
② 《甘肃新通志》卷68《人物志·群才三》。
③ 《甘肃新通志》卷66《人物志·群才一》。

民悼惜，乃于城隅设匦，投施甚多。虽妇女亦多脱簪珥助之，不数日，木匦皆盈，人以是知晋之廉而存去思也。[①]

阿应麟，字镜潭，张掖人。……嘉庆壬戌成进士，选江西广丰知县。……寻调南昌，政绩一如在广丰时，年五十三卒于官。南昌人罢市哭巷，其能得民心如此。身后无余财，同官集资归其梓及妻子。[②]

贾攀鳞，字晟霄，武威人。由吏员选山西平阳府经历，莅任，值岁饥，捐俸赈贷。至再，且劝富民出资拯救，全活无算。上官闻其能，檄监放他郡县赈银米，攀龙筹划精当，实惠人民，有立生祠以尸祝者。……在官九年，平阳迭遭重灾，而丁户不耗，攀鳞佐理之力实多。雍正甲辰以劳卒于官，贫无以殓，百姓醵钱送其丧归。[③]

可见，清廉操守给卓异官员留下的就是清贫，所以，一旦他们客死任所，往往因为“身无余资”而不能顺利魂归故里。于是，那些深受百姓爱戴和拥护的士绅，最终只能在同官和百姓的支援下葬归故里，甚至有人不得不安葬在任所地。

(二) 因事落职的士绅

道与势是中国古代社会里两种不同的价值取向。对于士绅来说，是坚守道还是屈从于势，往往是士绅必须面对的问题，尤其是在社会危急关头。在道与势的选择上，优秀的士绅往往会选择“天下无道，以身殉道”。所以，坚持“道”或者正义的士绅，往往会受到来自代表“势”的力量的排挤和打击。从诸多事例来看，他们或者会被冠以各种罪名，以莫须有的罪名被赶下政治舞台，远离权力中心；他们或者会为维护道义而丧失生命，即“以身殉道”。在中国古代社会，为

① 《甘肃新通志》卷66《人物志·群才一》。
② 《甘肃新通志》卷69《人物志·群才四》。
③ 同上。

维护道而牺牲自己生命的士绅不少。在清代甘肃为官的士绅中，也不乏这些被“势”所驱逐者。例如，“吕逢奏，文县人，顺治中拔贡生。仕湖广汉阳府通判，历署汉阳知府。清俭自持，不受馈贻，治大狱多平反。法行于势要，豪衿皆畏惮，率以刚直见忤，屡乞休，大吏许之，识者有‘位不满才’之叹。”① “刘开第，字梦惺。武威人，同治壬戌进士，官陕西知县。历署临潼、泾阳各县事。先后两任礼泉，有惠政。值岁饥，捐八千金治赈，活民无数。会省使至勘灾，索贿，开第以灾亟，不与。使者谮诸大府，议冒赈不实，左迁教职。去之日，老幼攀辕，感泣不释。即归，主讲雍凉书院，成就后进不少。”② “王同春，字合阳，兰州人。……擢淮安府同知，筑堤防沃河，民号为‘王公堤’。后迁贵州遵义知府，以事去官。”③ “潘尊贤，字容堂，秦州人。以举人大挑授知县……所至以刚断为怡，尤务革污俗，铲积弊，培士风，汲汲为之，如求所嗜，以保荐晋五品阶，然以不事权要，竟落职。”④

显然，吕逢奏的“刚直”、刘开第的“不与使者贿”、王同春的“以事去官”、潘尊贤的“不事权要”，等等，都是优秀士绅坚持“道”的具体体现。而这种坚持恰恰是封建官场里代表势的一派所仇视和反对的，所以他们最终或者被迫乞休，或者被降职，或者丢掉官位。然而，正是他们这种坚持正义的高贵品质赢得了时人对他们的尊重和认可。

道与势有许多具体的内容，除了我们所熟悉的正义与权势外，诸如行贿、卖官与买官等现象也是其具体的表现。在清代甘肃士绅群体中，也有很多不愿通过行贿而升官，坚持道义的士绅，例如王化南就是其中的代表。“王化南，字荫棠，武威人，乾隆乙未进士，改庶吉士。散馆授知县。宰直隶广昌、静海、怀来，升山东平度州知州。每到官，必裁胥役之冗者。尝曰：‘衙门内多一人，百姓多受一人之累。欲为百姓云累，当先于衙门内去人。’刺平度大兴水利，民赖以生。期年政成，引

---

① 《甘肃新通志》卷68《人物志·群才三》。

② 《甘肃新通志》卷69《人物志·群才四》。

③ 《甘肃新通志》卷66《人物志·群才一》。

④ 《甘肃新通志》卷67《人物志·群才二》。

疾去，百姓送至泣下。久之，起为莒州知州，循声盖著。革考试倩代积弊，真才遂得。后当迁为直隶州，而上官有欲因之取贿者，化南艴然曰：‘吾岂以财求官者哉？’即日辞归。”①

王化南的辞官所反映和揭示的，不仅仅是官场里的黑暗现象，更是士绅坚持真理和正义传统的体现。因为在清代，尤其是在中晚期，官场里买官卖官、纳贿升官等现象已经相当普遍。作为官员的他能够自觉抵制这种贿赂公行的现象，这种精神在当时的官位买卖已成风气的情况下是难能可贵的。但是，作为士绅的他不能也无力改变这种状况，所以他最终只能放弃自己出仕为官的理想，即辞官。而这种状况其实也是士绅的一个致命软肋，由于士绅阶层的依附性特点，他们只有进入统治阶层行列，和权力结合在一起，才能实现自己的理想。因此一旦脱离权力，他们的治理能力和范围将是十分微弱和有限的。也正是因为这样，历史上那些众多坚持正义和理想的知识分子最终只能以身殉道，从而兑现其人“天下有道，以道殉身；天下无道，以身殉道”的誓言。

（三）功成而退的士绅

由于中国古代社会是一个以农业经济为主的社会，统治阶级对于官员和士绅的要求，就是能够熟悉儒家经典，能够配合封建统治阶级对地方社会进行治理。因此反映在科考上，就是科举教育所造就的士绅一般只具备儒家经典文化知识，而对于一些行政管理等方面的知识和能力则比较匮乏。因此，他们中的许多人在出仕为官后，并不能够完全适应现实工作的需要，尤其是那些适应能力比较差，应变能力比较弱的人更是如此，他们中的一些人不得不在仕宦中途请求致仕，从而中止他们的为宦生涯。

同为宦途引退，但是不同士绅的退出动机和心态也是不同的。其中，有些人的退隐和辞官是因为看透了官场的黑暗，他们选择了在自己仕途最稳的时候退隐。因为这样不仅可以保全自己的名声和名节，也可以保持自己或爱好山水，或舞文弄墨的雅兴。例如《甘肃新通志》和

① 《甘肃新通志》卷69《人物志·群才四》。

《宁夏府志》人物传中记载的以下几位，大致属于这种情况：

韩遇春，字曦先。为诸生时贫甚，然嗜古力学，闻有异书，尝一二百里借抄……康熙甲子成进士，授庶吉士，后改山东淄博县知县。政声方煜起，遽请告归。①

萧衍，字佩衍；刘思敬，字严若；刘继孝，字字述。皆秦州人，均以文士宰县而未尽其才。衍勤学不怠，以进士授广西藤县知县，奖善惩奸，有明干声。时吴三桂逆节已着，衍遂引退。思敬先以拔贡授州判，分发浙江庆元知县，政声方起，遽引归。继孝有文名，以拔贡授州判，分发江苏，历署华亭、娄县二丞。一日，念母老，遽呈请归养，依依寝膳，亲为之。②

朱廷翰，明诸生。名闻四方，从学者甚众，中崇祯己卯科乡试……选授莱芜知县。调历城，寻弃官。……归，与诸弟子理旧社，着格言，抄方书。出囊中装买药物济民，活人无算。③

可见，以上诸人中，韩遇春和萧衍都是在“政声方起”的时候“遽请告归”的。他们的告归和辞官正是为了保全名节。因为从他们辞官后的生活来看，萧衍是以养亲为重，朱廷翰则是以教读子弟为务，同时致力于地方慈善事业。值得注意的是，在仕与隐的选择中，无论是退隐后的读书活动还是山水游乐，都比较符合中国古代士绅的生活理想。因为在“立德、立功、立言”的理想受挫后，士绅或者选择著述，或者致力于造福一方百姓，这些都是士绅为士的价值体现和身份认同。所以，在士绅的辞官和急流勇退方面，甘肃士绅群体与古代所有辞官的士绅有着大致同样的原因和动机。

① 《甘肃新通志》卷65《人物志·乡贤下》。
② 《甘肃新通志》卷67《人物志·群才二》。
③ 《宁夏府志》卷3《人物志·乡贤》。

第三节　科举出仕之外

在科举占主导的时代，士绅身份获得的主要途径是科举考试。因此，决定其人是否为士绅的关键则在于他是否具有科举功名、学品、学衔。所以，在科举制下，只要获得科举功名，以及相应的学衔，就可以进入士绅阶层行列。然而，上文我们已经提到，作为士绅，其身份并不是只有科举考试这一条途径才能获得，通过捐纳、军功奖叙也可以获得的。所以说，除科举及捐纳外，赏赐和军功也是士子获得士绅身份的一条不可忽视的途径。

关于士绅的出路，在科举时代，最理想的似乎就是出仕。因为从地位的改变和实际利益获取来看，这不仅是士绅实现政治理想和抱负的主导途径，也是获得丰厚物质报酬和崇高社会地位，以及良好声誉的最佳选择。然而，由于科举功名获得的难度之大，以及实缺职位的有限性，众多无法获取功名的士子，以及那些即使获得功名的士绅，也不得不在出仕之外重新选择自己的生存方式和出路。总体来看，在科举出仕之外，士绅的出路一般有教授、入幕、业遗、经商等。

一　科举之外的身份获得途径

（一）关于捐纳制度

“考试和捐纳是取得绅士地位的两大途径。”① 这是中国古代社会，尤其是隋唐创立和完善科举制度以后长期存在的客观情况。这里所说的“考试”，一般就是指科举考试，而“捐纳”，则是指通过纳赀而获得士绅身份，以及出仕的机会和资格。

捐纳制度并非清代特有，早在秦朝时期就已经开始有这种制度了。关于捐纳的渊源，许大龄在《清代捐纳制度》的“绪论”部分作了比较详尽的论述：“清代之捐纳制度，渊源自有，非出于首创者

---

① 张仲礼：《中国绅士——关于其在十九世纪中国社会中作用的研究》，上海社会科学院出版社 1991 年版，第 12 页。

也。秦得天下，始令民纳粟，赐以爵。”① 可以说，自秦朝之后，捐纳制度就作为解决国家财用不足和战争需要的一种补充方式，也成为选官制度的一种方式，从而成为那些富有者挤入士绅阶层行列的一条捷径。

清朝建立后，也把捐纳制度作为解决战争需要和救济需要的一种手段。关于清代捐纳制度的开始、兴盛，以及泛滥状况，许大龄在其《清代捐纳制度》中论道：

> 有清一代，当康、雍、乾三朝，以用兵边方，军需浩繁，为顾及国计，不得不另开财源，于是仿历代纳粟办法，推而广之，成为纳粟事例。行之二百余年，创于康熙，备于雍、乾，嘉、道因袭之，咸、同以后遂加滥焉。②

关于捐纳事例，许大龄也给出了言简意赅的解释：

> 捐纳事例者，定例使民出赀，给以官职，或虚衔，或实授，用以充朝廷之急需也。③

很显然，许大龄对清朝捐纳制度出现的时间、原因等作了比较准确的论述。他进一步指出，根据国家的需要，捐纳种类无外乎四类：“曰军需，曰河工，曰赈灾，曰营田。”④

（二）清代的捐纳

根据上文论述和甘肃的实际情况，我们发现，从开捐的原因来看，清代甘肃的捐纳主要有军事需要和救灾赈济两种，因河工事务和营田而开设捐纳的情况相对较少。所以，对于清代甘肃的读书人来说，在科举之外的捐纳入仕途径主要有军需捐纳和赈灾捐纳两种。

---

① 许大龄：《清代捐纳制度》，南京大学出版社 1950 年版，绪论。
② 同上书，第 13 页。
③ 同上。
④ 同上。

1. 军需捐纳

清朝的军需捐纳早在顺治年间就开始了，“顺治六年，因兵饷不敷，即开援纳监生一项”[①]。由此可见，清朝最早开始实行捐纳制度，就是为了解决兵饷不足的问题。所以，随着清朝中后期财政的紧张、兵饷的不继，大开捐纳也就不足为奇了。关于清初捐纳的数目，以及可获取的相应学衔，《大清康熙会典》记载：“顺治十一年，题准，生员纳米三百石，准贡；俊秀捐米二百石，准入监读书。”[②] 可见，捐纳数目的多少，主要是由捐纳的功名级别来决定的。另外，清朝初年的捐纳范围相对较小。不过，当时国家对捐纳控制得比较严格，“其范围极小……除贡监一项外，余皆不准。”[③] 这些都说明在清朝初年，并非所有的功名都可以由捐纳获得，可获得的主要是一些品级相对较低的功名和学衔。这一点与清朝中后期的捐纳有着很大的区别和不同。

“军需捐纳在清朝盛行是从康熙时期开始的。清初平定天下，府藏未充。康熙初年，内廷费用至俭，屡颁蠲免租税之诏”。[④] 实录记载：“康熙十二年，征银至二千五百万。”[⑤] 其最大的用途即在兵饷。时三藩既立，养兵浩繁，只云南一省，每年给饷银达900万。魏源所谓“天下财赋半耗于三藩，非虚言也”。[⑥] 后来，吴三桂反，军需益紧。于是，清朝在湖广、福建、贵州、云南各省相继开捐，这其实就是清朝军需捐纳大规模兴盛的开始。

甘肃的军需捐纳始于康熙末年的用兵青海。“康熙末年，用兵青海，在西宁湖滩河所及肃州等地开捐。”[⑦] 可见，清朝当时在甘肃实行捐纳，也是出于用兵青海的战争需要。然而，自此之后，甘肃的军需捐纳就从来没有停止过，尤其是在清朝中期以后，随着太平天国运动的兴起以及咸、同年间陕甘回民起义的发生，甘肃的军需捐纳也进入了一个比较兴

---

① 朱植仁：《六部则例全书》，《户部则例·捐输》卷79。
② 《大清康熙会典》卷21。
③ 许大龄：《清代捐纳制度》，南京大学出版社1950年版，第23页。
④ 王庆云：《熙朝纪政》，《纪节俭一》，光绪二十四年缩印本。
⑤ 《清圣祖实录》卷44。
⑥ 魏源：《圣武记》卷2，中华书局四部备要本。
⑦ 许大龄：《清代捐纳制度》，南京大学出版社1950年版，第14页。

盛，或者说泛滥的时期。

在清康熙朝时期，与甘肃有关的军需捐纳主要有这么几次：

> 康熙三十年（1691），甘肃、宁夏、西宁三镇地方与夷为邻，俱皆卫险，宜囤积粮草以备战守，当时的捐纳已经开始泛滥，时有白丁捐知府者。①

> 康熙五十三年（1714），因为筹划边方粮草，开甘肃捐纳粮草事例。②

> 康熙五十四年（1715），由于边方兵马繁重，需用甚殷。于是再开甘肃军需捐纳例，米每石作银一两八钱。当时以肃州路远，照西安例十分减四，甘州十分减三，凉州十分减二。③

> 康熙五十九年（1720）因运粮牲畜不敷，陕西督抚喀什图请捐骆驼，捐纳主要在兰州和西宁实行。陕西督抚请以驼一只作银五十两，兵部覆议云："折银五十两，系赔补倒毙骆驼价，现在大同驼一只折银百二十两，但兰州路远，照肃州减四之例，每十两折银四两，每驼折银七十二两，即交于布政司折纳"。④

此后，在乾隆时期，虽然曾经下诏停止捐纳，但捐纳制度直至清末始终没有停止过，而且有越来越泛滥之势。与国家大环境一样，甘肃的捐纳也一直没有间断，尤其是在咸、同年间回民起义爆发后，随着军饷的匮乏，军需捐纳在甘肃就更加盛行了。

正是因为捐纳的盛行，所以在清代甘肃士绅群体中，有相当一部分是通过捐纳助饷而挤入士绅行列，或获得晋升机会的。因为中国古代士

---

① 王士祯：《古夫于亭杂录》卷1，中华书局1988年版，第20页。
② 许大龄：《清代捐纳制度》，南京大学出版社1950年版，第28页。
③ 朱植仁：《六部则例全书》，《户部则例·捐叙》。
④ 同上。

绅一贯把关注国家安危，以及重视民生疾苦作为自己的职责，所以，凡是有责任心的士绅，通常都会在国家需要和人民需要的时候倾囊相助，对于捐纳和资助的范围和领域，他们不但捐赀助饷以维护社会秩序，而且捐赀济贫以救恤社会贫寒，因此，我们有时候很难分清他们的捐纳，究竟是军需捐纳还是其他比如赈灾等捐纳。比如，以下两位就是不但捐纳军需，而且捐助贫穷和地方公共事务：

> 王君佐，礼县人。……康熙、雍正间，捐赀助军需，修学宫，先后共数千金。乾隆七年又捐社粮百石，巡道给匾奖之。①

> 王尚志，字子成，两当人。幼业儒。窘于衣食，因辍学治生。……回乱起，各属筹军饷，尚志输巨资，更不邀奖叙。同治七年，岁大祲，大府拨赈粮于秦州。尚志以迫不及待，出所储杂粮数百石济之，存活无数。县仓毁于兵火，尚志倡办常平，为各堡劝。又经理社粮，收放以时。贫民恃为缓急，前后宰邑者赐“乐善好施”匾额以荣之。②

以上两位士绅捐助军饷以及地方公共事务的行为获得了官方的奖励和认可，例如，王尚志就获得了“乐善好施”匾额。以上材料充分说明，士绅积极捐助军饷和贫穷等社会事务，不仅可以获得士绅身份和奖励，而且还体现了士绅之所以为士的社会价值，并在得到官方和社会认可的同时，实现了作为士绅的自我心理认同，而这正是中国古代士绅阶层积极致力于地方社会捐纳的动力之所在。

2. 赈灾捐纳

赈灾捐纳的实行和推广有两方面重要原因：一方面，在生产力水平比较低下的农业社会，普通民众所具备的抵御自然灾害的能力有限，所以，一旦某地发生水、旱、虫等自然灾害，贫苦无依的贫民就需要得到

---

① 《甘肃新通志》卷74《人物志·孝义下》。

② 同上。

来自国家和社会的救助；另一方面，对于统治阶级来说，为了维持和巩固其统治地位，就必须保障普通大众最基本的生活需要，所以，为防止自然灾害所引发的社会秩序动荡，统治阶级往往把对灾民的救济纳入施政体系之中。然而，在国家财力不足的情况下，统治者也不得不实施捐纳事例，这就是赈灾捐纳实行和推广的主要原因。

清朝也是如此。康熙即位后，历修蠲赈、平赋、恤灾、厚生诸政，其目的固在安定民生，防止内乱。例如从康熙元年到康熙四十八年，所免钱粮万余两。然而，筹备灾荒所需银两，亦由捐例补充，先后曾开赈捐流民议叙及江南灾赈诸例。① 随着这些赈济捐纳在全国范围的开展，甘肃的赈灾捐纳也日渐浩繁。清代甘肃的赈灾捐纳事例可以确定的主要有这么几次：

康熙四十二年（1703），为了解决积贮，甘肃开常平仓捐纳例。②

康熙五十三年（1714）三月，为筹划边方积贮，川督鄂海奏请开甘肃粮草捐纳事例。③

康熙五十三年（1714）九月，为赈荒，川督鄂海又奏请开甘肃赈荒捐纳事例。④

从人才选拔的多样化角度来看，清代捐纳制度的实行，有利于读书人步入士绅行列。例如，康熙四年定例，“民间俊秀子弟捐米一千石者，可以送监读书，其谷收入库内，存储待济”。⑤ 然而，由于这个捐纳规定所需米太多，贫士根本无力报捐，到“康熙二十八年复议停户部及各

---

① 朱植仁：《六部则例全书》，《户部则例·捐叙》。
② 许大龄：《清代捐纳制度》，南京大学出版社 1950 年版，第 28 页。
③ 同上。
④ 同上。
⑤ 朱植仁：《六部则例全书》，《户部则例·捐叙》。

省捐银之例，专收米谷。并酌减数目，俊秀捐米二百石即准为监生”。[1]以后各省相继开常平仓事例，预储粮米，尤以甘肃、江南为最。[2]这些或者因为赈灾荒，或者因为积贮等实行的捐纳，对于甘肃士绅来说，也是其人或步入士绅阶层行列，或步入仕途的一条捷径，尽管，由于贫寒，可以负担起捐纳资金的只是少数人。后来在乾隆时期，虽然朝廷曾经下令停止捐纳事例，但是不久又恢复了。从捐纳的发展来看，乾隆时期下令停止捐纳的尝试，不但没有使捐纳制度衰落，反而使得它更加泛滥，甚至给那些虚报灾害、骗取救济款粮的贪官污吏，制造了更多中饱私囊的机会。例如，在乾隆朝发生的以王亶望、王廷赞等为首的清代第一贪污大案“甘肃冒赈案”就是如此。该案发生在乾隆四十六年（1781），案件牵涉总督、布政使及以下道、州、府、县官员113人，共追缴赃银281余万两，地域范围波及直隶、盛京、江苏、浙江、云南等几个省，震动全国。因为此案系以甘肃冒赈捐纳而起，所以时称“甘肃冒赈案”。案情之大，连乾隆帝也惊呼，此案“为从来未有之奇贪异事”。无论如何，该案的发生，与清朝在甘肃推行的赈灾捐纳关系密切。

该案其实最早始于乾隆三十九年（1774），只是当时没有一人举报，朝廷不知道而已。一直到乾隆四十六年（1781）三月，甘肃河州管辖的循化厅（今青海循化县）撒拉人苏四十三的反清起义，才使得这场贪污冒赈案败露。当时，为了镇压这次起义，乾隆帝谕令调连城、凉州、固原和陕西等地援军进剿。数万官军会聚省城，军费兵饷成了大问题。由于官军不能速胜，乾隆震怒，撤了陕甘总督勒尔谨的职，一时甘肃地方官战战兢兢，不可终日。时任甘肃布政使王廷赞，为了摆脱困境，主动向乾隆帝上奏说：“……现在用兵之际，需用浩繁，臣情愿将历年积存廉俸银四万两，缴贮甘肃藩库，以资兵饷。”正是王廷赞这道欲盖弥彰的上奏，引起了乾隆帝的怀疑，从而展开了对甘肃地方官的调查。因为甘肃地瘠民贫，灾情经常发生，百姓生活困苦。清初，实行过凡愿意取得国子监监生资格的读书人，须按固定数目向当地官仓捐交

---

① 朱植仁：《六部则例全书》，《户部则例·捐叙》。

② 同上。

豆、麦、谷粮，取得资格的可以应试入官，时称“捐监”。遇到灾荒即用这些粮食赈济灾民，这本来是一项很有积极意义的措施，但在实施的过程中，王亶望等人却采取了与以往捐监不同的办法，让监生把应捐的谷粮折为银子，改变“原令只收本色粮米”为“私收折色银两”。清廷在批准复开捐时，规定每名监生捐粮43石，并把43石粮食变成了改收银子47两，另外加收办公银、杂费银8两，合计每名监生共收银55两。这样，监粮就变成了白花花的银子。此后，甘肃各地相继仿效，仅从乾隆三十九年四月至四十二年初，开捐不到三年，就开销监粮600余万石。而这些销去的粮食，实际上折成银子落到了贪官手中。在不到三年的时间里就有捐粮600余万石，意味着约有15万人纳粮成为监生。监粮之多，监生之众，成为全国之冠。

最后经查，截至乾隆四十六年初，甘肃省共有274450名报捐生，收银15094750两，合计侵贪赈银2915600两，而所谓监粮，则有名无实。在查清案件后，不但严厉惩处了那些贪官，对于那些经捐纳而成为监生的士绅也产生了一定的影响。最后决定：

> 甘肃捐监一事立即停止。……凡查出甘肃官员在任职期间为子女、亲友捐纳官职、监生的，均被一律斥革。同时规定，乾隆三十九年以后，凡在甘肃报捐的监生每名补交银60两，停乡试三年；已经中举人者停其会试三科；捐官已现任者罚俸三年。[①]

至此，一起因为甘肃捐监而引起的贪污大案结束，贪官们受到了应有的惩罚。但是，对于那些已经捐监的读书人来说却是一场灾难，本来他们已经纳银获得了监生资格，或者已经通过乡试，或者已经出仕为官，但是这一案件的发生，不但增加了他们的负担，而且对他们进一步参加科考产生了不利影响。因为他们不但要额外再缴纳60两银子，还要停乡试三年，或者会试三科。这对于那些本打算绕过童试，而希望借助纳资直接进入乡试的士绅来说，无疑是致命的。因为纳赀是为了尽快

---

① 姜洪源：《“甘肃冒赈案”：清代第一大贪污案》，《档案春秋》2006年第1期。

参加乡试，而罚停三年或三科的决定，等同于他们不捐纳，一步步参加考试所需要的时间。

此后，甘肃的捐纳停止过一段时间，但是，随着清朝中后期国势的衰微和自然灾害的频繁发生，为了解决赈济灾荒和救济所需要的粮食等不足，赈灾捐纳在甘肃再度兴盛起来。所以，在清朝中后期，为救灾或积贮而捐纳，从而获得士绅身份或者出仕机会的士绅有许多。以下我们就以《甘肃新通志》和各府州县志的记载为例，列举几位通过捐纳而获取士绅身份和做官资格的甘肃士绅代表：

陈所抱，徽县人。康熙末由附生捐授训导，未铨，复以军功议叙知县。乾隆九年分发湖南，任湘阴县。①

李翰华，平凉诸生，纳赀得训导。同治初署安西学正，未赴任，会逆回变作，遂留办城防。②

刘校书，静宁人，由廪生捐教职。同治二年三月，回匪围李家寺堡，势甚急，众逃走，校书自焚药局而亡。③

刘兆熊，武威人，入赀得府经历。……以剿捻功擢知县。④

慕典，镇原人，由监生报捐都司……⑤

以上所列举的这些人物事迹表明，他们属于赈灾捐纳而获得士绅身份和出仕机会者，例如陈所报，是“康熙末由附生捐授训导”，李翰华也是“纳赀得训导”，刘校书“由廪生捐教职”，刘兆熊“入赀得府经

① 《甘肃新通志》卷67《人物志·群才三》。
② 《甘肃新通志》卷70《人物志·忠节一》。
③ 同上。
④ 《甘肃新通志》卷72《人物志·忠节三》。
⑤ 《甘肃新通志》卷73《人物志·孝义上》。

历”，慕典“由监生报捐都司”等。从士人的优良传统来说，在忧国忧民传统的影响下，这些士绅积极投身于地方社会公共事务，反映在捐纳方面，他们不但纳赀助军饷，而且捐赀救助贫困和灾荒，例如上文提到的王尚志和王君佐就属于这种情况。抛开个人功名获取的因素外，他们的捐纳助官赈对于地方社会秩序的稳定，以及解救百姓于困苦之中，具有重要作用和意义。

除了以上这些有据可查的军需捐纳和赈灾捐纳外，清朝时期还有一些诸如河工等事宜的捐纳，只是由于史料有限，我们无法一一列举军需捐纳和赈灾捐纳之外的其他捐纳事例。但是，可以肯定的是，各种捐纳制度无疑成为科举之外士绅身份获得的一条重要途径。

（三）军功奖叙

科举考试和捐纳是中国古代读书人获得士绅身份以及出仕机会的最主要途径。除此之外，还有其他途径，主要包括赏赐、保举、世袭、军功等。虽然经由这些途径获取士绅身份，获得出仕机会的士绅人数相对较少，但是它们却是客观存在的。具体来看，赏赐是指皇帝临时赏给某人以学衔或者官职；保举是指因为德才兼备而被推荐，从而获得士绅身份；世袭是指借祖辈的特殊贡献而继续享有士绅身份和学衔以及官职；军功则是指在镇压危害统治的斗争中，有些人贡献突出，从而赏给其人士绅身份或者学衔，或者官职。

关于科举考试和捐纳之外士绅身份的获得途径，张仲礼论道：

> 由“异途”进入上层绅士集团的办法是以捐纳、军功或举荐来获得官职或官衔。①

由此可见，军功无疑是士绅获得身份的不可忽视的一条途径。尤其是在甘肃这样一个经济、文化、教育水平落后低下，但军事人才济济，而战争相对比较频繁的边远省份，经由军功获得士绅身份成为科举考试和捐纳之外的一条重要途径。特别是在清代中后期，战争的频繁更是给

---

① 张仲礼：《中国绅士——关于其在十九世纪中国社会中作用的研究》，第30页。

予大批具备军事才能的读书人一个既能报效朝廷，实现自身理想，又可以获取士绅身份和做官资格的机会。有许多既无法通过科举考试，且没有能力通过纳赀而获得士绅身份者，因为在战争中的突出表现而获得了举荐和保举，从而取得了士绅身份，跻身于士绅集团行列，甚至获得出仕的机会。可以说，通过军功奖叙而获得士绅身份和出仕机会，成为甘肃士绅身份获得的一个捷径。因为在士绅身份获取途径中，甘肃士绅通过军功奖叙而步入士绅行列者，无疑远远多于其他省份或地区。这也是甘肃军事人才较多，而文化水平较低的客观情况造就的一种特殊历史现象。所以，经由军功奖叙而获取士绅身份和做官资格，也是清代甘肃士绅身份获得的一大特点。

1. 因军功而获得身份

还没有士绅身份或者出仕机会者，通过军功奖叙和保举，而取得士绅身份、跻身士绅行列，或者获得出仕资格和机会。通过史料，笔者发现，在经由军功而获得出仕机会的读书人中，比较多的是那些岁贡、拔贡以及增生、附生等功名和学衔较低者，或者还没有学衔和科举功名的读书人。

例如，平民和童生等通过军功而获得士绅身份和出仕机会者主要有：

方致中，丹噶尔人。性严正，聪慧过人，精书算。回乱时，带大南营队，遇贼力战，以功保把总。①

张星煜，字赞阳，成县横川人。少博学多能，应募吴逆之乱，累功授新都知县，权华阳，总理军储。②

金永清，字沧州，金家崖人。……初困童子试，咸丰间以国子生办本邑团练，有成效，赏六品军功。同治……五年，贼扑兰州，

① 《甘肃新通志》卷68《人物志·群才三》。
② 同上。

省城戒严，随军剿海家滩暨七里河贼巢，并解省围，以守备用，赏戴花翎……（后又）以提督记名简放。①

刘凤翔，敦煌人。幼嗜读，及长，好谈兵，善骑射。同治初……凤翔投景尚书幕中佐理军务，以功叙县丞。既而从征哈密，明镜泉以功上闻，晋知县，加同知衔。②

王崇儒，字伯雅，皋兰人。能诗文，兼善书画，回酋张格尔之乱，总督杨遇春率师西征，崇儒上书陈方略，遂参戎幕。事平，授福建平海县丞。调和平，从征台湾土匪张丙有功，擢知县，署长乐县事，寻选湖南益阳知县，加知州衔，升干州直隶厅同知。③

很显然，以上这些人在没有获得军功奖叙前，他们属于平民。至少，他们还没有获得生员身份，所以，他们还不是或不属于严格意义上的士绅。如果没有军功，他们没有也不可能获得出仕做官的资格和机会。因为在科举时代，获取士绅身份和科举学衔是做官的前提。但是，通过参与维护清朝统治秩序的战争，他们获得了军功奖叙，从而不但取得了士绅身份，跻入士绅行列，而且获得了做官的机会和资格。其中，有些累立军功，甚至官级被拔置二品，例如，“张儒珍，字雅轩，提督张俊子也。同治季年以文童随左宗棠治军事，保县丞。玛纳斯托克逊诸战有功，晋保知县。光绪间入道员刘锦棠幕，保荐直隶州，加知府衔。随提督董福祥剿河湟逆回，积功保道员，赏戴花翎二品顶戴。”④ 有些人获取的还不止这些，他们甚至得到了来自最高统治者的召见，例如，“赵坤，少孤贫，弃书从戎。以战功历任副总兵，累被圣祖仁皇帝召见，赐赉稠叠。”⑤

---

① 《金县新志》，《人物志·金永清》。

② 《甘肃新通志》卷69《人物志·群才四》。

③ 《甘肃新通志》卷66《人物志·群才一》。

④ 同上。

⑤ 《宁夏府志》卷13《人物志·乡贤》。

与以上几位相比，以童生的身份参加战争，从而取得军功，步入士绅行列和仕途的甘肃士绅就更多了。

张石麟，字少陵，陇西庠生。……同治三年，回氛炽，石麟襄办城防，兼筹兵饷，保训导。①

吉朝，字觐侯，安定诸生，学品兼优。同治初督团击贼，以功保训导，后肄业兰山，赍志以殁，士论惜之。②

刘述先，字子明，秦州庠生；马康衢，字尧民，回族岁贡也。……同治初，巡道林之望委司军需出纳，一钱不沾，叙功荐保知县，不仕族。康衢与兄登衢皆积学教授，为学徒所重，愤回族之乱，具状请出回籍，改景教。遂率其徒汉绅王训等募赀修筑城垣。……同治四年，提督曹克忠招至营，典军书，逾岁保举训导，未选而殁。③

刘连升，字月三，平凉人，庠生。……作投笔从戎，征新疆北路，数立功，官至榆林总兵。④

张锡龄，字梦九，狄道庠生。同治间，以功历保直隶州衔，补用知县。⑤

通过以上材料我们发现，在获得军功奖叙之前，这些读书人基本上属于各州、县学的学生，并不具备做官资格，但是通过参与战争，他们获得了军功奖励，大多获得了训导职位，有些还得到了知县职位。因为

① 《甘肃新通志》卷67《人物志·群才二》。
② 同上。
③ 同上。
④ 《甘肃新通志》卷66《人物志·群才一》。
⑤ 同上。

生员虽然已经可以算作士绅（以张仲礼为代表的一批学者研究士绅时，都把生员看作士绅，只不过是把他们归为低级的士绅。这是因为一旦取得生员资格，他们与平民的差距就逐渐拉开了。所以他们不但享有许多赋税优免权，而且在政治和社会地位方面也享有很多特权），但是，他们却还不能做官。按照清朝的规定，只有在获得贡生的头衔之后，才有机会通过考试或者捐纳而步入仕途。因此，按照这个规定，包括以上所列举的所有生员在内，他们是不具备出仕机会和资格的，但是，由于军功，他们取得了这种出仕的机会和资格，从而步入仕途。这种情况在当时比较普遍，不过，在经济文化水平落后，而战争频繁的甘肃，表现得更为突出而已。

军功给予广大甘肃读书人士绅身份、出仕资格的不仅仅有以上我们所列举的几位，具备知识才能的读书人在参与军事战争之后，他们或者为官长出谋划策，成为官员的智囊团，或者佐理官长的日常事务，类似于官府中的书吏等，或者以儒医的身份参与救治伤员。在诸多战争中，无论他们以何种方式参与维护清朝统治的战争，他们大多因为参与战事而获得了军功奖励，从而取得士绅身份和做官资格。

> 曹企镇，镇番生员，工书法。以军功议叙，乾隆三年授山东兖州府通判。①

> 王锦章，字云樵，平番人。长于吟咏，总督左宗棠赠联，有“诗中自合爱陶潜”之句，由廪生以劳积保典史，不就。②

> 万邦绥，字抚卿，秦州廪生。……时寇氛正炽，邦绥兼办城防，当事奖以军功，不受而让与兄象。③

---

① 《甘肃新通志》卷97《志余·轶事》。

② 《甘肃新通志》卷69《人物志·群才四》。

③ 同上。

王三祝，字道馨，皋兰人。廪生，以军功保六品顶戴。①

吴云凤，字翼丞，狄道人。少负才名，从曹克忠君剿贼，由廪生保教职，旋署洮州厅教授。后仍从军，历保同知。②

张联乙，狄道人，由廪生举光绪乙亥制科。……办理城防，昼夜勤劳。从总兵何建威剿贼，以功保教谕。后积劳，卒于行营，赐州判衔。③

任良弼，泾州附生。同治军兴，以办理团防出力，保教职。④

刘景向，泾州增生。性恂谨，生平无疾言遽色。工书画，尤精金石之学。回变，守城宣劳，保教职，加光禄寺署正衔。历署华亭、宁夏、巩昌府、化平等处教谕。⑤

李现秀，由监生随征巴里坤，以军功授江西瑞州同知，历升广西苍梧道。⑥

贺尔德，字念修，由卫学廪生告请从军，征噶尔丹有功，授副将，任赤金游击。⑦

李清和，宁朔人。天资明敏，幼称神童，工书法。以廪生从戎，积功保游击，加副将衔，后补西宁都司。同里罗如芬亦由增生

① 《甘肃新通志》卷66《人物志·群才一》。
② 同上。
③ 同上。
④ 《甘肃新通志》卷67《人物志·群才二》。
⑤ 同上。
⑥ 《宁夏府志》卷13《人物志·乡贤》。
⑦ 同上。

以军功历保知府，加盐运使衔，赏戴花翎。[①]

马恒年，丹噶尔廪生。办番务保训导，继办团练，叙功继教授，署文县教谕，卒于官。[②]

除生员等人通过军功奖励，可以获得做官资格和机会外，贡生也可以经由军功而获得出仕机会。因为，按照清朝当时的规定和惯例，贡生有资格取得低级官职，例如拔贡生、优贡生等可以通过考试而被选拔为教职等。但是，“取得贡生资格并不意味着已经入仕，贡生入仕还必须经过一定的考选”[③]。但现实中，由于贡生群体比较庞大，以及这些低级官职的有限性，大多数贡生在没有取得更高科举功名前，是无法获得出仕机会的。虽然当时也有捐纳，并且也是一条入仕的捷径，但能够负担巨额纳赀的毕竟是少数。所以，除获得更高功名外，军功也成为众多贡生获取出仕机会的有效途径。在清朝甘肃，有许多这样的贡生和生员：

李倬汉，字云章，静宁水洛城人。聪慧好学，尤笃孝友，弱冠入庠，旋食饩，设教里中，洛城士多出其门。同治间，奉提督雷正绾檄，襄办粮务，奖六品军功衔，不受，由岁贡官巩昌府训导。[④]

谢历，兰州人，与乡贤萧光汉同学。光汉精易理，历精洪范五行，佐大将军岳钟琪戎幕，占贼事多奇中，由岁贡议叙同知，未仕卒。[⑤]

杜钧，字鸿初，平番人。岁贡，同治十三年随大军克复西宁大

---

① 《甘肃新通志》卷68《人物志·群才三》。

② 同上。

③ 艾永明：《清朝文官制度》，商务印书馆2003年版，第13页。

④ 《甘肃新通志》卷66《人物志·群才一》。

⑤ 同上。

通县城，以功署庆阳府学教授。①

郝良桐，中卫人，顺治间拔贡。授江西宁都县丞，以捍城功授浙江定海县知县。②

颜文绚，字素堂，皋兰岁贡生。……咸丰间，发逆乱东南，协甘肃，饷不至，上官设局劝捐，委文绚董其事，历报教职，知县，加同知衔。③

柳翘才，庄浪人。……以选贡授安化训导，升福建宁洋知县。……顺治十年，海寇复犯城，翘才躬率丁役巷战，立斩四十余级，城始获安，以功擢苏州同知。④

张觐颜，康熙壬子拔贡，德性温良，书法古劲，以县丞效力。从陈忠愍公恢复花马池等处，议叙功加同知，任平凉教谕。⑤

郭征庸，徽县人，少聪敏多才。崇祯初以例贡官山西屯留县主簿，闯贼之乱，谢病家居。国朝定鼎，肃王知其能，辟为中外府掌记。军需羽檄，咸出其手，随大军入蜀，以功擢升知县。开路运饷，劳绩称最。历升叙州府知府。……又邑人从肃邸征蜀者，有副贡马一鸿，廪生马一鹗。⑥

赵遇泰，字阶平；高筠，字礼堂，皆徽县贡生。遇泰持身严正，待人则浑厚不苛，家居教授，邑隽士半出其门。同治军兴，邑

① 《甘肃新通志》卷69《人物志·群才四》。
② 《甘肃新通志》卷65《人物志·乡贤下》。
③ 《甘肃新通志》卷66《人物志·群才一》。
④ 同上。
⑤ 《宁夏府志》卷13《人物志·乡贤》。
⑥ 《甘肃新通志》卷67《人物志·群才二》。

令延襄防务，勤劳冠一时，荐保蓝领六品衔。筠敦行……先后邑令时就筠咨决方略，论功保举训导，未选缺卒。①

郭守邦，西宁人。顺治甲午贡生，考授县佐，康熙十四年从军有功，授两当县令，改山西长子县令，有治绩，著有郭氏家谱。②

王政善，字时庵，丹噶尔岁贡，办防堵叙功，赏五品蓝领。③

何志，康熙十一年拔贡。从张勇讨平凉，以功授镇番知县，改浙江嘉兴知县。……尤精书法，得者几于一纸千缗云。子绪好，荫监生。④

吴攀桂，镇番人。少聪颖，读书过目成诵，博通经史。康熙十一年副贡，从征王辅臣，以功授安定教谕，改固原学正，旋升西安府教授。⑤

以上士绅，大多都是以贡生身份参与军务，从而获得出仕机会的。这种现象正如上文提到的那样，在所有通过军功奖叙而步入仕途者中，贡生队伍是最庞大的。这是因为贡生本来就已经有资格通过考试取得低级官职，军功不过是增加了他们出仕的机会而已，所以，以上所列举的这些贡生，基本上都经由军功而获得了出仕资格。因此，从出仕机会来说，贡生通过军功奖叙而获得做官机会，要远远多于那些平民、童生、生员等。

2. 因军功而获得出仕机会

对已经获得士绅身份，或已经达到出仕目的的人，军功给了他们升

① 《甘肃新通志》卷67《人物志·群才二》。
② 《甘肃新通志》卷68《人物志·群才三》。
③ 同上。
④ 《甘肃新通志》卷69《人物志·群才四》。
⑤ 同上。

迁机会。对于那些已经获得士绅身份，并获得官职的人来说，要想保持自己已经获得的学衔和官职，他们必须尽职尽责，并忠于君主，同时还要处理好上下左右的各种关系。唯有如此，他们的仕途才能比较顺利，并不断获得升迁。然而，在中国古代社会，由于监察和考察制度的人为以及可能的偶然因素等的影响，官职的有限性等客观因素的制约，并非所有尽职尽责的士绅都可以得到及时升迁，使其人各尽其能的。对此，艾永明说道：

国家缺额有定，士子登进无穷。①

这其实正是古代文人和士绅阶层常常感慨人生不得志的重要原因。然而，为了维护君主专制，强化统治，历代君主都在常规大计、考察等体制外，采取其他奖励和激励士绅的手段。军功就是其中的一种，从驭人的角度来看，它不但是士绅获得士绅身份和出仕机会的一种手段，也是统治阶级奖励已经出仕的优异士绅的方式，更是一种强化对官员队伍管理的一种手段。因此，通过这种途径，士绅就获得了大计等常规升迁之外的上升机会。

对于清代甘肃士绅来说，军功同样不但给了他们获得士绅身份的机会，也给了他们升迁的机会：

马一鹏，字天衢，徽县人。有奇才宏识，崇祯间贡成均，授山东禹城县主簿。顺治二年，安民有功，擢本县知县。复补授邹平县，所至有声，以亲老致仕。②

韩良辅，张掖人。康熙辛未探花，积劳授庆阳总兵，威惠显著，晋升两广总督。③

① 艾永明：《清朝文官制度》，商务印书馆2003年版，第73页。
② 《甘肃新通志》卷67《人物志·群才二》。
③ 《甘肃新通志》卷69《人物志·群才四》。

何孔述，镇番人，顺治辛卯举人。……顺治五年，述与邑廪生朱运开，参将马圯倡民兵剿灭回党，总督孟乔芳嘉其功，檄署本营参将，莅任数月，兵民帖服。述辞，愿以科名显，是年即拔贡，辛卯捷至。孟公笑曰："何生果有大志，真文武全才也。"①

卢政，字敏斋，皋兰人，咸丰二年举人。……同治二年选授通渭县训导，援甘大军往来如织，政奉檄催办军粮，公勤清慎，保加五品衔，迁凉州府教授。②

叶桂，静宁人，由拔贡中道光辛巳举人，壬午成进士，选庶吉士，改官山西和顺知县。……以军功擢知道州。③

伍重华，字协一，通渭人，咸丰辛酉举人。……傅某军驰至，士皆枵腹荷戈，重华急索粮以供，傅大喜，保以花翎通判衔。④

杨瑞宪，字遵度，镇番人，顺治十四年举人。从靖逆侯张勇征吴逆叛党马洪、王辅臣，以功授知州，旋改工刑二部郎中，历官至浙江宁远台道。……宦游四十余年，归惟图书数簏而已。⑤

孙克恭，字敬涵，镇番人，康熙八年举人。从张勇征吴逆有功，授陇西县知县。改授山东禹城县，旋授广西平乐府同知，所至咸有政绩。⑥

严克和，字秩如，镇番人，乾隆十七年举人。言行笃诚，文艺

① 《甘肃新通志》卷65《人物志·乡贤下》。
② 《甘肃新通志》卷66《人物志·群才一》。
③ 同上。
④ 《甘肃新通志》卷67《人物志·群才二》。
⑤ 《甘肃新通志》卷69《人物志·群才四》。
⑥ 同上。

纯茂，由军功以教谕擢凤翔府教授。[1]

可见，以上这些甘肃士绅就是通过军功而获得升迁机会的。资料表明，他们中的大多数已经获得举人功名，然而按照清朝的状况，只有获得进士者才有可能获得实授机会，而且大多是知县，举人一般只能通过考试获得教职等职位。在清朝中期以后，举人获得官职的机会就更少了。通过以上史料记载，我们发现，这些获得举人功名的士绅，大多数生活在咸同年间，所以，按当时的情况来看，如果没有军功奖励，他们有可能没有获得官职的机会，更别说升迁了。然而，时势造英雄，正是这些频繁爆发的战争，给了这些低级功名获得者报效朝廷的机会，也给了他们建立军功的机会。他们中的许多人，积极参与镇压威胁清朝统治的各种叛乱，从而获得了升迁机会。其中，有些人还因此飞黄腾达，官运亨通。例如，“李玉台，字镜安，狄道人，道光乙酉举人。……值发逆倡乱，办理黔军务，着有劳绩，奏奖花翎，以知府用”。[2]

可见，按照当时的情况，像李玉台这些举人功名获得者，能取得实授机会已经是很幸运的了，但是因为在镇压太平天国运动中的卓越成绩，他不但获得了奖励戴花翎的荣誉，而且获得了升迁机会，即“以知府用”。这在歌舞升平的时代，应该是不可能的，但是，在道光朝国势衰微，内忧外患已经比较严重的情况下，正是军功奖叙给了他一个既效力朝廷，又获得升迁的机会。

二　出仕之外的职业选择

在科举时代，诸多事例表明，通过科举入仕并非读书人的唯一出路，但却是一条最能体现读书人理想价值的出路。常言道，“书中自有颜如玉，书中自有黄金屋”，这是谋食者的心声，谋道者自然不屑于此，但现实生活中吃饭穿衣还是重要的。于是，“君子谋道不谋食。耕也，

---

① 《甘肃新通志》卷69《人物志·群才四》。
② 《甘肃新通志》卷66《人物志·群才一》。

馁在其中矣；学也，禄在其中矣”。[①] 可见，谋道与谋食之间的纠葛让人难免有些惶惑，圣人们的理论是君子应当首先谋道。因此，中庸的读书人在谋道的同时，也需要捎带解决现实的生存问题。因为，如果连最基本的饱暖问题都无法解决，又当如何谋道。现实生活中的很多事例表明，有些人甚至在还未解决谋食问题之前，就已经花费了毕生精力，因而无法向更为高尚远大的理想迈进。在这样的情况下，许多人在科举受挫后，选择了退而求其次。毕竟，生存和生活也是必需的。然而，受中国古代士人传统的自律、农耕社会的约束，以及重义轻利价值观的影响，可供读书人选择的谋生之路并不是很多。

由于读书人的“华山一条路”是做官，但是政府官僚机构规模的大小却受到财政、人事的制约，不可能趋向无穷大。尤其是在君主专制政体下，如果官僚队伍及准官员、享有特权的士大夫阶层过于庞大，就会对皇权本身产生威胁。所以古代皇帝总是极力控制和维持国家财政与官员队伍、准官员队伍，以及皇权专制势力与社会士大夫阶层势力之间的平衡。在这方面，清朝统治者也不例外——通过对参加科举考试人数、取中名额、考试次数的精心控制，有效地掌握了依附于皇权的士大夫阶层的数量、规模及其分布。所以，对于那些科举入仕理想破灭的知识分子来说，他们只能从事教授、作幕或从医等其他职业。

（一）教授

在中国古代常有人将士人教授生徒的行为比喻为“舌耕”。其所体现的，一方面是农耕社会中农业的主导地位；另一方面，则说明了教授生徒对于士人，尤其是没有进入仕途，或者离开官场士人的重要性。因此，有学者说：“在中华帝国，教学被认为是绅士荣耀的职业。”[②] 从教读的对象及工作场所来看，这里所说的教授不同于国子监生的教职，而是指士绅在无法入仕后，以教授他人知识资助其生活的社会活动。因为对于中国古代的知识分子来说，除做官外，教书可能是他们最为容易做出的一种职业或者说谋生选择。

① 《论语·卫灵公》。

② 张仲礼：《中国绅士的收入》，上海社会科学院出版社2001年版，第88页。

对于士绅之职业选择和谋生方式，清代的小说也有描述：绅士可以开书铺、缎铺、布铺、绸铺或当铺，也可以凭借其地位靠结交官府过日子。然而，经商需要资本，还可能遇上令人头痛的官府勒索，结交官府则必须处处小心，要忍得住委屈。为此，“夜晚寻思千条路，惟有开垦几亩砚田，以笔为犁，以舌作耒自耕自凿的过度，雨少不怕干旱，雨多不怕水溢，不特饱了八口之家，自己且还要心宽体胖，手舞足蹈的快活。……这便是秀才治生之本”。[①] 可见，经过比较之后认为，教授生徒，是科举出仕之外一种比较理想的职业选择。

正是基于此，一位父亲嘱咐儿子要努力从事教学，并描绘了教学和做官的关系：“笔耕墨稼，衣食所资，宜尽尔心，庶免素餐之愧。寄食与人与受禄与国，其致一也。”[②] 显然，他们认为，教学是出仕外唯一令人满意的谋生之路。另外，从社会需求上看，众多童生也需要大批的教师来教他们读书、识字、应考。因为，中国传统的教学方式限制了每个教师的学生数量，对于科举落第者，尤其是具有生员或举人头衔的知识分子来说，要获得教学职位并不困难，但对于没有功名的书生来说情况并非如此。有人指出，在一个州县中有几千个塾师职位，而绅士大约只有 1000 名。[③] 可见，从供需角度来看，社会对塾师的大量需求，可以满足士绅的教读选择。

由于教授者身份的不同，有学者依据教授者的目的及动机，将他们细分为“学者型”“科举型”“启蒙型”三类，[④] 这种划分方法对于科举时代以教授为生者来说，是比较详细而客观的。具体来说，“学者型”的教授之士多属于学术造诣较深，享有较高社会声望的士绅。正是因为如此，他们的教授活动不仅以治生为目的，也包含教化人心、传播学术的用意。“科举型”的教授之士在知识水平上要低于“学者型”，他们中的不少人本身就是科举应试队伍中的一分子，由于其大多家境比较贫寒，这就决定了他们的教学与科举之间必然会发生相应的关联。具

---

① 西周生：《醒世姻缘传》，上海古籍出版社 1981 年版，第 482 页。
② 杨绪曾等修：《鸿山杨氏宗谱》第 43 册卷 32，江苏无锡，1917 年本，第 9 页。
③ 管同：《说士》，邵之棠编：《皇朝经世文统编》卷 28，1901 年本，第 4 页。
④ 刘晓东：《明代士人生存状态研究》，第 17 页。

体来说，他们的教授活动是为科考这场持久战提供物质上的保证和支持。而对教授对象而言，其所教的内容是“四书”“五经”“八股程式”“制艺时文”。对于这样的教读者，检验其教学水平高下的标准，便是生徒应试的结果。最后，“启蒙型”的教授之士多以塾师的身份出现，“训蒙”是其人最主要的教授目的，他们中的大多数人是科举之士或科举失败者。所以，他们所教的内容大多为《三字经》《百家姓》《千字文》等蒙学读物。从社会地位和声望来看，他们的地位在教师群体中也是最低的。

作为清朝士绅群体不可忽略的组成部分，甘肃士绅在科举出仕受挫或致仕，或放弃后也以教授生徒作为自己的出路和职业选择。翻阅他们的事迹，大多数人有过教书的经历，只不过有些是暂时的，有些是长期的。另外，大多数做过官的士绅也有过教书的经历，只不过有些是在中举做官之前、应科举考试的过程中，有些则是在罢官、辞官或致仕后从事教学工作的。从其人教授的时间长短来看，那些以教授为终生职业的士绅不但人数众多，而且为甘肃的人才培养和教育发展作出了重要的贡献。具体而言，从其人教书时间的长短来看，既有长时间从事教授，甚至终生为人师的，也有暂时从教的。从教授的原因和动机来看，有些人是以教授所得养家，以解决贫穷问题；有些则是在科举未中之前以教读督促自己积累知识，为科举做准备；有些则是本着传道解惑的宗旨，以教书育人为士绅之本分和职责。从参与教授者的身份来看，既有那些连低级功名都没有获得的俊秀，也有高中进士，并致仕的官员。从他们学生的身份来看，低级功名获得者主要从事对童生的训蒙，而高级功名获得者，例如进士等人，则主要是在书院中从事与科举有关的经院教育，所以他们的学生大多是已经获得一定功名的读书人。

1. 教授的原因

第一，以养生为目的，贫穷现实下的无奈之举。

“伤哉贫也！”士人的贫困化是明清之际具有普遍性的事实。[①] 赵园的这个结论虽然是以明遗民群体为主要研究对象得出的，但是，士绅的

① 赵园：《明清之际士大夫研究》，北京大学出版社1999年版，第333页。

贫困化不但在古代社会中一直存在，而且在明清时期有日趋严重化趋势。例如，我们在许多文献记载中都可以读到的，诸如“卒，贫无以殓”“忍饥苦读”等记载。例如《甘肃新通志》中就有许多对士绅贫困状况的记载：

> 赵玺，字玉符，安定庠生。家贫，教读自给。……晚年目盲，不能教读，屡断炊。而祠堂内屏障、器具居然世家，家中旧蓄书籍、字画甚多，或劝其典鬻。玺正色曰，“贫，吾分也。故物先人精神所寄也，虽饿死不忍为也。”年近七旬，严冬寒床，神色自若。①

可见，赵玺是一名贫穷的读书人，在家庭贫困的情况下，他只能以教授为生。根据以上的资料记载，我们可以得知，他基本上是以训蒙为生，而且长达数十年。但是，即便是教读多年，他还是无法摆脱贫困状况。因为史料记载，他“晚年目盲，不能教读，屡断炊”，连吃饭的问题都无法解决了。这说明教授生徒所得的收入是他最主要，或许也是唯一的来源。一旦不能教读，他的生存立即陷入了困境。然而，他对于贫困的泰然处之，让人动容，例如他所说的“贫，吾分也。故物先人精神所寄也，虽饿死不忍为也。”② 也许正是这种安于贫困的精神和对于物质享受的寡欲，才造就了古代士人坚强不屈的性格，正是在这种安贫优良品质的激励下，中国古代成千上万的士绅不但安于贫穷，而且积极著书立说，由此铸就了我们古代文明的灿烂辉煌。所以说，士人的这种精神对于我们今天所有从事学术研究的学者来说，无疑都是应该发扬和继承的。唯有如此，我们追逐真理的脚步才不会停止，也唯有如此，我们才能探究到士绅群体的本真状态。

在贫穷成为士绅普遍现象的情况下，对于寒士来说，不仅生存会陷入困境，而且他们经常在死后连安葬费都没有。例如“贫无以殓”的

---

① 《甘肃新通志》卷73《人物志·孝义上》。

② 同上。

现象在明清时期的士绅中就不是个别现象，在经济落后的甘肃，这种情况要更突出一些，例如，“刘钧，字乐天，秦安莲花城人，道光己酉举于乡。性极狷，非其人不肯为交。……或邀与联名留长官去任，不赴。有诗云：‘从无辽豕堪夸白，岂有山鸡不爱毛。’其介如此，家无担石，处之晏如。主讲景泉书院，所奖拔皆才俊士。其卒也，贫无以殓，门下士醵金以葬。”[①] 可见，刘钧是以举人身份教读景泉书院的，因为按照张仲礼的结论和研究成果，进士属于上层士绅，而且在书院教读者的收入平均一年可得大约 350 两银子。[②] 可见，这些人的收入应该高于那些只获得生员身份的塾师的收入了，因为“有上层绅士地位的塾师自然比只有下层绅士地位的塾师有高得多的收入和威望”。[③] 不过，张先生的估算是以 19 世纪广东书院教师的收入为例的。所以，对当时经济比较落后的甘肃来说，情况并非如此。因为根据刘钧的例子我们得知，刘钧虽然是举人，属于上层士绅，而且他教授于书院，但是他依然贫穷，以至于他死后连安葬费都没有，最终只能依靠学生们的捐助才得以安葬。

除了以上我们所论及的“贫无以葬”和“无法举炊”等状况外，甘肃士绅虽从事教授却无法举火，以贫穷终其身者也不少。例如下文的路天基就是“以固穷终”，汪澄图则“秋雨无薪，至破旧扉为炊”：

> 路天基，字养斋，秦安人。……道光戊子举于乡，大挑得教职……归里后主讲景泉书院，成就多人。邑宰程覆丰尝以所作就正天基，授笔改削。程为心折，又雅重其品，称为清节先生，以固穷终。[④]

> 汪澄图，字时泉，秦安廪生。以学行重于乡，家素贫，设教家塾，岁不下数十人。稍远者供馔，秋雨无薪，至破旧扉为炊，而束

① 《甘肃新通志》卷 75《人物志·隐逸》。
② 张仲礼：《中国绅士的收入》，上海社会科学院出版社 2001 年版，第 94 页。
③ 同上书，第 91 页。
④ 《甘肃新通志》卷 67《人物志·群才二》。

脩之多寡不较。[1]

由于贫穷是明清时期士绅生活的普遍现象，为了生存，他们有时必须选择一种或几种治生方式，这是因为“物质生活资料的获取永远是人类最基本的生存课题”。[2] 因此，对于士绅来说，解决生存需要和缓解贫穷的主要途径，就是以自己所掌握的知识去和社会进行交换。而在具体的手段选择上，“教学是出仕外唯一令人满意的出路”。[3] 这是因为，“一方面，治生过程（指授徒养生）往往也是促学传道的过程。对一般的科举之士来说，‘一来可以藉他些束脩，资家中菽水，二来可以益加进修’。对一些道学之士则可以借此传播思想，增加声望。另一方面，也因其有导风化俗、造就后进之功，亦多为社会所认同，尤其一些社会声望较高的饱学之士更颇受世人乃至官僚的礼遇”。[4] 所以，在甘肃士绅群体中，凭借教授以解决贫穷和生存困难者有许多。因为，对他们来说，教授就是他们唯一的职业，所以他们不仅把教授作为谋生的首选和主业，而且多数人终身以教授为生。

窦学诵，邑廪生。……家贫，课塾为业。[5]

苏尚义，字正卿，皋兰恩贡生。……家苦贫，设馆授徒，借修脯以供甘旨。[6]

孙文炳，字元朴，武威人，庠生。……读书教邑中子弟，馆俸自养。[7]

---

① 《甘肃新通志》卷67《人物志·群才二》。

② 刘晓东：《明代士人生存状态研究》，吉林文史出版社2002年版，第15页。

③ 张仲礼：《中国绅士的收入》，第89页。

④ 刘晓东：《明代士人生存状态研究》，第16页。

⑤ 《皋兰县续志》卷8《孝友》。

⑥ 《甘肃新通志》卷73《人物志·孝义上》。

⑦ 《甘肃新通志》卷65《人物志·乡贤下》。

陈灶，字我檀，皋兰岁贡。……家贫，力田自给，聚徒授经。①

胡曜鳞，字化伯，静宁朱清寨人，道光中贡生。入庠后家贫甚，训蒙自给……年届八秩选训导，未赴官卒。②

朱光前，字子瞻，静宁从政里人。家贫好学，为大姓授徒，遂入庠。……后为义学师，生徒益众，多所成就。③

王治平，字尧天，秦州庠生；王树松，字鹤亭，岁贡生，皆以家贫教授，成就多才。④

徐宏，字在金，皋兰恩贡生。品行端方，以教读为业，善岐黄，徐氏世传医学，红其最著。⑤

罗新邦，两当诸生。耿介有奇气，家贫力学，……食饩后，设教香泉寺。⑥

张西铭，秦安人，乡试未售，课徒自给。⑦

王笃本，字实之，礼县人。……家贫，以贡生设馆……好吟咏结社……成就后学极众。⑧

赵益重，字举六，正宁人，拔贡。肆力古学，家贫，馆于泾，

① 《甘肃通志稿》卷89《人物七》。
② 《甘肃新通志》卷66《人物志·群才一》。
③ 同上。
④ 《甘肃新通志》卷67《人物志·群才二》。
⑤ 《甘肃新通志》卷97《志余·方技》。
⑥ 《甘肃新通志》卷71《人物志·忠节二》。
⑦ 《甘肃新通志》卷67《人物志·群才二》。
⑧ 同上。

所为诗古文辞多出其间，每脱稿，士争传诵之。①

巨溯，道光元年恩贡生。……家贫，以训蒙为生。②

梅生香，大通人。赋性孝友，品学端方，以教读为生。③

武时可，字际亭，秦州增生。尹可升，字书菴，庠生。……均以舌耕糊口，凡知交皆爱敬之。④

汪维江，字岷山，陇西诸生。性廉介，不妄取与，以馆谷自赡，布衣蔬食，怡如也。⑤

通过以上这些甘肃士绅的资料我们发现，虽然他们每个人所获取的科举功名和学衔各有不同，教授的场所和对象不同，所获得的收入也各有不同，但有一点是相同的，即他们都是在贫穷的情况下，以教授为业，以教授所得的收入或解决自身贫穷，或赡养父母。所以说，他们从事教授的原因和目的大致是相同的，即解决贫穷问题。

贫穷是士绅中的普遍现象，尤其是对于甘肃这样一个经济比较落后的地区来说，更是如此。因此，古代士绅几乎都把教授作为解决贫穷的首选。但是，有些人并非先天贫困，而是在家道中落以后，以教授为生。例如，“刘光涧，字亦西，武威庠生。始丰于才，中年家落，遂课徒以自养。”⑥ 这一记载清楚地表明，刘光涧出身本来是比较富裕的，只不过在中年以后家道败落了，在这样的情况下，迫于无奈，他才以教授为业，维持生计，这和那些本来贫穷的士绅相比，虽然目的一致，但

① 《甘肃新通志》卷68《人物志·群才三》。
② 《西宁府新志》卷7《人物》。
③ 《甘肃新通志》卷74《人物志·孝义下》。
④ 《甘肃新通志》卷67《人物志·群才二》。
⑤ 《甘肃新通志》卷71《人物志·忠节二》。
⑥ 《甘肃新通志》卷69《人物志·群才四》。

从事教授的心态和原因是有所不同的。

按照张仲礼的观点，士绅可分为上层和下层。所以，从他们教授生徒的对象来看，以上所列举的这些士绅都应该属于下层士绅。因为，他们大多只取得了生员或者贡生的身份，相应地，他们的教授也就基本上属于设馆授徒，教授的对象只是一些童生，属于训蒙的范畴。因此，尽管他们勤勤恳恳，然而，大多数只能维持最简单的生活。一旦中断教学，或者出现意外情况，他们的生活就没有了着落。例如，我们上文提到的，晚年因为目盲不能教授而断炊的赵玺、贫无以葬的刘钧、秋雨天无薪的汪澄图。所以，教授对于士绅来说，虽然是最容易得到的职业，但却无法从根本上解决贫穷问题，尤其是对于那些只取得较低功名，甚至没有功名的读书人来说，情况更是如此。

第二，以养亲为目的。

贫穷是明清时期士绅群体中的普遍现象，尤其是对于没有获取士绅身份者来说，情况更为严重。因为贫穷不但使他们自身生活捉襟见肘，而且使他们的孝养之事难上加难。于是，继承了中国古代孝养传统的士绅群体，也必须肩负起孝养父母的重任。很多人借教授生徒的收入来赡养其亲，即“藉馆谷养亲”。所以在清代甘肃贫穷的士绅群体中，教授不但是自养和维持生计的手段，而且是养亲的重要途径。这样的事例有很多。

> 侯垣，字乙青，秦安人。由优贡领戊子乡荐，家贫，应知县彭福孙教读聘，藉馆谷养亲。[①]

> 刘永亨，秦州人。……弱冠入泮，补弟子员，以贫故，教授养亲。[②]

> 王澄，字海秋，通渭庠生。家贫，授读奉母，足部出里门，每

---

① 《甘肃新通志》卷67《人物志·群才二》。

② 《甘肃新通志》卷90《艺文志》。

晨必叩母安始赴馆课业。①

刘拱，礼县廪生，副贡。……以养亲，故设帐里门，教人以正学为宗，不受脩金，故从游者众，而成就者极多，门下士树碑纪德，邑宰亦有“高山仰止”匾额之赠。②

杨琯，会宁庠生，乡饮介宾。家贫，舌耕以养，愉色承欢。③

吴锡绶，会宁人，家贫入庠，舌耕养亲。丙子举于乡……每值礼闱，以母老不肯渐离，遇大挑，不图进取。④

陈锡禄，字次如，肃州赤金所庠生。……家贫甚，入金塔营充字识，借以养亲而学不辍。……入州庠后，惟以训蒙勤耕为事，不求显达。⑤

马维学，会宁增生。……家贫，舌耕养亲。⑥

从以上史料可知，虽然这些甘肃士绅所获取的科举功名不同，例如，他们中既有举人身份获得者，也有增生、附生等，但是他们却有着共同的家境，即“贫寒”，也有共同的目的，即“赡养父母”，更有共同的与社会交换方式，即“舌耕”。

此外，由于“重义轻利”是中国古代社会里居于主导地位的思想，所以对于士绅来说，他们更是以“义”为重。因此，对以教授为生的士绅来说，教授不仅仅是为了解决自身及家庭的贫穷问题。在他们看

① 《甘肃新通志》卷73《人物志·孝义上》。
② 《甘肃新通志》卷67《人物志·群才二》。
③ 《甘肃新通志》卷73《人物志·孝义上》。
④ 同上。
⑤ 《甘肃新通志》卷74《人物志·孝义下》。
⑥ 《甘肃新通志》卷73《人物志·孝义上》。

来，教书除了具有养亲、孝敬父母等目的外，教授生徒知识，并对贫穷的学生给予相应的资助，这也是他们价值、理想的体现，更是对中国古代士人优良传统的一种追崇。在清朝甘肃，有许多重义轻利、乐于施舍、乐于援助他人的士绅。

王曰琇，宁夏恩贡生。……教读寒家子弟不取脩脯，通医术以济世。①

王大用，字特擢，狄道庠生。事继母以孝闻，设帐授徒，贫者却其束脩。②

王翼，字凤翔，清水人，岁贡生。苦志力学，善事亲，设馆授徒，贫者不取束脩，邑宰某赠以“表正文风”匾额。③

关应年，字喜亭。武登瀛，字环之，皆秦州庠生，均以善教闻。应年教严饬……于生徒清贫者皆贳其脩金，无所问。登瀛少聪颖嗜学，既入庠，学益深造。……以兴教移俗为己任。设科训蒙，勤诱广纳，贫者蠲其束脩，尤贫者给之纸笔，予之茶饭，弟子成名者百许，南乡文教自此开。④

从资料可知，以上所举以教授为生的士绅，虽然自己家境贫寒，教授的目的大多是解决生存需要，但是，面对贫穷的学生，他们不仅免除了其学费，而且向贫穷的学生赠送笔纸等学习用品，并资助他们一定的生活费。再如，何简、陈钰、高策等就是这样，“何简，字敬亭，拔贡生。任阶州学正，后居乡教徒，弟子之贫者给笔楮，远者资膏火，成就

---

① 《甘肃新通志》卷74《人物志·孝义下》。
② 《甘肃新通志》卷73《人物志·孝义上》。
③ 《甘肃新通志》卷67《人物志·群才二》。
④ 同上。

寒士颇多。学使某欲减小试学额为八名，简具理清争，得仍旧。”[1]“陈钰，固原陈家坪人，贡生。嘉庆初，以教读谋生。性慷慨，里中子弟无力读书者，钰招之来学，给以书籍笔墨，由是寒家子弟赖以入庠食廪饩者三十余人。”[2]“高策，皋兰庠生，世居南乡高家湾，为本村义塾师。教规严肃，义塾有学田二十亩，岁获粮数石，策分其余以济塾童之困乏者，里人服之。”[3]总之，中国古代士绅这种教授生徒不只为获取束脩，而且积极接济和照顾贫穷学生的行为，更是体现了中国古代士绅重义轻利的良好美德。

在孝友成为一种社会主流思潮的情况下，不仅父母、兄弟姐妹，乃至于所接触的其他穷人都是士绅资助和接济的对象。例如，“刘仁，文县贡生。母早逝，父继亡……弟妹俱贫，仁以舌耕所获助之。寡欲嗜学，长吏之庭足迹不到。”[4]显然，刘仁教授生徒除了自我谋生外，他还肩负着通过教授所得接济贫寒的弟弟妹妹等的责任。

对于承担着更多养亲职责的士绅来说，如果他们的学生比较少，那么相应地，他们的收入也就比较少。因为要想获得较高的收入，就必须有更多的学生，但是，在科举时代，决定学生多寡的因素比较多，也比较复杂。关于影响士绅教授所得多寡的因素，刘晓东有比较准确的论述：

> 无论“开馆”还是“处馆”，教授之士经济收入的多寡主要取决于其社会声望的高低，因为它在很大程度上决定着士人所能招收学生的多少，以及学生家庭经济状况的高下。而教授之士的社会声望主要由三方面决定：学识、身份以及曾受业于他的学生的发展状况。[5]

---

① 《重修漳县志》卷7《人物志·耆旧》。
② 《甘肃新通志》卷73《人物志·孝义上》。
③ 《甘肃新通志》卷66《人物志·群才一》。
④ 《甘肃新通志》卷74《人物志·孝义下》。
⑤ 刘晓东：《明代士人生存状态研究》，第19页。

所以，对于科名较低的士绅来说，收入的多寡，主要取决于学生人数的多少，而决定学生人数多寡的主要因素，在于其人所教授学生在科举考试中中举概率的高低。因为在科举制下，社会衡量读书人水准高低的标准就是能否通过科举考试，以及其人所获取功名的等次，所以对于以教授为生的士绅来说，一旦他所教授过的学生中，有更多的人获取比较高的科举功名，那么他的社会声誉相应地就会提高，自然地，他的学生人数就会明显地增多。

> 尹绾，诸生，少孤。入庠后为童子师，藉馆谷养母，设馆城南街。……乾隆丙午后，生徒掇高第，里中子弟来学者众，馆舍至不能容，檐下溷旁皆书案。生徒苟贫乏，不责脩脯。人以是感之，门下先后成进士者，原武知县郭楷、礼部郎中周泰元、翰林编修牛鉴。其登乙科，则刘暖、赵可厚、郭扑、张沆。由明经官京师，则刑部主事张梦龄。①

显然，在乾隆丙午之前，尹绾只是一个生员，他只能和众多的寒士一样，以训蒙为业。所以，他只能通过教授所得来赡养母亲，而且估计学生不太多。然而，乾隆丙午年对他来说是一个幸运年，因为在这一年的科举考试中，曾受业于他的学生得以获得“高第”②。所以来受业于他的学生人数突然猛增，以致到了“馆舍至不能容，檐下溷旁皆书案”的盛况。探究这一局面转变的主要原因，就在于曾受业于他的学生在科举考试中高中。而学生人数的增多，自然也就意味着他收入的相应增加。

第三，以教授作为传授知识，树立其人在文化领域领导地位的手段与途径。

虽然科举对于士绅的凝聚力和向心力是大家所公认的，但在任何时代都不缺乏那些喜欢传道、授业、解惑的读书人，他们不愿跻身于官

---

① 《甘肃新通志》卷69《人物志·群才四》。

② 同上。

场，而乐于隐逸授徒。对于这些士子来说，教学可以说是他们最主要的收入来源，尽管人们公认这一职业所获的报酬较少。但是对于那些不愿出仕和出仕无望者来说，教授生徒除了具有解决生计的作用外，还具有体现士绅文化地位和价值的作用。对此，张仲礼说："由于教学是绅士地位的基础，很自然绅士会通过教学来发扬传统。……教学可提高文学修养，并可通过阐述儒家的社会价值来提高他们在文化方面的领导地位。"① 可见，教授生徒有比获取束脩更高的价值和意义。对于以教为乐的思想与目的，陈芳生的一段话反映的也是同样的观点："儒者不为农工商贾，惟出仕与训蒙而已。出仕必不可得，训蒙乃分内事。果尽其道，则教育人才，亦大有益于天下，己亦借此代耕，诚兼善之本务也。"②

所以，在清代甘肃士绅群体中，以教授为业，不愿出仕，本着以传播儒家文化，教育人才，把教授看作士绅分内事，以造就人才为目的者也不少。例如："张应斌，宁夏卫庠生。云贵总督张文焕之父，有高行，甘淡泊。文焕已授大同总兵，而应斌仍教授生徒，褐衣粗食不厌。康熙二十六年，上西巡宁夏，应斌蓝衣跪接，上眷顾之曰：'真儒士也'，书'云林幽'三字以赐。"③ 很显然，张应斌教授生徒之行为，应该不是为了解决生存和贫穷问题，因为他的儿子张文焕已经入仕，并高居云贵总督之位。按照当时社会的情况，做官可以获取最高的收入，所以他教授生徒的目的，至少应该不至于为束脩养家。然而，张应斌依然坚持教授生徒，因此可以说，他的教授行为毫无疑问应该属于以培养人才为目的，是把教读作为士绅职责的体现。除此之外，以教为乐，隐居教授的甘肃士绅代表还有：

> 田宗礼，盐茶厅人，雍正己酉拔贡。博学能文，不乐仕进，教授生徒，于安西州一时成就甚多。④

① 张仲礼：《中国绅士的收入》，第 109 页。

② 陈芳生：《樆几从书二集》卷 13《训蒙条例》，清刊刻本。

③ 《甘肃新通志》卷 75《人物志 · 隐逸》。

④ 《甘肃新通志》卷 64《人物志 · 乡贤上》。

沈溥，字时泉，狄道人。读书不求闻达，隐居教授，足部入城市者二十余年。①

樊尊义，贵德人，博学能文，教授生徒，隐身不仕，终身不入城市。②

贾梦虞，字乃占，通渭什川镇岁贡生。……隐居课徒，成就甚多。③

张松年，字寿山，灵州人。由拔贡中道光辛卯举人，授狄道州学正，淡于仕进。归里，授徒立教，以德行为先。尝谓："士不敦品，虽学富五车，亦糟糠耳。"④

贾葆业，字乐天，泾州人，道光戊子举人。性端谨，不求仕进。主讲郡阮陵书院十余年，游其门者多以能文名。⑤

仕与隐是中国古代士人理想与现实交织、斗争的中心内容。仕与隐的思想根源来自于儒、道两家不同的人生哲学。入仕则"治国平天下"，可以实现儒家的理想人格；隐逸则是隐居山林乡野，求得自身解放。关于士人喜欢隐逸的原因，"除客观的社会政治原因外，其个人的主观性分亦十分重要。所谓性分即天性，是指在生理素质的基础上，以及社会历史条件的作用下，人所形成的爱好、性格、兴趣。就古代隐士而言，其隐居所追求的主要是精神、思想的自由，以及实现人格的独立

① 《甘肃新通志》卷75《人物志·隐逸》。
② 同上。
③ 《甘肃新通志》卷73《人物志·孝义上》。
④ 《甘肃新通志》卷68《人物志·群才三》。
⑤ 《甘肃新通志》卷67《人物志·群才二》。

和完善”[①]。然而在现实生活中，虽然很多读书人淡于仕进，喜欢隐居于乡野，但是儒家的思想观念不断促使着他们，那就是必须肩负起发扬儒家思想观念中作为士的责任和职责，于是，在科举出仕之外，设馆收徒，传道解惑就成为他们彰显自己作为士绅价值的重要方式和途径。所以，他们除了通过著书立说来体现自身的价值外，大多数人都是在乡里以教授为业。

除了教授生徒外，爱好山水的士绅还喜欢大自然的宁静，因为处于自然山水环境里不但没有城市的喧嚣，而且可以陶冶心灵，所以士绅大多喜欢游山玩水。甘肃士绅也不例外。在教授之余，游山玩水和诗书酬唱就是他们与自然、与同行交流的主要方式：

> 吴正炳，静宁威戎镇人。咸丰戊午举于乡，己未成进士，同治壬戌补殿试，以知县用，分发湖南。回籍措资，丁亲忧。……服阕后，匿迹山林，惟以耕读为业，历主阿阳、柳湖书院讲席，性憨直，学行并优。[②]

> 黄国珍，字珠浦，金县人，嘉庆间贡生。能文，负气节，主讲增秀书院。怜才训士，汲汲如不足。性好山水，结庐南山之麓，与王言如、徐质夫诸人相唱和。[③]

> 秦国英，张掖人，甫冠游庠。选贡，登雍正己酉贤书，会试，明通榜，授商州学正。给假省墓，遂优游林下，掌天山书院近二十年。[④]

如果说，黄国珍和秦国英淡于仕进，教授生徒是出于自身的性格喜好，即爱好安静和山水的话。那么，下文所列举的邢可法和邱沛，则是

① 孙立群：《中国古代的士人生活》，商务印书馆2003年版，第294页。
② 《甘肃新通志》卷73《人物志·孝义上》。
③ 《甘肃新通志》卷66《人物志·群才一》。
④ 《甘肃新通志》卷69《人物志·群才四》。

因为家庭的原因而放弃仕途，从而隐居于乡，教授生徒的。具体来看，邢可法是因为母亲的过世使得他认为入仕既然不能养亲，孝敬家人，那么入仕就失去了现实意义；而邱沛则是为了奉养年迈的母亲而放弃举业，以教授为业，从而安居于乡里的。“邢可法，徽县人，康熙十一年以选拔肄业成钧。期将满，闻母病，徒跣而归，母亡，遂有谢世志，曰：‘禄不及亲，又何为哉?’于是优游乡里，专以教授著述为务，当事屡征不起。”[①]“邱沛，字雨田，恩贡生。……屡试不售，后以母老，遂废举子业……授徒讲学。以立身行己为重，得其传者，如辛酉科举人，直隶候补令杨廷秀，贡生耿应离、王一清及列庠生者四十余人。”[②]

士绅在文化上的领导地位和话语权，使他们在社会事务中发挥着远远超出我们所能想到的作用，尤其是那些文化程度较高，在乡里德高望重的士绅更是如此。在乡里以教授为业的士绅，大多受到百姓的敬畏。“刘述武，字丕丞，武威贡生。设教县城之西偏丘祖庵，言笑不苟，毅然以师道自任。……衣冠俨然，目不睨左右，里人望而生畏，乡邻有斗者，见述武来则散去，呼述武为阎罗。有过至相戒曰：‘刘阎罗得毋闻之乎?’每午校阅诸童子所习字，稍不端楷，则以小杖击其手，积劳至呕血。卒，无子，弟子感其教泽，皆白衣冠送葬，哭声震闾巷云。”[③]除此之外，“吴华，字实之，岁贡生。范维琮，字西村，庠生，俱皋兰人，设障授徒。华履行方正，尝夜行里中，闻呼卢声，叩门唤其人出，切戒之，其人悔泣，一时博者敛迹，皆曰‘畏吴先生来也。’维琮重然诺，取与不苟，人无敢以非礼干者。”[④]以上两则材料表明，刘述武在乡里能起到化解乡邻矛盾纠纷的作用，有两方面的原因：一方面，他是士绅，有着优于平民的身份和地位；而另一方面，也是更为重要的，则是他作为教师对自己和他人的严格要求。因为他自身对儒家伦理规范和对“道”的严格遵循，已经深深地影响了当地的平民，所以，地方社会的百姓敬畏他。很显然，百姓敬畏的首先是他的士绅身份、他的教师

① 《甘肃新通志》卷75《人物志·隐逸》。

② 《皋兰县续志》卷8《孝友》。

③ 《甘肃新通志》卷69《人物志·群才四》。

④ 《甘肃新通志》卷66《人物志·群才一》。

身份，以及他作为“道统”的形象和代表。同样，根据资料可知，吴华和范维琮在乡里百姓中的威望也是如此。

总之，教授生徒是士绅在科举之外一条非常重要的职业选择。尽管其人选择教授的目的不同、动机各异；尽管其人教授的时间长短不一，收入高低不同，学生多寡不同；尽管其人的科举功名高低不同，教育效果各异……但是，毫无疑问的是，作为谋生、治生、传道授业的一种方式，教授生徒不仅肩负着贫者的治生之道，而且实践了儒家对理想人格的探求。

2. 教授的时限

科举考试三年一科的特殊性和长期性、录取名额的有限性，以及士绅个人，诸如健康等因素的影响，导致了在科考时代的任何时期，都有大批的读书人滞留在漫漫的科举考试岁月中。于是，在等待和准备科考的过程中，有些读书人也会选择以教读为生，因为，诸多事例和实践表明，教授生徒不但可以解决士人之贫穷问题，而且可以为继续科考做好知识和经验方面的储备。另外，科举中式名额的有限性，常常会使大批屡屡受挫于科考者放弃举业，转而以教读为生。在放弃举业，以教读为生的士绅中，也不乏自身和家庭因素造成者。另外，宦途的风云变化也会使得部分入仕的士绅或者急流勇退，或者落职而归，这些从官场退隐的士绅，大多会返回家乡，他们中的很多人也会加入教授者的行列。所以在从事教授的士绅群体中，致仕的官员也是其中一个不可忽略的组成部分。在此，按照士绅从事教授的时间长短，我们可以把从事教授士绅分为临时性的、长期的以及终身教授者。

（1）临时性教授者

应试队伍的不断壮大，使得本来就非常激烈的科考竞争更加激烈，从而使得应试与中式之间的矛盾更加突出。于是，在任何级别的科举考试中，总会有大批科举受挫的读书人，滞留在漫漫的科举考试长途中。对此现象，清朝人陶正清云：“臣窃计大县人文之地，诸生恒不下四五百人。其能以文词见者，中式及拔贡出身者，不过十之一二。其一衿终老者，且十之九。”[①] 可见，即使一生员学衔，能够考中者，大约也只

① 陶正清：《陶晚闻先生集》卷2《经史说折子》。

有10%而已。

面对如此激烈的竞争，那些不甘心沉浮于乡野的读书人，就会不断积累、储备，积极为不可知的下一次科考做准备。然而，由于科举考试三年一科的特点，以及科举考试所需费用和代价的问题，对于士绅尤其是贫士来说是一种客观存在而又无法回避的问题和负担。因此，在等待科举考试的时间里，他们大多选择临时性教授，即将教读与诵习相结合。所以，从动机和目的来看，这些读书人选择教读学生，就是为了谋生，解决生存以及积累考试费用等现实问题；与此同时，由于教授的内容大多也是与科举考试有关的知识，教授经历也有益于自己知识水平的提高，为进一步的科考做准备。因为在给学生讲解的过程中，教师自身也可以增进知识水平，可谓一举两得。在清代甘肃教师群体中，有许多这种一边应试一边教读的士绅：

> 张朝桢，字克生，皋兰人。精小学，说文，凡金石、文字，无不识。教学里塾，学规严谨，弟子皆肃然，选授陕西延长县训导，卒于官。①

> 阎毓方，镇番人，乾隆五十二年岁贡。……性恂谨，嗜学工文，设帐授徒。凡族党才可造就者，不论束资有无。……教学数十年，多所成造，后选长武训导。②

> 刘文杰，字汉三，清水人。……光绪乙酉拔贡，旋领乡荐，礼闱归……邑人重其品，荐主书院讲席。文杰教授，先器识后文艺，从学日众。……后大挑得安定教谕。③

> 刘伯鹍，字小航，静宁人。中嘉庆癸酉副贡，辛巳举人……历

① 《甘肃新通志》卷66《人物志·群才一》。

② 《甘肃新通志》卷74《人物志·孝义下》。

③ 同上。

主凤台、阮陵、柳湖、亦乐、鸣沙、罗川等书院……大挑训导，升庆阳府教授。①

傅再说，字梦予，清水人。……入贡，选城固县教谕，以父老坚辞，设教里中，从游者极众。父殁终丧，始赴眉县教谕任。②

根据以上资料记载，我们得知，张朝桢、阎毓芳、刘文杰、刘伯鸥等人在选授教谕前，均是以教授为业的。虽然他们从事教授，但是他们并没有放弃出仕的机会。一旦获得出仕机会，他们还是乐意出仕的，例如，傅再说就是在他父亲的丧事结束后去赴教谕之任的。但是，这个过程很漫长，所以他们的临时性教读就变得很长。例如阎毓芳在被选授长武县训导之前，教学时间长达数十年。

可见，上述士绅是以临时性教授作为等待出仕的机会，他们最终还是比较幸运的。因为，虽然他们经过了漫长的等待，但是他们最终获得了出仕的机会。而有些士绅，虽然教读多年，边教读边应举，但是最终也没有获得出仕的机会。对于这些士绅来说，他们的临时性教授就变成了他们的终身职业和恒业了。例如，"俞如衡，字平湖，皋兰人，庠生。性端谨，文思敏捷，为童子师。循循善诱，每值学使案临，其门下必有游庠者。咸丰六年，赴陕西乡试，卒于旅舍。"③显然，俞如衡取得生员身份后就以教授童子为业，但是，他并没有放弃获取更高科举功名的努力，所以说，他应该属于边教读边诵习者。但是，不幸的是，在咸丰六年赴陕西应乡试的途中，在旅社中丧生。因此，他教读与诵习相结合的临时性教授对他来说，就变成了终身的职业。因此可以说，他也是"教读终身"。

（2）长期教授者

科举入仕的无望或者绝望、养亲及解决生计的现实需要，以及终身

① 《甘肃新通志》卷73《人物志·孝义上》。
② 《甘肃新通志》卷67《人物志·群才二》。
③ 《甘肃新通志》卷66《人物志·群才一》。

对科举的不懈追求，都有可能使得大批士绅自觉或不自觉地长期教授，甚至终身以教授为业。这类为人师的士绅，有些是没有科举功名而长期从事教书职业的；有些则是有较低功名，但因为久试不中，从而弃科举，以教书为业的；另外，还有一部分是有了科举功名，但不愿为官，从而长时间教书的。

长期以教授为业者。如前所述，为了解决包括生存、科考费用等问题，士绅大多选择以教授为业。因为教授对于读书人来说，虽然收入不高，但也算作自己的本业。所以，除了上文我们所提到的临时性教授者外，有大批的士绅长时期从事教授，以此为士之恒业。

> 山晋涛，徽县人。康熙初有名庠序，博通经术，尤工时艺。教学于乡三十余年。①

> 李恩庆，皋兰人，道光戊子岁贡。……教授数十年，生徒前后数百人，成就甚众。性谦谨，待人必以礼，人多乐从之。②

> 张淑，字慎庵，皋兰恩贡生。性严正，里中子弟敬惮之。重建皋兰书院厘剔兴文社积弊，淑之力居多。……淑授徒四十年，成就甚众。③

> 王庚，字经五，秦州北关人，光绪己亥副贡。……设帐数十年，虽富家大族子弟必严加训迪，门下成名者语及犹敬惮之。④

> 康来庆，镇番人，雍正二年岁贡。体度敦重，言行有法，尤善启后学，县南鄙蔡旗堡士习朴鲁，堡民延来庆为师，来庆乃联文

---

① 《甘肃新通志》卷67《人物志·群才二》。
② 《甘肃新通志》卷66《人物志·群才一》。
③ 同上。
④ 《甘肃新通志》卷74《人物志·孝义下》。

社，立学社，生徒尝数百人，凡二十年，多所成就。①

唐绵延，古浪人，嘉庆己巳恩贡，主邑龙山书院讲席二十余年。②

张明德，东乐人，郡庠生。读书好古，诱掖有方，设帐二十余年，凡贫寒子弟皆得入学就业，县丞赠“儒宗范俗”匾额。③

张应兰，狄道人，嘉庆辛酉拔贡。……主讲洮阳书院十余年，门下成就者百余人。④

刘培黎，字含青，狄道岁贡生。博学能文，教学里中。历三十余年，凡有来学，不计束脩，孜孜训迪。⑤

可见，这些长期从事教授的士绅，其情况比较复杂，有些人是因为自己迟迟不能通过科举考试而不得不长期从事教授，换句话说，这类士绅从事教授的时间长短与他们通过科举考试的时间基本是一致的。例如，他们通过科举考试越早，其教授的时间也就较短，相反，他们通过科举考试的时间越迟，或者一直未能通过科举考试，他们从事教授的时间也就越长，也有可能终其一生。在这些长期以教授为业的士绅中，有些人是因为久试不中转而以教授为业的，例如，“荆维墉，字勤垣，两当岁贡生。弱冠入庠，为文才气奔放，乡试率荐不受，遂决意进取。肆力于经史百家，治诗词古文有法，主讲香泉书院凡二十年，以维持风化为己任。”⑥“朱锦蔚，字絅堂，贡生。……能诗工文，士林推为巨臂，

---

① 《甘肃新通志》卷69《人物志·群才四》。
② 同上。
③ 同上。
④ 《甘肃新通志》卷66《人物志·群才一》。
⑤ 同上。
⑥ 《甘肃新通志》卷67《人物志·群才二》。

乡试屡荐，辄不合于主司，遂设帐，成就后学。"① "殷发祥，字雪坡，肃州人。……中道光乙酉举人，会试不第，归里教授生徒，成就极多，州人咸称颂之。"② 有些人则是在辞官或致仕后长期从事教授的，例如，"秦维岳，皋兰人，乾隆年间进士。……以母老引疾归……家居二十年，讲学五泉、兰山书院，阐训正学，学者宗之。"③ "张国常，字敦五，皋兰人。由同治癸酉拔贡举于乡，光绪丁丑成进士，授刑部主事，以父延洪年高，求终养，遂不复仕。……主讲兰山书院讲席二十余年，成就甚多。"④

通过以上甘肃士绅从事教授者的资料，我们可知，虽然教授所得的收入并不高，但是教授维持了其人的衣食所需，而且他们长期以教授为业，教授生徒已经成为他们生活的重要组成部分。所以，在长达数十年的漫长日子里，他们安于贫穷，为落后偏僻的甘肃地区的文化教育，人才培养作出了巨大的贡献。细读他们的资料，虽然每个人长期从事教授的原因各有不同，例如有些人是为了养亲，有些人是在科举绝望后长时间从事教学的，但是他们对人才培育的贡献是一样的，他们身为"儒宗范俗"的楷模和教化作用是一样的。

（3）终身教授者

在中国古代社会，教学向来被认为是士人的重要职业。由于孔子首开了教育、培育之先河，为后世的读书人树立了教授生徒的榜样。所以，任何时代都有许多读书人甘愿以教读为业，终身从事教育。这种情况在清代甘肃士绅群体中同样大量存在。

> 石光岳，字子五，狄道贡生。年八旬犹手自抄书，勤学不倦……避难城中，以教学终身，门下士多所成就。⑤

① 《重修漳县志》卷7《人物志·耆旧》。

② 《甘肃新通志》卷69《人物志·群才四》。

③ 《甘肃乡土志稿》（三）。

④ 同上。

⑤ 同上。

张凌云，隆德人，岁贡。……设帐授徒，门下入庠食饩者甚众，卒年七十三。①

谢登瀛，庄浪人，光绪中岁贡。……非公事不入官署，设教里塾，训诲勤恳，每逢院试，入庠者多出其门，卒年六十一。②

贾怀德，字时修，西宁人。……弱冠补卫学弟子员，即食饩，课生徒引经义、陈古训，娓娓而已。为人寡言，敦良谦让，不轻至县门，乡里称为长者，年七十而终。③

可见，在这些以教授终其一生的士绅中，有些人是在科举受挫后放弃举业，从此一心教书，终身以教授为业的，例如，“陈光华，字皖堂，廪生。张博渊，增生，字时泉，俱狄道人。光华学有根柢，中年弃举业，教读终身。……博渊，性刚直，长于诗，训蒙终身，邑知名士多出其门。”④“巩辰极，字道三，伏羌人。……初应乡试不售，遂无意进取，教授生徒，讲明正学，温恭雅饬，迄老无惰容。”⑤“徐迎庆，字云五，秦州人。……屡赴秋闱辄困，遂绝意进取，专心教授，门下捷南宫者数人，而迎庆竟以诸生终。⑥”

除了科举受挫后以教授终其身者外，有些人从获得最低科举功名开始就致力于教授，例如，“李作枢，武威人。……自为秀才，即教授里中子弟。”⑦在终身教授的士绅中，至死都没有放弃教授者也有许多，例如，“王曧，字桃山，静宁人，乾隆乙酉举人。赋性严正，制行端方，主讲本邑书院，文以清真雅正为宗。凡邑中登科第者多出其门下，当时

---

① 《甘肃乡土志稿》（三）。
② 《甘肃新通志》卷66《人物志·群才一》。
③ 《西宁府新志》卷28《献征·人物》。
④ 《甘肃新通志》卷66《人物志·群才一》。
⑤ 《甘肃新通志》卷67《人物志·群才二》。
⑥ 同上。
⑦ 《甘肃新通志》卷69《人物志·群才四》。

称为文宗。又精医术，诊治立验……以训徒卒于家。”[①] “杜维珍，字子周，清水人。弱岁能文，学使戴湘浦深器重之，文名卓著，后以贡生设教而终。”[②] “关居静，崇信人，光绪初年贡生。……教授终身，循循不倦，邑人称为‘纯儒’。”[③] “卢玠，西和人，恩贡。举乡宾，训蒙终身，门下多所成就。”[④] “倪映衡，字南殷。杨守愚，字省斋，皆秦州举人，均以教授而终。”[⑤] “张奠川，字赞禹，丹噶尔增生。……生平教读，勤诲子弟，好吟诗，讲学以终其身。”[⑥]

以上就是甘肃士绅群体中部分终身以教授为业者的资料，虽然他们并非终身以教授为业士绅的全部，但却基本能够反映这批士绅对甘肃教育发展以及人才培养所作出的重要贡献。

3. 教授者的构成

根据上文论述，我们知道，在从事教授的甘肃士绅群体中，从功名和学衔来看，既有没有功名的布衣，例如，“赵文德，狄道人。有学行……后以布衣设帐，门下多所成就，人尝呼先生而不名。”[⑦] 也有低级功名获得者，例如生员，还有高级科举功名获得者如进士；从是否出仕来看，既有从来没有出仕者，也有从官场辞归和致仕者。在此，我们主要论述那些辞官和致仕教授者的情况。

辞官和致仕的官员，是指那些因为宦途不顺利或者年龄比较大，从而离职的士绅。他们从官场退出以后，大多返回家乡，转向教学，有些人甚至以教学为生，并取得了非常突出的教学成果。例如，被称为士林模范的杨廷栋。“杨廷栋，字隆吉，宁远杨家坪人。……由举人大挑，官浙江景宁知县，后改教职，任河州学正，造就实多。晚年设帐里中，士林钦为模范，皆称为‘杨夫子’。”[⑧] 此外，还有被奉为“关西师表”

---

① 《甘肃新通志》卷66《人物志·群才一》。
② 《甘肃新通志》卷67《人物志·群才二》。
③ 同上。
④ 同上。
⑤ 同上。
⑥ 《甘肃新通志》卷74《人物志·孝义下》。
⑦ 《甘肃新通志》卷73《人物志·孝义上》。
⑧ 《甘肃新通志》卷67《人物志·群才二》。

的巩建丰。“巩建丰，字文在，伏羌人。康熙癸巳进士，累官翰林院侍讲。……致仕归，建邑文庙东西二坊……教授生徒数百人，远近学者奉为关西师表①。”可见，他们正是因为才学卓著，教学效果显著而受到地方社会的高度赞誉。

第一，致仕教授者。中国古代社会对官员铨选和任命，以及致仕都有明确的规定。一旦年迈，官员就必须回家休息，即致仕。在清朝时期，致仕的甘肃士绅从事教学，也是他们的首选职业。至于具体的教学方式，主要有训蒙、经蒙。至于教授的场所，既有社学、私塾等蒙学场所，也有书院等高级学校机构。在众多致仕者中，一般是那些名望比较高者才会被聘请到书院任教。在清朝甘肃，这样的士绅代表主要有：

> 李綍，号词垣，灵州人，道光戊子举人。授陕西宜川县训导，致仕归，授徒讲学，如张熙、张雋选皆出其门。②

> 卢政，字敏斋，皋兰人，咸丰二年举人。……致仕归，掌教五泉书院，年七十二卒。③

> 史麟书，字奉春，平番人。嘉庆癸酉选拔，由教谕升山东福山知县。……归里后，主讲龙冈书院，筹办乡会试川资，乡里称之。④

可见，他们几人都是在致仕回乡后从事教学的。而且从资料中可知，他们均对地方社会的人才培养作出了突出贡献。

第二，因父母年迈而辞官归里，从事教授者。对这些士绅来说，他们的致仕和辞归，是因为父母年迈或者过世。在清朝甘肃士绅群体中这样的代表人物主要有：

---

① 《甘肃新通志》卷64《人物志·乡贤上》。
② 《甘肃新通志》卷72《人物志·忠节三》。
③ 《甘肃新通志》卷66《人物志·群才一》。
④ 《甘肃新通志》卷65《人物志·乡贤下》。

杨兴霖，字雨臣，道光辛丑连捷成进士。……授四川彰明县知县……以谈太夫人卒去职。……主湟中书院，发明正学，启迪后进不遗余力，故门下士多登甲乙科者。①

曹炯，字镜候，道光二十年进士，选庶吉士，授编修。……以母老乞归，历主关中、丰登、兰山三书院讲席。陕甘之士半列门墙，甘肃分闱，赞助之力亦多。②

张廷选，字子青，狄道人。道光乙未进士，选翰林院庶吉士，丁酉典福建乡试，以亲老归，主讲兰山书院。③

陈诲，字存之。……乾隆庚子列乡荐，晚年就教职……以母疾告归，服阕，遂不仕，教授里中，多成就，年八十，犹手不释卷。④

可见，因父母疾病、去世等原因而辞归，然后教授地方社会生徒也是中国古代士绅从事地方教学、培养人才的一种方式。

第三，因为自身原因，比如身体疾病，或者得罪上司，或者因为事务处理不当等原因而辞官，从而以教授为业者。在清朝甘肃，这样的士绅主要有：

张位，字伯素，乾隆戊戌进士。授职检讨，充国史馆纂修，武英殿协修。……以事罢，起复内阁中书，寻告归，制府延主兰山书院讲席，教人平易简质，在官不妄干进，家居孝友。⑤

可见，张位是因为受到牵连而被罢官的，尽管后来被复职，但他还

① 《西宁府新志》卷7《人物》。
② 《甘肃新通志》卷66《人物志·群才一》。
③ 同上。
④ 《皋兰县续志》卷8《孝友》。
⑤ 《甘肃新通志》卷67《人物志·群才二》。

是选择了主动放弃，回乡主讲兰山书院，培育后进。还有在任内亏空严重，从而归里讲学的。例如，“丁秉乾，字健堂，秦州丁家川人。沉静寡言，光绪丙子优贡，朝考用知县，弃弗就。级卯举于乡，癸未成进士，丙戌殿试选庶吉士，改官陕西保安知县。……在任逾年，负累甚巨，告归。……既旋里，主讲西和书院。”① 还有因失职归里主讲地方书院的吴镇。“吴镇，字信辰，狄道人。乾隆辛酉拔贡，庚午举人，大挑授陕西耀州学正。……升授沅州府知府。嗣以诖误被劾，解组归……后主兰山书院，务崇实学。”②

除此之外，还有一些主动辞归，教学地方的。

> 严宜，西宁人，字克训，号可亭。乾隆甲午举人，辛丑成进士，释褐受贵州都匀县知县，未到任，调桐梓县知县。……及解组归里，设帐授徒，启迪后学，以朴素著称。③

> 郭维城，字士宗，肃州人。……由举人官兰州府学教授……辞官归里，复主书院讲席数年，士子成就者不少。④

> 温怀璋，字礼南，秦州贡生。……巡道豫师延置幕府，襄军事。由贡生洊保直隶州，分发四川，怀璋辞归，课徒自给。⑤

根据以上资料可知，张位是因为宦途不顺利而不得不辞官归里，从而以教授为业，而丁秉乾则是因为无法处理好官场事务而不得不告归。其实，这一现象并非个别，应该说是封建科举考试所选拔官吏中比较普遍的一种现象。科举考试的获胜者并非官场的佼佼者，因为科举考试下的教育，培养的主要是对儒家伦理纲常的掌握，而官员需要处理的地方

① 《甘肃新通志》卷 67《人物志·群才二》。
② 《甘肃新通志》卷 64《人物志·乡贤上》。
③ 《西宁府续志》卷 7《人物》。
④ 《甘肃新通志》卷 69《人物志·群才四》。
⑤ 《甘肃新通志》卷 85《人物志·流寓》。

事务较多，包括了赋税、刑法、治安、例律等在内的所有地方事务，所以一旦士绅的个人适应能力较差，就很有可能出现这种处理地方政务不力，最终不得不落职归里的现象。

除了行政能力的低下会导致士绅落职外，读书人耿直的个性和对“道统”的坚持，也往往会使得他们在官场中碰壁，因而不得不辞官归里。回到地方社会后，他们中的一些人同样会选择以教授为业。例如，“高震，字云卿，秦安人。中光绪乙亥乡试，官平番县训导。……以直忤上官旋告归……平生设帐授徒，门下采芹食饩者三十余人，并有登贤书入词林者。”① 另外，还有因自身因素导致的辞官归里者，例如疾病等因素。例如梁济瀍就是因为“目疾”而辞官归里的。“梁济瀍，字静峰，皋兰人。……乾隆六年乡举第一，十年成进士。……后以目疾归里，主讲兰山书院。”②

总之，封建社会以农为本的思想也影响了士人的治生和谋生方式。所以，尽管科举入仕是其人的主流追求，但由于主观及众多客观因素的影响，能够实现入仕理想者可谓凤毛麟角。总有许多读书人滞留在科考的漫漫长途中，所以，无论是出于谋生的需要，还是知识储备的需要，他们中的很多人选择教授生徒。另外，由于致仕、辞归等原因，许多回到家乡的士绅往往也选择以教授生徒作为自己造福地方社会的方式。从教授的时间上来看，既有短期的，也有长期的，更不乏终身授徒者。从教授的场所来看，既有蒙馆启蒙者，也有在书院主讲者。但是，无论是哪种形式，何种场所，多长期限，这些心怀入仕理想的读书人在入仕理想或破灭，或结束后，选择在地方教授的方式，为地方社会的教育发展、人才培养作出了不可磨灭的贡献。

4. 人才培养功效

上文我们提到，许多士绅从事过教授生徒的生活，而且为地方社会的教育和人才培养作出了重要贡献。因为从事教授的士绅是在地方社会享有知识和较高社会声望的人，他们本身有着士绅身份。这种身份在士

---

① 《甘肃新通志》卷67《人物志·群才二》。

② 《甘肃新通志》卷66《人物志·群才一》。

为四民之首的社会中，本来就享有很高的社会地位和声望。另外，在传统观念中，只有那些有才能、有教养的人才有资格做教师。因此，身为教师的士绅在地方社会里的领导和主导地位是不言而喻的，所以他们在地方社会事务中也发挥着重大的作用。因为我们在这里主要讨论士绅的出路问题，所以仅仅探讨他们在地方教育和人才培养方面所起到的作用。

第一，士绅在乡里享有较高的地位，所以他们对儒家礼仪的践行和遵守，常常会使其成为其他读书人和平民百姓学习的典范和榜样，从而对地方社会良好的文风、学风、士风产生较大的影响。

> 周润霖，字伯恭，山丹廪生。性质直不苟笑，学宗程朱，课徒以躬行孝悌为先，冠婚丧祭，恪遵家礼，学者敬而畏之。①

可见，周润霖的躬亲实践，为地方社会的读书人树立了很好的榜样和表率。另外，有些从事教授的士绅因为其严谨的教风、显著的教学效果而声名远著，例如穆天护、刘模、杨文耀。

> 穆天护，字庆一，静宁人。咸丰中贡生……设教里门，弟子云集，几至舍不能容。入庠登科者甚众，卒后，有“孝直堪师”之颂。②

> 刘模，字子范，皋兰人，岁贡生。雅善文名，道光十一年应陕西乡试，闱中已拟元，既而失之。性严正，教授生徒，学规整肃，一时执经请业者多慕其门。③

> 杨文耀，字焕若，狄道岁贡生。积学有品，设帐城中，四乡学

---

① 《甘肃新通志》卷65《人物志·乡贤下》。
② 《甘肃新通志》卷66《人物志·群才一》。
③ 同上。

子皆归之。文耀或讲经，或论文，终日危坐，未尝有倦容。[①]

此外，有些士绅还成为地方社会的教育名人，例如张卫阶。

张卫阶，字拱枢，陇西庠生。博学能文，设教里塾，严课程，勤讲贯，出其门者多知名士，陇上远近学者称为“张夫子”。[②]

可见，以上这些士绅均是以他们渊博的知识、良好的教学成绩，以及高尚的品格受到广大读书人和乡人的尊敬与爱戴。所以，即便有些人已经过世多年，他们在教育乃至其他教化方面所树立的良好榜样，也永远留在后来学者的记忆里。例如，颉埙就是这样一位优秀的教师。“颉埙，字少伯，贡生。……设帐盐井镇，门弟子填其室。凡讲解饶有趣，听者无倦容。今没已三十余年，然人思之如在。”[③] 可见，正是因为他的教授和教读有着不同于他人的风趣和吸引力，所以尽管他已经去世30年，然而人们依然对他的教泽念念不忘。由此可见，教授者，尤其是一些品格高尚、教读有法的教授者在地方社会对读书人所产生的深远影响。

第二，学识和声望受到社会乃至地方官员看重的教授者。一位优秀的教师，不仅要有渊博的知识、独特的教学手段和方法，而且要有高尚的品格、良好的社会声望。因为这种渊博的知识和良好的社会声望，不但会对读书人产生深远的影响和吸引力，同样也会受到当地官员的重视和赏识。而一旦得到官方的赏识和认可，就意味着该士绅不但可以招徕更多的生童，得到更多的束脩，也会增加和提升他们在地方社会的威望。

牛朝宗，庄浪人，光绪中恩贡。学问渊博，设教乡里，循循善

① 《甘肃新通志》卷66《人物志·群才一》。
② 《甘肃新通志》卷67《人物志·群才二》。
③ 《重修漳县志》卷7《人物志·耆旧》。

诱，性和而介，有古君子风。司训张凤琯赠联云：“言若芝兰，春风入座；胸无畛域，秋月照人。”盖实录也。①

李崇文，字光斗，洮州诸生。性嗜学，于书无所不读，家居授徒。……如乡贡生殷令丑等皆出门下。每邑宰过，必式其庐，呼为先生而不名，寿九十而卒。②

张奎，宁夏诸生，笃志好学。事孀母以孝著，教授生徒百余人，多腾达。奎随力资贫乏，或以横逆加，置不校。前理刑张某慕其品，欲一见不可得，每过其门，咨嗟久之。③

韩塘，两当人。有善行，主广香书院讲席，多士钦服。邑令德俊重修县志，资采访，艺文多出其手。④

显然，牛朝宗和李崇文等人都是凭借他们渊博的知识和作为士绅的良好修养，以及高尚品行而得到地方官赞赏的。这种赞赏不但会提升士人在地方社会的声望，还会给他们带来一些实际的好处。例如，“卢征五，字聘商，敦煌镇番坊人。性纯笃，弱冠食饩，邑令慕其品学，延主鸣沙书院讲席，讲论无倦容，成就者多。”⑤ 显然，在古代社会独重科举功名的情况下，卢征五并不算一个上层士绅，因为他只获得了廪生的学衔，但是，他却获得了在书院中担任书院教师的资格和机会。按照当时的惯例，一般只有那些获得较高科举功名的人，才有机会担任书院教师，而像卢征五这样只取得生员身份的士绅，是不会被聘为书院教师的，他们大多只能在私塾中任教。但是，由于他高尚的学品得到了当地官员的赏识和认可，所以他才被聘为书院教师，这就意味着他可以获得

① 《甘肃新通志》卷66《人物志·群才一》。
② 《甘肃新通志》卷67《人物志·群才二》。
③ 《甘肃新通志》卷65《人物志·乡贤下》。
④ 《甘肃新通志》卷67《人物志·群才二》。
⑤ 《甘肃新通志》卷69《人物志·群才四》。

更高的教学收入。张仲礼认为，书院教师大概可获得250两到350两银子的收入，而塾师大概只能获得30两到150两的收入。[①]

第三，在教学上有独到见解和贡献的士绅。甘肃虽然经济、文化教育落后，但是并不缺乏优秀的人才，例如从事教学的士绅不但培养了大批人才，而且许多人还在教学方面形成了自己独特的方法和见解。例如，“徐焴，字焦窗，狄道岁贡生。平生设帐教授，邑士多出其门。学规整严，虽盛暑必公服以见诸生，每戒学者曰：‘疏慢二字，误尽一生’，邑士识与不识，咸宗仰之。”[②] 显然，徐焴强调和注重的是勤奋，他认为，读书人必须勤奋、刻苦。这种认识和观点与中国古代教育家韩愈《劝学解》所倡导的“业精于勤，荒于嬉”等教育思想的内涵是一致的。但是徐焴的“疏慢二字，误尽一生”的见解相对于上述言论就更加直接明了，更进一步的是，他还把学习勤奋与否和人生联系起来，应该说，这更能激发读书人的读书热情和树立坚定的信心。

另外，“陈玉润，永昌廪生。……设塾里中，凡来学者，必期造就。尝语人曰：‘人虽材质不齐，然无不可造者，特时有迟早耳！’”[③] 他的“人虽材质不齐，然无不可造者，特时有迟早耳”的观点，也与我们当今所提倡的“没有笨学生，只有笨老师”等教育思想相似。即他认为，只要教育方法得当，任何学生都是可以成才的。这种独特的观点在当时的等级社会中也是难能可贵的，因为这种言论给了那些并非士绅家庭出身的读书人以成才的信心和读书求学的动力。

第四，士绅在甘肃人才培养方面所取得的成就。翻检这些从事教授者的资料，我们处处可见他们在教学方面所取得的丰硕成果。例如，“成就多人”“学风自此开”“擢高第者众”等记载随处可见。为了便于了解他们所取得丰硕成果，我们简单列举几例：

马世焘，字鲁平，皋兰回籍，咸丰五年举人。绩学能文，操行

① 张仲礼：《中国绅士的收入》，上海社会科学院出版社2001年版，第101页。

② 《甘肃新通志》卷66《人物志·群才一》。

③ 《甘肃新通志》卷69《人物志·群才四》。

不苟，主讲皋兰书院，勤于训迪，及门成就甚多。①

李崇实，字辉之，静宁水洛镇人。……领道光辛卯乡荐，设帐乡塾，成就生徒极众。②

李焯汉，字云章，静宁水洛城人。……弱冠入庠，旋食饩，设教里中。洛城士多出其门。③

吕呈瑞，静宁高家堡人，同治中贡生。……教授里中，生徒挺挺，多成立者。④

张志尹，崇信人，乾隆间贡生。……主凤鸣书院讲席，训课诸生，以道德为宗，以文艺为末，循循善诱，门下造就者七十余人。⑤

杨其馨，字佩堂，漳县贡生。设教邑中，弟子恒数十人，名下士多出其门。⑥

李来凤，字韶菴，恩贡生。颖悟过人，文笔敏捷，幼年常以远大自期，率未卒，设帐授徒龙川，文士多出其门。⑦

雷启瀛，敦煌人，道光乙亥举人。……主讲鸣沙书院，士林悉资栽培。⑧

① 《甘肃新通志》卷66《人物志·群才一》。
② 同上。
③ 同上。
④ 同上。
⑤ 《甘肃新通志》卷67《人物志·群才二》。
⑥ 同上。
⑦ 《重修漳县志》卷7《人物志·耆旧》。
⑧ 《甘肃新通志》卷69《人物志·群才四》。

王寅，字宾阳，灵州拔贡。……工诗、古文，教授于家，游其门者多以文学著称。①

张起鸿，宁朔岁贡生。设帐教读，里中子弟贫寒者不受束脩，门下成就甚多。……经理邑书院多年。②

李成年，武威人，读书为秀才。……设教里中，从学者百余。……学者经其指授，从容自化，无束缚驰骤之苦，由此，武威西乡文学称盛焉。③

刘鹤寿，文县诸生，主讲社学，成就多人。善书法，敦古道，甘贫贱，时人悉以为贤。④

可见，无论拥有什么样的功名，在何种场所教读，这些士绅都参与了清朝甘肃地方社会的学校教育和人才培养工作；在教学方法、教学理念方面也形成了各自的特色，并且为地方社会培养了大批的优秀人才。

第五，甘肃士绅对边疆教育所作的贡献。清代甘肃幅员辽阔，民族众多，所以，这些从事教授的士绅不但为他们所居的乡里教育发展和人才培养作出了突出的贡献，有些人还为边远少数民族地区的教育发展作出了巨大贡献。例如，“王士彦，平罗贡生。学问淹贯，阿拉善延聘三年，濒行，赠之金，不受，品重藩国。”⑤ 显然，王士彦曾经被聘请到边疆从事教授，这无疑对提升边疆地区的教育水平有着积极的意义。

（二）入幕

1. 入幕原因

前已论及，中国古代读书人的理想大多是做官，所以所读之书也基

---

① 《宁夏府志》卷13《人物·乡贤》。
② 《甘肃新通志》卷68《人物志·群才三》。
③ 《甘肃新通志》卷69《人物志·群才四》。
④ 《甘肃新通志》卷68《人物志·群才三》。
⑤ 同上。

本上围绕着科举考试，以专门讲“修身、齐家、治国、平天下”的“职责之书”为主，从其宗旨来看，这些书不外乎要人做忠臣孝子而已。然而，由于“在家行孝无生机可言，只有替皇帝佐官治民，才能求得俸禄，才能奉养双亲，才能光宗耀祖，才能忠孝两全。如果读了书不能为朝廷效劳，博取俸禄，读书人就会觉得是白白读书，觉得无面目立于天地覆载之间”。[①] 所以，每个读书人都有着出仕为官的心理准备和主观要求。然而现实却是，政府官僚机构规模由于受到财政、人事的制约，不可能趋向无穷大。尤其在君主专制政体下，如果官僚队伍及准官员、享有特权的士大夫阶层过于庞大，就会对皇权本身产生威胁。所以，古代皇帝总是极力维持国家财政与官员队伍，以及皇权专制势力与社会士大夫阶层势力之间的平衡。关于选择维持这种平衡的手段，事实证明，最有效的莫过于科举制度了。封建皇权总是通过对每级科举考试中式名额的严格控制和限制，来约束士大夫阶层队伍的急速膨胀，从而达到约束其势力壮大的目的。对于广大的读书人来说，能够通过这一级考试，并步入仕途是相当困难的，所以其人数相当少。而对于大多数被排挤在科举入仕之外的士绅来说，他们只能选择其他的出路。

谋生之路，对于不能出仕的中国古代士绅来说，除了上文我们所论及的教授之外，他们还可以选择入幕。从读书人所学无非如何做个好官的道德训诫而言，作幕可能更为自然，例如清代幕学名著《佐治药言》起首就称：“士人不得以身出仕，而佐人为治，势非得已。”一方面，大多数入幕者都是在功名不就的情况下，才不得已转而作幕的，对于士人来说，作幕虽然只能“佐治”而不能“主治”，但毕竟是官府衙门的沾边者，于心可安，还能自诩为“治国平天下”的一员，不至于像周进那样无地自容。另一方面，作幕的收入也较稳定，从“治生”的角度来看，仍不失为一条道路。因为“笔耕”“舌耕”总比“手耕”要好。《佐治药言》也说：“吾辈以图名为就，转而治生。惟习幕一途，与读书为近，故从事者众焉。”[②] 可见，出仕之外，除了教授生徒，还

① 郭建：《师爷当家——明清官场幕后规则》，中国言实出版社 2004 年版，第 22 页。
② 同上书，第 26 页。

有作为幕宾可选。

从收益来看，入幕虽然是不能出仕者一种退而求其次的无奈之举，但是入幕也有许多益处。除了我们上文所提到的治生作用外，入幕有时候还是他们入仕的一种途径，只不过这种途径比较曲折和渺茫而已。

> 有些绅士力图作幕，是因为他们认为此种职位能使他们得到历练，并可使他们获得可贵的接触有影响的官员和绅士的机会。这些经历都有助于他们获得朝廷任命，并在此后的宦途中青云直上。①

正是因为入幕不但可以积累做官治民的实际经验，而且幕主大多是一些当政并具有一定影响力的官员，所以入幕的士绅有时候会得到幕主的推荐，从而步入仕途，由佐治到主治，幕僚后来成为官员的情况并不罕见。从这一角度来说，入幕也可能是步入仕途的一种途径。例如，我们熟知的左宗棠在出仕前就担任过湖广总督胡林翼的幕友，主持总督府的幕务。事实表明，曾经为幕的经历，无疑成为他充实和丰富自己阅历的好机会，从而造就了他主治后的卓越成就。

2. 幕僚群体分类

入幕作为科举入仕之外的一种谋生途径，古已有之。只是在明清之时，特别是在清朝时期颇为兴盛。所以，在幕府中就职的幕宾就来自知识分子的各个阶层。幕宾的职责大致有四类：第一，典文章、主文牍。具体讲，就是代幕主写上奏、贺启，登录信札，并代拟回函等。进一步讲则是代幕主整理奏疏、著书并付梓。第二，备咨询、当参谋。例如清朝时期著名的知识分子徐渭，就曾经为胡宗宪的一些军事行动出谋划策。这种为幕主出谋划策的情况，在武职官员幕府中更为常见。第三，佐治民事。所谓民事，最主要的即刑名、钱粮。因为刚刚参加完科考的学子们对地方行政事务的具体操作不甚了解，所以他们出任地方知县之后，就需要得到幕宾的帮助。另外，久任官职者大多也将此等琐事付诸幕宾。第四，帮闲。这类情况大多出现在官员、缙绅们

① 张仲礼：《中国绅士的收入》，第75页。

的休闲生活中。从事这些行当的大多是山人、清客，其行径与门客无异。门客往往与主人相狎，难免参与其政务民事，所以在某种程度上也有佐治职能。

上述情况是幕宾职责的具体划分，但在清代，入幕大致有两种情形。一种是作为军事长官的助手，称为“幕僚”；另外一种是应基层官僚之聘，协助地方官处理各种事务者，称为“幕友”或“师爷”。作为清朝时期非常知名的一个群体，师爷是指一些受过专门训练，具有一技之长的读书人，他们被各级长官聘为某一专门科目的私人顾问，并协助长官处理各项专门的公务。他们所处理的虽然是公务，但自身却没有任何公职——因为如果他们担任了某一公职，他们就成为“幕僚”而不再是“幕友”了。[①] 很明显，“幕僚”与“幕友”，即“师爷”是有区别的，但在这里，我们不考虑他们是做了“幕僚”还是“幕友”，统统以作幕或入幕来处理对待。

清代的幕僚或幕友，名目繁多，各有所长。接其职责可分成好几类，其中最重要的是那些帮助官员处理司法审判事务的“刑名”，以及处理财政赋税事务的“钱谷”。此外还有帮助官员处理征收赋税的“征比”，帮助官员处理、起草各类文书的“书启”（或称“书记”），帮助官员对公文书牍加以分类、发送、存盘的“挂号”，帮助官员批阅科举考试试卷的“阅卷”，帮助官员掌管衙门钱财出入会计的“账房”，等等。按其地位来分，又可以分为两类：一是知府、知州的幕僚，这些幕僚通常只具有下层绅士的地位。他们把自己训练成这一职业的专家，通常终生从事这一工作。二是封疆大吏如总督或巡抚的幕僚。这些幕僚通常具有上层绅士的地位，即他们中有贡生、举人和候补官员。延聘他们的官员可向朝廷奏报他们的功绩，甚至依据他们原有的功名来加以保举，奏请朝廷授予或晋升他们的官职。[②] 最后，按作幕在其一生中所占时间的长短，又可以将这些入幕的读书人分为终生以游幕为业者、做官前或中途不愿入仕的临时性为幕者。

---

① 郭建：《师爷当家——明清官场幕后规则》，中国言实出版社2004年版，第5页。

② 恒安石：《清代杰出的中国人》卷2，第762—767页。

3. 清代甘肃幕宾

我们在上文已经提到入幕的种种原因，那就是，有些是出于解决贫穷和生计问题，有些则是出于积累实践经验，为将来的出仕做准备，有些则是在科举屡次失败之后的无奈之举。根据雇主的不同来看，有参与戎幕，协助督抚等佐理军事事务的；有佐理地方官料理刑名、赋税等日常事务的；还有游幕各地，为增长知识、开阔视野者。关于入幕的结果，大多数人不但获得了较高的收入和声望，有些人还获得了出仕和升迁的机会。关于作幕的时间，有短期的，也有终老一生者。以下，我们就以史料为依据，对甘肃士绅的入幕情况作一个简单的分析。

第一，入幕的原因。因为甘肃地处比较偏远的边疆地区，民族众多、社会矛盾比较复杂，所以在历史上经常会发生一些战争和战乱，清代也不例外。自从满人入关之初起，大大小小的战争和征伐就从来没有停止过。从康熙时期的平定噶尔丹叛乱，一直到对咸同年间陕甘回民起义的镇压，可以说，地处西北的甘肃经常有战争发生，这些战争给了士绅参与戎幕的机会。所以，从总体上看，在甘肃士绅的入幕中，出于军事和战争需要的入幕者较多，而这恰恰是与甘肃当时战争比较频繁的事实是一致的，也是符合实际情况的。许多士绅因为这些战争的发生而参与戎幕，例如，“王权，字心如，伏羌人。……道光甲辰举于乡。……同治二年，父汝揆平凉教谕任殉难，权徒跣冒险入城，得人骨，辄割臂血以验，卒弗获，归而招魂葬。誓翦贼以报，遂游幕，献方略，蒙保知县，官陕西。”① 显然，王权是在回民起义期间，由于父亲的死难而参与戎幕的。在战争期间参与戎幕的士绅还有：

谢历，兰州人。……佐大将军岳钟祺戎幕，占贼事多奇中，由岁贡议叙同知。②

王崇儒，字伯雅，皋兰人。……张格尔之乱，总督杨遇春率师

① 《甘肃新通志》卷64《人物志·乡贤上》。

② 《甘肃新通志》卷66《人物志·群才一》。

西征，崇儒上书陈方略，遂参戎幕。事平，授福建平海县丞。①

幕暲，镇原人，咸丰辛酉中副车。……雷正绾任固原提督，延入幕，访殉难诸节义数千陈当道，得入奏获旌。……丙子举于乡，官西宁教谕。②

万抡，字颖先，秦州人。……博通经义，旁涉孙吴书，稍长，挟书走河西，诣靖逆侯提督张勇上谒，勇壮而留之，与幕下奇士宋石之游，尽得天文地理、孤虚营阵之学。时勇以收复陇右得专置守宰，命抡以军功摄县令，抡固辞，但受币归。③

温怀璋，字礼南，秦州贡生。……巡道豫师延置幕府，襄军事，由贡生保直隶州，分发四川，怀璋辞归。④

乔松龄，字仲青，成县人。康熙壬子选入太学，慷慨有古人风。吴逆变叛，王辅臣经县，松龄直言面折，不畏锋刃。后将军赵良栋聘以佐戎，逆平，决意仕进，尝有“西江垂钓客，陇右躬耕民”之句。⑤

可见，以上士绅都是在甘肃境内发生战乱时，出于维持封建社会秩序的责任与目的才入幕的，这些士绅积极参与戎幕，佐理官长处理军事。事实也正是如此，这些熟读经典，具有治国方略的士绅，凭借自己渊博的学识和能力，在维护地方社会稳定和平定各种动荡中发挥了重要作用。

除了因为战争，出于维护封建社会秩序而参与戎幕者外，也有因为家庭贫困而入幕者，例如，“巨源，字少海，秦安人。学既成，以亲老

① 《甘肃新通志》卷66《人物志·群才一》。
② 《甘肃新通志》卷67《人物志·群才二》。
③ 《甘肃新通志》卷75《人物志·隐逸》。
④ 《甘肃新通志》卷85《人物志·流寓》。
⑤ 《甘肃新通志》卷68《人物志·群才三》。

家贫应聘，充邑宰幕宾。宰叩及邑中某事某人，则正色曰：‘此非幕中所当言。’陕甘学正赏其诗赋，辟阅试卷，既而欲以优行贡，源辞焉。”[①] 显然，巨源是因为家庭贫困而入幕的。不过，与那些一心想出仕的士绅不同的是，他并不想做官，所以，当陕甘学正准备推举他为优贡生时，他婉言谢绝了。这种心态在读书人和整个社会的目标都指向科举出仕的时代里，是难能可贵的。而这也许正是安贫乐读、不乐仕进者所特有的心态。

为了开阔视野、丰富自己的知识而游幕者。这类士绅的代表主要有：“刘兆鹏，字程远，秦州人。成为生员后，游幕远方，后来得中举人，成为学官。”[②]“马佩珂，字玉因，安定南郑人，由拔贡举同治癸酉乡试，回乱时游幕关中，得免于难。”[③] 很明显，刘兆鹏和马佩珂的游幕是为了丰富自己的知识，开阔眼界。因为对学习和实践的关系自古以来学者都很重视，他们还留下了许多重视实践和实际考察的箴言，例如“读万卷书，行万里路”等。

第二，种种不同的入幕方式。由于所佐理的官长，以及入幕后所处理事务的不同，士绅的入幕方式也不尽相同。例如，我们上文所论及的那些参与戎幕者，应该属于佐理军事的戎幕。除此之外，还有佐理地方官处理日常事务的入幕，有刑名、书办等不同的称呼。

> 胡钺，字汉西，宁夏人，国学生。侯铨盐运同知，倜傥有才能，为川陕制府幕客，贡绘画，山水人物皆极清秀，当时重之。[④]

> 李夔生，字典臣，武威人。……嘉庆癸酉优贡，戊寅举于乡。生平笃于友谊，然轻不与人交，苟心许，则生死以之。蚤岁与永昌蔡发甲善，发甲以进士官山东知县，夔生往佐其幕。发甲因事左迁身没，贫甚，子幼，夔生为请于蔡之同官。既清宿累，余资数千，

① 《甘肃新通志》卷67《人物志·群才二》。
② 同上。
③ 同上。
④ 《甘肃新通志》卷97《志余·方技》。

携孤载柩归，严寒风雪中敝裘一袭，徒步六千里，世咸高其义，以比戴平仲、缪豫公云。①

根据以上材料，我们得知胡钺和李夔生的入幕，是不同于上文所论述的那些参与军事的戎幕者，因为他们所佐理的是地方官的日常行政事务。

第三，入幕的结果和效果。作为儒家教育机制培养出来的知识分子，士绅所接受的就是维护封建社会统治秩序，维持伦理纲常，所以，尽管不能出仕，但是他们积极参与入幕，以佐理和襄助的方式参与对社会事务的管理。同样是一种“治国平天下”理想的实现，因此他们对于维持封建社会秩序所起的作用也是巨大的。例如上文我们在论述那些参与戎幕的士绅时就曾经提到，他们均对镇压战乱，维持封建社会秩序作出了积极而显著的贡献。

除了维持封建社会秩序的作用和贡献外，士绅入幕也会给自己带来一定的好处。除了我们所熟知的解决生计等贫困问题外，士绅入幕，尤其是参与总督等高级官员的戎幕者，大多还可以获得保荐出仕和升迁的机会。在甘肃入幕的士绅中，也有许多通过作幕而步入仕途，从佐治转为主治的士绅：

谢历……佐大将军岳钟祺戎幕，占贼事多奇中，由岁贡议叙同知。②

王崇儒……张格尔之乱，总督杨遇春率师西征，崇儒上书陈方略，遂参戎幕。事平，授福建平海县丞。③

万抡……诣靖逆侯提督张勇上谒，勇壮而留之，与幕下奇士宋

① 《甘肃新通志》卷69《人物志·群才四》。
② 《甘肃新通志》卷66《人物志·群才一》。
③ 同上。

石之游。时勇以收复陇右得专置守宰，命抡以军功摄县令，抡固辞，但受币归。①

温怀璋……襄军事，由贡生保直隶州，分发四川，怀璋辞归。②

从以上记载可知，这些士绅之所以能得到保举，从佐治转变为主治，是因为这些士绅的才能得到了官长的认可和赞赏。因为这些高级官员有资格保举士绅出仕，所以通过入幕，由佐治到主治，实现出仕目的，也许是那些一心入仕而不得，转而入幕者的目的所在。从士绅的出路来说，这也可以算作一种虽然曲折但也有机会的出仕途径。

士绅入幕和游幕的经历，往往能使他们得到许多实践锻炼，因此他们在出仕后，在处理政务方面大多可以得心应手。因为在入幕的时候，他们大多基本上已经接触并处理过复杂而又具体的社会事务。所以，一旦获得做官的机会和资格，他们往往能够很快适应。例如，“李应紫，字秀峰，礼县人。……工书能诗，以廪生历充幕宾……中咸丰己未副榜，同治癸酉举人，光绪丙子进士，壬午以知县拣发奉天。署铁岭县事。善政宜民，有颂声，保加同知衔。仅先补用知州，再任铁岭，士民欢呼，谓‘生佛重临’。”③ 毫无疑问，李应紫出仕前的作幕经历，为他后来的出仕，治理地方积累了宝贵的经验，所以他的宦途不但顺利，而且得到了地方百姓的认可和拥护，从而取得了较好的政绩。

第四，作幕时间的长短不一。由于幕客和幕主之间的关系比较平等，“合则留，不合则去”是大多数入幕者的心态写照，大多数入幕者经常是漂无定所，所以作幕的时间一般不会太长。但是，也有长期作幕，甚至老于幕僚的。例如下文的张登瀛就曾游幕 20 多年，“张登瀛，字翰臣，秦州人。家贫，游幕二十余年，为当事所倚重。光绪壬午，以恩贡领乡荐，丙戌成进士，授刑部主事。”④ 徐懋增更是终身为幕，老

① 《甘肃新通志》卷 75《人物志·隐逸》。
② 《甘肃新通志》卷 85《人物志·流寓》。
③ 《甘肃新通志》卷 67《人物志·群才二》。
④ 同上。

于幕僚。“徐懋增，皋兰人。以举人官眉县训导，不得行其志归，老于幕僚，工书牍，兰州大吏皆宾师之。”①

在古代谋生比较困难的情况下，士绅往往不止从事一种职业，他们或许会选择一种以上的谋生之道，所以，有一部分士绅并不是单纯地只做幕僚工作，有时也做一些诸如教授、书院讲学或其他工作。

总之，大量幕客或幕友的存在和活动，为清王朝统治的稳定付出了辛劳汗水，虽然他们并不属于国家官员，但其作用却不容忽视。因为幕僚虽处于佐治地位，但其所起的作用却是不容忽视的，正如汪辉祖在《佐治药言》中指出的那样：“官声之美恶系焉，民生之利害资焉。”“他强调，称职的幕僚必定与官员和当地百姓保持着良好的关系。② 因为在实际的治理事务中，实际发挥作用的往往是这些为幕的士绅而非官员，所以入幕士绅为社会发展和封建秩序维持所起的作用和贡献是巨大的。

（三）行医

在科举时代，大多数读书人的目标是科举入仕，但是，由于科举中式名额被严格控制等因素的制约，他们虽然坚持苦读、应考，但是却得不到出仕的资格和机会。所以，为了生存，他们必须在出仕之外选择治生之道，于是，除教授、入幕之外，行医也是其人谋生方式的一种。

在古代社会，受义利观的影响，舆论大多反对习医。然而在现实生活中，虽然各种反对行医的言论不绝于耳，认为行医会坏心术，但还是有一部分士绅要么在科举受挫后转而行医，要么在有了一定的文化基础知识后转而从医。并且值得注意的是，他们中有许多医生乐善好施，不贪财，而且特别体恤穷人。探究传统社会反对行医的原因时，我们发现，其实最主要的还是受儒家思想观念中“利”“义”观的影响。因为在反对者看来，行医即近利，易坏心术，所以，许多人反对行医。但是，在现实生活中，总是需要一大批医术高明的医生救治疾患的。于是，具有文化知识的读书人，尤其是已经获得低级科举功名的士绅们，

① 《皋兰县续志》卷8《孝友》。

② 汪辉祖：《佐治药言》，1786年本，第3页。

自然会成为医生群体的一部分。不过，他们和纯粹的医生在称呼上还有差别，即他们被称为儒医。

按照已有的研究成果，我们把那些既获得一定科举功名，又精通医术，并以医术救人的士绅称为儒医。例如，张仲礼在《中国绅士的收入》一书中说，有绅士身份的医生通常称自己为儒医，以区别于普通医生，而普通医生中有些是巫医。另外，他还指出，儒医这一名称也带有这些行医的绅士，遵守儒家道德规范和真正关心病人的含义。他引用《辞海》中关于儒医的论述："吾闻儒识礼义，医知损益。礼义之不修，昧孔子之教；损益之不分，害生民之命，儒与医岂可轻哉？儒医岂可分哉？"该论述充分表明，在古代中国，儒与医是不可轻视，也不能彻底分开的。因此，儒医是指那些以行医为生的读书人及士绅。在清代，儒医有两大特点：其一，大多是在科举受挫后转而习医的；其二，他们中的绝大多数人志在救人，不以赚钱为目的，并对穷人施以慷慨帮助。

1. 业医的原因

第一，科举受挫，由儒而医。

既然士绅不能通过科举来实现光宗耀祖的目的，那么，他们必须面对如何治生，即必须解决生计等问题。所以，尽管士绅和社会舆论大多不赞成行医，但是，从治生的角度来看，行医的收入比教授和入幕要高。而且，行医与教授和入幕相比，还有许多优点。一方面，行医比较自由，没有入幕者必须遵守的约束；另一方面，行医的收入远远高于教授者，尤其是高于那些以训蒙为生的科举功名比较低的士绅。因此，在清代甘肃士绅群体中，因为科举受挫转而习医的士绅也不少。例如，"张栋，字松生，武威贡生。……栋凡十五入秋闱，无所遇。通医卜，医尤精，求者覆盈户，诊视无倦容。不善谋生产，老而弥穷。"① 显然，张栋之所以行医，并以此为生，就是因为"十五入秋闱，无所遇"。他最后不得不以行医为生。但值得注意的是，他虽然医术高明，但由于不善理财，还是比较贫穷。

第二，因家人生病，于是究心医理，从而成为儒医。

① 《甘肃新通志》卷69《人物志·群才四》。

古代社会忠孝观念根深蒂固，士绅作为儒家观念和封建教化的主导力量，经常把孝友作为自己做事的原则和准则。因此，遇到家人，尤其是父母生病时，他们也积极学习医学知识，于是，他们借此精通医术，从而成为儒医，从此不但可以医治家人，而且可以救治他人，造福地方百姓。在清朝甘肃有许多这样的儒医。

> 万邦绥，字抚卿，秦州廪生。……母以忧病，邦绥衣不解带者二十七日，昕夕□祷，梦神许母寿，十年后果验，由是精治医术。……同治己巳，州大疫，邦绥日医数十人，所至全活。[①]

> 卢全昌，字熙明，镇番人。笃学能文，少失恃，自憾不知医以误母病，究心于素问金匮诸书，事继母至孝，医方最严。[②]

> 路廷诏，字云来，府学生。赋质淳厚，力学敦本，事亲孝，友于诸弟。因母孟氏患反胃疾，廷诏遂弃举子业，究心医方，一意调治，母疾竟愈。[③]

显然，万邦绥、卢全昌、路廷诏都是因为母亲或生病或病逝转而业医的。其中，路廷诏还因为习医而放弃举业，这在读书人大都以科举入仕作为指向的封建时代，是难能可贵的。更为重要的是，在成为儒医后，他们都能积极救治疾病，尤其是穷人，例如万邦绥在同治年间，面对秦州发生的传染疾病积极施救，救活了许多人。

2. 高尚的医德

反对行医的理由，无外乎行医近利和行医不属于士绅本业。因为在以农业为本的社会里，其他均被视为末业。对于士绅来说，科举入仕就是士绅的本业，行医等则非士人的本业。因此，在治生手段的选择上，

---

① 《甘肃新通志》卷74《人物志·孝义下》。

② 《甘肃新通志》卷65《人物志·乡贤下》。

③ 《宁夏府志》卷16《人物·孝》。

由于行医近利思想的盛行，士绅和社会观念大多反对行医。在甘肃士绅群体中也有反对行医的思想，“史振玉，宁夏人。……素精岐黄，不轻与人用药，戒其子曰：医不可不学，切不可轻行，误伤人命，必有阴报”。① 显然，他反对的理由与以往那些士绅反对的理由不同，他反对是因为怕误伤人命，所以他说，“医不可轻行”。换句话来说，他主张行医一定要谨慎，不要误伤人命。

值得注意的是，在行医的士绅中，大多数人并非单纯地追求经济利益，而且，在我们所读的资料中，“给贫者施药”“不索酬谢”“治人先贫后富”等记载反复出现。所以说，这些行医的儒医是高尚的，他们和历史上大多数重义轻利的士绅一样，以救济他人，扶贫济困作为自己行医的原则，并非单纯地追求经济利益。也正是因为如此，他们得到了地方百姓和人民的尊敬与爱戴。因此，诸如“神医”等字眼也屡屡出现于对其人的记载中。例如，“蔡振铎，宁朔增生。熟读岐黄，在满营悬壶，尤精于痘科。定其凶吉，三年必验，人称‘蔡神仙’。性爱人，遇贫寒，家无买药资者，辄阴留钱以济之，著有药书数卷。”② 再如，“康某，渭源人，年八十余，精医术。有仁德，患病者治之立愈，远近呼为‘康神人’。”③ “袁文蔚，字东升，狄道诸生。明黄帝内经，精医术，投药立验，洮人称为神医。”　“史希圣，陇西庠生。精医，有华、扁之目。”④

在等级社会里，贫穷的百姓经常受到富人的仇视和欺凌，所以在社会事务的许多方面，贫穷的百姓均处于劣势。然而，医术高明的儒医却秉承了传统士绅救助贫穷的优秀品质，往往在行医时，先救治穷人，然后才诊视富人。例如，“景汉文，字云川，通渭贡生。工书法，善诗，尝作惜字会。精岐黄术，诊治先贫后富。”⑤ 这些儒医之所以在救治疾病时采取先贫后富的原则，是因为他们知道，贫者大多身患比较严重的

---

① 《甘肃新通志》卷74《人物志·孝义下》。

② 《甘肃新通志》卷97《志余·方技》。

③ 《甘肃新通志》卷70《人物志·忠节一》。

④ 《甘肃新通志》卷97《志余·方技》；《甘肃新通志》卷71《人物志·忠节二》。

⑤ 《甘肃新通志》卷67《人物志·群才二》；《甘肃新通志》卷97《志余·方技》。

疾病，而富者大多属于调理类的病患。

除了救治疾病时采取先贫后富的原则外，优秀的儒医们还经常为贫穷者免费治病，并施医药。在清朝甘肃，为贫寒的百姓施医药的儒医很多，在此，我们主要罗列一些比较有代表性的事例：

> 李本固，宁远人。家贫好学，经脉经、本草，在家日炮治丸散。凡遇贫家病，必给之。

> 路廷诏……多不为外人诊视，亲知有求理者，亦不辞，贫者并资以药，不取值。①

> 王敬祖，字枚卿，西宁人也。又精方药，合汤不过数种，舍去辄愈。尝谓人曰：“上医医国，其次医人，我为其次者耳！”有贫者，乞药不取其值，士民爱敬焉。②

> 王大用，字特擢，狄道庠生。……设帐授徒，贫者却其束脩，又善医，遇贫寒，施药与之。③

> 杨懋功，漳县新寺镇人，增生。……善岐黄，不计报。④

> 王凤瑞，岷州乾隆间贡生。……精岐黄，活人甚众，不受馈谢，于贫户及狱囚尤加意焉。⑤

> 牛树桃，字渔溪，（牛树梅之弟）。……生平喜涉岐黄书，有问疾者，辄助其药资。凡流寓乞丐、麦俑及路病者，必安置处所，供

---

① 《宁夏府志》卷16《人物·孝》。
② 《西宁府新志》卷28《献征·人物》。
③ 《甘肃新通志》卷73《人物志·孝义上》。
④ 同上。
⑤ 同上。

其汤药。病愈，量与资费去。[①]

常锡龄，字九如，平番人，附贡生。精于医，有求诊者，着手立谕，未尝受人一钱。[②]

雷成基，郃阳人，侨居伏羌牛蹄镇。精方书，尤善外科，手制珍药，所费不赀，遇贫乏辄施与之，医富者，病愈听其自谢，从不索值，有长厚之称。[③]

宋堂，字伯升，秦安贡生。善接骨，盖祖传也，救人跌伤以数千计，未尝受人馈谢。[④]

张文炳，秦安庠生。为人和易宽厚，终身未尝与人有争竞事。善医痘，昏夜必赴，从未受一钱谢。[⑤]

汪澄图，字时泉，秦安廪生。……善岐黄，尝刻保产辑要赠人。延请者无贫富，辄往，病已不索谢。目本短视，老年行步需人，后忽开朗，愈信厚德之报云。[⑥]

张西铭，字仁夫，秦安人。乡试未售，课徒自给。……中年精医术，凡诊治就痊，无贫富，均不索谢。[⑦]

刘灿藜，字炳如，礼县附贡生。……通岐黄，尤精针灸，有求

① 《甘肃新通志》卷64《人物志·乡贤上》。
② 《甘肃新通志》卷74《人物志·孝义下》。
③ 《甘肃新通志》卷97《志余·方技》。
④ 同上。
⑤ 《甘肃新通志》卷67《人物志·群才二》。
⑥ 同上。
⑦ 同上。

诊者，随手立愈，谢礼概却弗受。①

以上这些医德高尚的儒医事迹，只是整个清代甘肃儒医群体中的一部分，但是却基本可以反映古代士绅高尚的品格，那就是重义轻利，救死扶伤。尤其是在贫富差距较大的阶级社会里，这种关怀贫寒和弱势群体的做法和行为更值得当今社会借鉴。在众多不计报酬、医德高尚的儒医群体中，还有流寓甘肃的外省士绅，他们同样造福了甘肃的地方百姓。例如，“王有莘，陕西人，习医术内外科，流寓宁郡城，子万贤、孙景朝等八人继其业。治病不择贫富，来延者风雨晦明，咸徒步以往，药不索重资，无力者未尝责偿也，人称‘三世医’。”②

3. 优秀的儒医

除了上文所论及的医德高尚的儒医外，清代甘肃还有许多其他优秀的儒医代表，他们高超的医术不但赢得了地方百姓和人民的拥护与爱戴，而且他们高尚的品行和人格也赢得了社会，包括地方官员的认可和赞赏。根据《甘肃新通志》等的记载，许多儒医不但医德高尚，医术高明，救治了许多疾患，而且受到了社会的普遍赞扬和肯定。在地方志中有许多对儒医的褒扬之词，这些赞扬不仅包括对他们高超医术的肯定，还包括对他们高尚品格的赞扬。

纪瑞，字辑五，清水增生。……又精岐黄，活人甚众。年逾八旬，童颜鹤发，步覆康强，众以为大德之验。③

张轮元，文县增生。性质直，工医，活人甚众，尝以太素脉决人修短，十不失一。④

---

① 《甘肃新通志》卷67《人物志·群才二》。
② 《甘肃新通志》卷97《志余·方技》。
③ 《甘肃新通志》卷74《人物志·孝义下》。
④ 同上。

姚宝善，字楚卿，皋兰人，庠生，名于医术，尤精易理。[①]

卢政，字敏斋，皋兰人，咸丰二年举人……旁涉天文、青乌、岐黄家言。[②]

王三祝，字道馨，皋兰人，庠生。以军功保六品顶戴，生平博闻强记，尤长于医，求诊者日踵门不绝。居家崇礼，丧事不用浮屠，族人化之。[③]

周辅荣，字华亭，静宁从政里人，道光中岁贡生。……后习岐黄，论证悉本方书，三膺乡饮大宾，人羡称之。[④]

王曰琇，宁夏恩贡生。……通医术以济世，不避风雨。[⑤]

许世延，环县人。字卜年，乾隆中恩贡……尤精于医理，邑人遘疾者，皆就访，饮以药即愈。[⑥]

杨有德，中卫庠生。精医业，以术活多人，邑人称之。[⑦]

李绍菱，镇番人，乾隆十九年岁贡。少聪慧，博极群书，通术数。尤精于医，决吉凶生死，率多部爽，著有《医经》若干卷。[⑧]

---

① 《甘肃新通志》卷66《人物志·群才一》。
② 同上。
③ 同上。
④ 同上。
⑤ 《甘肃新通志》卷74《人物志·孝义下》。
⑥ 《甘肃新通志》卷97《志余·方技》。
⑦ 同上。
⑧ 同上。

李杜，宁朔增生。天资过人，善书法，精医术。①

陆溥，宁夏人。医书多所综览，过目不忘，治痊之病，虽十年后犹能记忆。②

徐宏，字在金，皋兰恩贡生。品行端方，以教读为业，善岐黄，徐氏世传医学，宏其最著。③

袁思义，宁朔军功。熟读脉经，在定远营设肆行术四五十年，无误治之证，用药数剂即愈。子权继之。两世均以医名。④

杜润，字雨亭，道光时岁贡生。幼通经史，多才艺，尤精岐黄术。秉性正直，行不合己者，虽富贵不与交。⑤

可见，这些优秀的儒医凭借高超的医术，救治了许多疾患，尤其是贫穷之人。从他们救助的对象来看，既有对地方百姓的救治；也有对流寓乞丐的治疗，还有对军队士兵的医治。从其治疗效果来看，大多数儒医的医术高明，得到了地方社会的认可。所以，从某种程度上说，正是因为如此，他们才得到了社会的高度赞扬。其中，有些人还得到了官方的赞扬，例如，“刘祖昆，西和岐山里人。业儒，尤精于医……邑令匾其门曰‘积善余庆’。乾隆十九年，公举乡宾，邑令赠匾曰‘德与年进’。”⑥

总之，受义利观思想的影响，业医往往受到社会舆论的诟病和非议。但是，现实生活却离不开医生对病患的救治。所以，作为医生群

① 《甘肃新通志》卷97《志余·方技》。
② 同上。
③ 同上。
④ 同上。
⑤ 《西宁府续志》卷7《人物》。
⑥ 《甘肃新通志》卷67《人物志·群才二》。

体的重要组成部分，儒医不仅医德高尚、医术高明，而且他们大多具备儒家士人的忧民情怀，他们不仅积极治病救人，而且常常为穷人免费治病，这些活动都为清朝甘肃地方社会的稳定和发展作出了积极贡献。

（四）卖文

除入仕、教授、入幕、行医外，有些读书人因为其人擅长撰写墓志铭、家传、颂词之类的文字，或擅长书法或绘画等，从而以卖文、字、画为生；还有一些信奉耕读传家的读书人，他们以力田为生，以读书为乐。

卖文是中国古代社会知识分子职业的一种。此处的“文”是一个内涵丰富的词语，它不仅指诗、文，同时也包括了书、画等颇具雅韵的艺术技能。卖文，主要是士绅为生计所迫，而以自己的文艺才能换取生活所需的社会活动。或许有人认为“卖文”应当纳入“经商”一目中，从广义上讲，当然可以。但毕竟二者之间还是存在微妙差别的：前者是士绅以本业为商品进行谋生；后者是除本行之外的资生活动。

在教育文化落后的中国古代社会，因为只有读书人具备读书识字的能力，所以一旦地方百姓需要代写书信等文字活动时，通常会给代写人一定的银子作为“润笔费”，久而久之，这就成为士绅一种主要或者辅助的谋生和治生之道。在清代甘肃士绅群体中，也有一定数量的读书人，他们以此作为缓解贫穷的治生之道。例如，“许润，字伯霖，碾伯县老鸭堡人。天姿颖悟，幼好读书，补博士弟子员。家贫，以佣书供高堂甘旨。……中乾隆癸酉举人，春闱报罢，遂潜心濂洛关闽之学，教授生徒。……晚年选授陕西富平县教谕，到任二年，卒于官。”① 很显然，许润的“佣书”卖文，只是一种治生的辅助手段。在他中举之后，他主要是以教授为生，卖文只是在中举之前缓解贫穷的一种暂时的辅助手段，因为晚年他还出仕过陕西富平县教谕，所以，卖文应该不是他的主要职业。除许润之外，在甘肃士绅中，应该还有许多的士绅也以卖文作为自己治生和缓解贫穷的补充方式，只是由于资料的有限性，我们无法

① 《西宁府续志》卷7《人物》。

对此作进一步深入的论述。但是有理由相信，在文化教育落后的甘肃，一定有相当数量的士绅以此为业，甚至其人数量应该多于文化教育比较发达、读书识字人数较多的其他地区，因为在文化教育相对落后的甘肃地区，能够读书识字的人相对有限，而在现实生活中有许多需要读书人代写文字的地方。所以，从市场需求的角度讲，在文化落后的甘肃地区，代写文字的市场一定比较广大。

总之，关于士绅科举做官之外的出路，除了我们上文所论述的教授、入幕、行医、卖文外，还有以堪舆、风水为主的方技、经商、耕读等。因为在以农业为主的社会里，士绅如果不能通过科举考试实现出仕的理想，他们大多会凭借自己所掌握的文化知识来与社会进行交换，获取生活必需品以及实现自身作为士的价值，这既是一种谋生手段，也是士绅区别于其他社会成员的一种标志。

第三章　清代甘肃士绅的社会职责与成就

“须知在任之官，还乡即绅也。”[①] 这是王先明对中国古代社会中官、绅身份转换问题的精辟论述。因为“绅”与“官”在封建社会中是很难截然分开的一个社会群体，所以二者之间不仅有频繁的社会对流，而且他们的身份也经常相互转化。具体来说，或者士绅因为出仕而成为官员，或者官员因为致仕等远离官场而转变为士绅，此外，“绅”与“官”相互关系的协调、平衡又是封建政治机制得以正常运作的基本条件。所以，“官”与“绅”应该是一个整体，其区别就在于他们与政治权力的距离，即“官”居于政治权力的核心，而“绅”则游离于政治权力之外。

另外，以上论述还包含了二者活动场所的不同及转化，官是士绅向上流动（入仕）的结果，随着这种流动，士绅的活动区域和场所也相应地发生了变化，那就是从乡村转移到城镇，从远离政治中心到挤入这个中心，也即从“江湖”到“庙堂”；与之相反，士绅就是官员的后备力量，或者官员卸任（致仕等）后的身份转换。与他身份转换相适应，他们的活动场所由市镇转移到乡村，由政治权力中心转移到边缘，由“庙堂”到“江湖”。这种转换就是古代士绅或者读书人“读书—入仕—致仕”的写照，伴随着这种转换的是他们的活动范围从乡村到城镇，然后再回到乡村。这种转换的原因就在于读书入仕是社会所有观

---

① 王先明：《近代绅士——一个封建阶层的历史命运》，天津人民出版社 1997 年版，第 12 页。

念，包括士绅本人的目标指向，他们绝大多数人都以读书出仕为目的，这就是从乡村到城镇的过程；从城镇回到乡村，则是因为士绅大多生长在乡村社会，那里有他的亲人、家族，或者他的根。一旦致仕，一旦远离政治权力中心，他们大多会选择回归故里。因为回归故里，一方面可以颐养天年；另一方面，回归乡村的士绅，往往还是地方社会的楷模和领袖人物，这样，他们就可以继续发挥他们作为士的作用。即在官与民之间充当中介人和桥梁的作用。

回到乡村的士绅，他们的作用和地位是比较特殊的。对于士绅在乡村社会的作用，学术界有很多肯定他们重要作用的言论。例如，王先明就曾经论道：

> 在地方政府—士绅—村民的权力网络中，士绅在完成国家权力对村落共同体的社会控制职能方面，起着不可小视的作用。在乡村社区里，士绅是个管理社区的群体，执行着许多社会任务。如充当社会领袖，组织社区的防卫，调解人民的日常纠纷，关心人民生活，为社区人民树立楷模，以及帮助人民主持婚丧事宜等。……士绅并不象官员那样拥有钦命的权力，却享有基层社会赋予的天然的实际权威。“世之有绅衿也，固身为一乡之望，而百姓所宜衿式，所赖保护者也。……绅衿上可以济国家法令之所不及，下可以辅官长思虑之所未周，岂不使百姓赖其利，服其教，畏其神乎？”①

在《中国近代社会文化史续论》中，关于士绅在基层社会的作用，他进一步论述道：

> 以社会权威而不是以法定权力资格参与封建政权的运作，士绅阶层便集教化、治安、司法、田赋、税收、礼仪诸功能于一身，成为地方权力的实际代表。②

① 王先明：《近代绅士——一个封建阶层的历史命运》，第61页。

② 王先明：《中国近代社会文化史续论》，南开大学出版社2005年版，第345页。

关于士绅在基层社会的作用，持相似观点的学者还有许多，例如费正清在谈到清代地方政府的特点时就十分强调士绅的作用：

> 在地方上，当地的小绅士，以及有可能出现的大绅士，他们左右着众多的事情。……地方长官只有在当地绅士头面人物的密切合作下，才能做他的工作。①

另外，孔飞力也说：

> 士子——绅士指那些得到功名的人，他们命运官职，生活于家乡社会，凭借他们的身份、财富和关系操纵地方事务……对社会事务的所有方面实施广泛的、非正式的影响。②

总之，士绅作为居于乡村的特殊力量，享有比较特殊的权力，有着高于其他平民百姓的社会地位，控制着文化知识上的话语权，所以，他们的作用和影响是比较重大的。另外，从他们自身来说，他们也把这种作用的发挥看作士绅自身的职责。这些作用和职责的范围比较广泛，包括地方文化事务、公共事务、赋税征收、社会秩序维护等许多方面，所以本章我们主要讨论甘肃士绅在地方社会中所发挥的这种职责和作用。

第一节　地方文化建设的主力军和核心力量

在文化教育并不发达的中国古代社会，士绅群体是唯一享有文化知识的阶层，所以，论及士绅的地方社会职责和影响，首先就是在地方文化教育发展和社会文化建设等方面，发挥主导和主力军作用的也往往是这些身居乡村社会的士绅。其次，作为儒家文化的受益者和封建伦理纲

① 费正清：《剑桥中国晚清史》上卷，中国社会科学出版社 1985 年版，第 17、25 页。

② 孔飞力：《中华帝国晚期的叛乱及其敌人》，中国社会科学出版社 1990 年版，第 5 页。

常的卫道士，他们也在维护地方教化，比如在“圣谕”“乡约”的宣讲方面，扮演着实际的宣讲者和执行者的角色。

关于士绅在地方文化建设和社会教化中的作用，以及所起作用的原因，王先明说：“绅士是儒家文化最忠实的信徒，也是这种文化的宣传者和维护者。他们是唯一享有教育和特权的社会集团，‘劳心者治人，劳力者治于人’的社会价值观决定了唯有文化占有者的绅士才拥有维护传统社会纲常伦理的职责。”[①] 可见，王先明对士绅成为地方文化建设主导者的原因进行了分析。即士绅之所以必须履行这样的职责，就是因为他们不但具有特殊的社会地位，而且在于他们对文化知识的垄断。在中国古代社会，士绅的主体构成是具有科举功名的“读书敦品之士”，是科举制度或封建教育的受益者和热心支持者。[②] 所以，在地方文化建设和封建教化方面，士绅发挥着独特的作用。在上一章士绅的出路中，我们已经论述了甘肃士绅群体中的教师在地方教育发展和人才培养方面的作用，这是从他们的治生角度来分析的，重点阐述的是，作为一种科举之外的谋生方式，教授生徒也是其人进行社会交换、获取生活所需的一种途径。当然，诸多事例也涉及了士绅群体在地方教育及人才培养方面的重要贡献，因此，为了避免重复，本节我们不再论及他们作为教师的作用，主要探讨甘肃士绅在书院、义学、学宫、文庙等儒家文化设施的建设，以及地方教化、地方志编修、族谱修撰等方面所发挥的职责和作用。因为在中国古代社会，这些事务不仅离不开士绅的参与和支持，对于士绅群体自身而言，这些社会事务的发展也被视为士绅群体义不容辞的社会职责。

一　学校等教育机构的创建

作为儒学教义所确定的纲常伦纪的卫道士、执行者和代理人，士绅对学校教育和儒家教化的关注和执行，被视为士绅最重要的职责之一。

① 王先明：《中国近代社会文化史论》，人民出版社 2000 年版，第 21 页。

② 王先明：《近代绅士——一个封建阶层的历史命运》，天津人民出版社 1997 年版，第 53 页。

这些具体的事务主要包括创立和经理教育及文化机构，包括义学、私人书院、方志局、文学社团等的创办、运作，以及维持这些文化机构设施正常运转所需费用的筹措。因为所有这些教育和文化机构的负责人既需要经理能力，又需要文化才能，所以，只有那些具有较高社会声望，以及较多财产的士绅才有资格和能力完成这些事务，于是，创建并经理这些机构者基本上是士绅。诸多事实也一再表明，这些事务均离不开地方士绅的介入、参与，甚至在许多事务中，士绅发挥着实际上的领导作用。

（一）士绅与义学、社学的创建

作为入主中原的少数民族政权，清朝统治者十分注重教化在维持封建统治方面所起的作用。因此，清朝统治者极力推行封建教化在社会上，尤其是在基层社会中的作用。为了加强对基层民众的控制与约束，清朝统治者除了推行宣讲圣谕外，还鼓励创办地方义学和社学。义学、社学等的创办初衷，实际上也是出于加强社会控制的需要。因为清朝统治者认为，礼教、法制教育离不开起码的文化水平，“民不知诗书，士不畏王法，包粮健讼，结党成群，武断乡曲，皆平日漫无防检以束身心，是以放佚至此，急宜兴举义学”。[①]

正是因为认识到了教化的重要作用，以及义学、社学等在维护良好社会风俗方面的作用，所以，清朝统治者大力提倡地方官员和士绅积极创办义学。“州县官皆提倡绅士慷慨捐输，为本乡贫苦无力读书的子弟兴办义学。”[②] 于是，在中央和地方官员的大力提倡下，一直以儒家文化卫道士自居的士绅便积极地投身到义学、社学的创办之中。在清朝甘肃，这种士绅积极创办义学、社学的例子有很多。但是，由于甘肃地处经济水平落后的西北地区，所以士绅创办社学、义学的规模和数量，要远远落后于经济发达的江浙等地区。对此，《甘肃新通志》也有记载：“社学由绅民捐办，教其同社子弟。甘肃地方瘠苦，义学不概见，间有

① 戴兆佳：《天台治略》卷9。

② 吴吉远：《清代地方政府的司法职能研究》，中国社会科学出版社1998年版，第108页。

创办者，特标举以为众人风。”①

然而，数量少并不代表没有，通过查阅相关的地方志和文献记载，我们发现，在清朝时期，积极倡办义学、社学的甘肃士绅主要有：

王同春，字合阳，兰州人，拔贡生。……捐俸修文庙，立义学，置膏火钱。②

张朝桢，字克生，皋兰人……掌修社学事，增檀肆至二十楹，其后张绎武、邵荣清等遂有兴文社之举。③

可见，士绅创办义学、社学，还具有带动办学风气之作用。另外，士绅创办社学、义学的目的，大多还是出于救济贫寒子弟之有书可读。所以，从某种意义上可以说，士绅之创设义学、社学也有教育慈善之目的和作用。例如，武威监生张允瀓就是如此。“张允瀓，武威监生。居城北陈春堡，置朱家庄一处，价五百金。允瀓念家乡荒僻，子弟多因贫寒不能学，遂建义学，捐其地为义田，所出租作束脩、纸笔之费，乡邻高其义，刊立碑记。”④ 除了独力创办社学、义学外，有些士绅还在地方社会创设社学、义学时伸出援手。

王锡，字赓三，狄道人，咸丰元年制科孝廉方正。……尤好施与，郡城创办义学时，锡捐市麦一百石，知州某旌其门曰“义行可嘉”。⑤

通过以上史料，我们得知，在义学和社学的创办过程中，士绅的作用是比较突出的。因为，在大多数义学和社学的创办过程中，发挥实际

① 《甘肃新通志》卷37《学校志·社学》。
② 《甘肃新通志》卷66《人物志·群才一》。
③ 同上。
④ 《甘肃新通志》卷74《人物志·孝义下》。
⑤ 《甘肃新通志》卷73《人物志·孝义上》。

作用的是士绅，即便是地方官捐资，但实际主持义学创办的还是士绅。例如，“刘鹏举，皋兰人，岁贡生。……掌修社学时，有借端侵夺社租者，鹏举力持之，社得无废。”① 显然，在皋兰的这所社学创办时，掌管经费等事务的是该地方的士绅刘鹏举。地方士绅除了掌管社学、义学的创办事务外，大多数经费也是来自于士绅捐助，具体来说，或者由他们完全出资，或者由他们出面筹资，然而，无论以哪种方式，在所需资金的筹措上，士绅的作用都是不容忽视的。一些材料表明，士绅在义学的资金筹集方面发挥了非常重要的作用。

> 王怀美，字纯庵，礼县大潭里人。幼失怙……以母年高，弃读就耕，尚勤俭，家致小康，好施与。……捐资立义学，出义粮以为规费，遇荒歉，屡次赈济，乡人德之。②

> 张汉辅，武威监生。捐房二间，地三石五斗为张义保义学之资。③

> 申大儒，抚彝鸭翅渠监生。性慷慨好施与，咸丰、同治间捐资创修义学，增修书院，置卖地亩佐寒士膏火。④

通过以上三则材料，我们得知，王怀美很可能是自己独自承担了该所义学创办经费的全部；另外一名士绅张汉辅则不但为张义堡义学的兴建捐了两间房屋，而且还捐了建学所需要的资金；申大儒也为当地义学的创办及士子膏火等捐助了资金。

除自发出资创建社学、义学外，士绅与地方官合作，通过共同的努力为甘肃地方社会创办社学、义学等。在这些社学、义学的创建中，士绅往往发挥着倡议和实际领导者的作用。例如，甘肃好几个地方社学等

---

① 《甘肃新通志》卷66《人物志·群才一》。
② 《甘肃新通志》卷74《人物志·孝义下》。
③ 同上。
④ 同上。

的创办都是在地方士绅的倡议与地方官的合作下建立起来的。

何三述，武威人，监生。……乾隆三十年间尝千金，倡同乡士庶于暖泉及黄四坝各建立义学，集里中子弟延师训诲。①

红花义塾……清乾隆五十四年，监生秦基贵倡议捐建。②

民勤县崇文社，在城内。清嘉庆二十二年，知县李师唐暨邑绅捐置。③

金县社学，在县治西，清康熙九年知县王之鲸捐建，后毁于兵。道光四年，知县李焜暨绅民复建兴文社学。④

以上几则材料充分表明，在义学和社学的创办中，士绅往往起着带头和领导作用。在士绅的倡议下，他们与地方官联合创建义学，这种士绅与官员联合创办教育机构的方式，可以说是清朝甘肃乃至整个中国古代地方文化教育机构创建的主要形式。

（二）士绅与书院的创修

书院最初出现于唐代，当时只是一种编书机构。到了宋代，书院演变成颇具规模的教育机构。⑤ 此后，书院的数量猛增，例如到了明代，仅广东一省就有 168 座书院。⑥ 也就是说，书院得到长足发展是在明清时期。

在清初，鉴于明代东林书院对朝政的评议，清朝统治者极力限制书院的发展。但是，这种限制政策并没有阻止书院的发展，此后，当限制

① 《甘肃新通志》卷 74《人物志·孝义下》。
② 《甘肃通志稿·教育二》。
③ 《甘肃通志稿·民政志》。
④ 《甘肃通志稿·教育二》。
⑤ 盛朗西：《中国书院制度》，上海，1934 年，第 1 页。
⑥ 刘伯骥：《广东书院制度的沿革》，长沙，1939 年，第 25 页。

政令无法奏效后，为了笼络士心，巩固统治，清王朝转而积极支持书院的发展，企图通过支持而掌握对全国书院的控制。在政策调整之后，在清朝统治者的实际鼓励和支持下，士绅群体创建和经理了许多书院。为了鼓励书院的建设和发展，清政府每年还支付约6万两银子来对书院建设进行补贴。[①] 在这样的政策和资金支持下，清朝中期新建了许多书院，后来出现了更多的书院。从书院的地域分布来看，各地书院的数量多寡不均，一般来说，经济发达的地区书院数量比较多，在经济落后的地区，书院数量则相对较少。但是，无论各地书院多或少，在书院的建立、发展过程中，以及在书院的日常运作、维护修缮等经费来源方面，都离不开士绅的参与和努力。对此，张仲礼说："不论富的还是穷的地区，有些绅士都在经常性地为书院的运作和资金筹集而奔走。"[②]

可以说，书院的建立和经营也是士绅维护封建伦理纲常的重要内容。甘肃士绅也一样，他们不但在书院讲学，为地方社会培养了大批人才，而且也为书院的建立募集资金，为书院的具体营建和经营，维护和膏火来源等事务积极努力。在甘肃地方志中，我们可以见到许多这样的事例。士绅之所以如此热衷于书院创办和经营，主要是因为他们非常清楚书院在人才培育、地方风化的维持以及风俗、士心培养方面的重要作用。致力于书院发展对士绅来说，也是维护儒家伦理纲常、恪守士绅职责的具体表现。例如，甘时化的一番言论就比较能代表这种思想和认识："（甘时化修理河阴书院碑记）从来欲厚风俗，必端士习，欲端士习，必兴文教，书院之设，所以育人才，培风化，即民心所视为转移也。"[③] 此外，甘时化在贵德重修学宫碑记中再次重申了这种思想："从来天下之风俗系乎人心，天下之人心系乎教化，学宫为教化之首，所以正人心而维风俗也。……贵德虽居戎索，回番杂处，圣教不可不明，修葺学宫，是本古者立学之意，准照办。……幸同寅绅董，汉番士民踊跃从事，丁丑二月，全功告成。"[④]

---

① 《钦定大清会典事例》卷19。

② 张仲礼：《中国绅士的收入》，第55页。

③ 《西宁府续志》卷9《艺文志》。

④ 同上。

正是因为甘肃士绅认识到了书院在人才培养、士风、人心及风俗方面的培育作用，所以他们积极参与了许多甘肃地方书院的建立和经营事宜。所以说，清代甘肃的许多书院也离不开士绅的支持。首先是书院所需经费问题的解决，从记载来看，这些经费不但经常由士绅捐助，而且募集事务也常常由他们出面：

王曰琇，宁夏恩贡生。……壬戌监修邑书院，捐钱二百余缗。[①]

（建修五泉书院时）秦维岳首捐银一千两，阖邑绅士捐银五百四十四两，发商生息，以为诸生膏火。[②]

汪藩，字介人，陇西诸生。……邑修南安书院，以百金助之。[③]

伦肇纪，字协五，武威人，光绪庚辰进士。官陕西华阴县知县，罢归，捐三千金以助本邑文社及天梯、雍凉两书院。[④]

张廷赞，山丹岁贡。同治十年同贡生姜从善等创修洪水书院。颜之曰"金山人才之兴，皆其力也"。[⑤]

张廷桂，字月桥，狄道增生。……乡里清获旧时学田千余亩，使狄道学校于灰烬之余得以废而复兴者，挺贵兄弟之力也。[⑥]

李天培，清水人，增生。业贾好义，当初立学堂时，筹款维艰，天培子畅遵遗命捐金千两。[⑦]

---

① 《甘肃新通志》卷74《人物志·孝义下》。
② 《皋兰县续志》卷3《学校》。
③ 《甘肃新通志》卷67《人物志·群才二》。
④ 《甘肃新通志》卷74《人物志·孝义下》。
⑤ 《甘肃新通志》卷69《人物志·群才四》。
⑥ 《甘肃新通志》卷66《人物志·群才一》。
⑦ 《甘肃新通志》卷74《人物志·孝义下》。

张锦芳，皋兰人，嘉庆十二年乡举第一，历任清水县训导、华州学正、平凉县教谕，升凉州府教授。……家居，倡修青城书院而为之主讲。①

张淑，字慎庵，皋兰恩贡生。……重建皋兰书院，厘剔兴文社积弊，淑之力居多。②

曹晓霞，名煜以，字行，皋兰人，议叙同知。……助修皋兰书院、龙泉里塾、补葺三公桥、展拓上济等处道路，善行累累。③

金山书院，在山丹县洪水堡，清同治十年，山丹县增生张廷赞暨东乐绅士公议创修。④

丰广书院在金崖驿，光绪七年，绅士张敬铭等公建。⑤

青城书院在县东北一条城，道光十一年，皋、金两县绅士（顾名、张锦芳、刘世保等）公建。⑥

可见，清朝甘肃地方众多书院的建立和发展，离不开甘肃士绅的捐助、支持和参与。具体来说，甘肃士绅在地方书院的建设过程中，除了自己出资捐助外，还积极劝说其他人捐助。在很多情况下，他们利用自己的士绅身份发出倡议，从而为地方书院的建立赢得更多的资金支持。

---

① 《甘肃新通志》卷35《学校志·书院》。
② 《甘肃新通志》卷66《人物志·群才一》。
③ 《甘肃通志稿》卷89《人物七》。
④ 《甘肃通志稿·教育二》。
⑤ 同上。
⑥ 《甘肃新通志》卷35《学校志·书院》。

赵联甲、韩泰、童蓉镜，俱贵德贡生。创立书院、义学，多方造士。倡建学舍，督修文庙，均有功于斯土。①

王锡三，通渭马营三里铺人，文生。道光十四年倡建华阳书院。②

金文同，皋兰人，庚辰成进士。……邑有兴文社，久而渐废，文同倡议整顿，请大府拨叛产为膏火资，人文益盛。③

张倬，古浪人，岁贡生。邑旧无书院，嘉庆二十五年倡捐，创建龙山书院，并筹士子膏火，自此文风日上。继其后者，咸称创始之难。④

除了捐资和倡建书院外，在书院的实际建立和经营方面，实际主持事务的也往往是当地的士绅。

张映槐，字树滋，宁朔增生。嗜学多能，尤精周易，课占卜事辄验。又善营造，前知府顾闻其名，延之督修银川书院，南郊外文昌阁亦其所经理重建者。⑤

杨兴霖《重兴湟中书院暨膏火碑记》：……是役也，监院者教授杨公师震、教谕颜公应第，董事者，邑绅李公协中、齐长、吕公志仁、张公敦实。⑥

---

① 《甘肃新通志》卷74《人物志·孝义下》。
② 《甘肃新通志》卷73《人物志·孝义上》。
③ 《甘肃新通志》卷66《人物志·群才一》。
④ 《甘肃新通志》卷69《人物志·群才四》。
⑤ 《甘肃新通志》卷97《志余·方技》。
⑥ 《西宁府续志》卷9《艺文志》。

周文，字质菴，（金县）城南周家庄人，岁贡生，由新海防纳赀授西宁府碾伯县训导。……金邑自同治兵燹后，衙署及祀典最重之，文庙、鼓楼、隍庙尽为灰烬。邑令朱公、吴公先后兴工，臂助无人，遂于众绅中物色，获文而付其任，文劳怨不辞，或本邑，或四乡筹款募化，数载而文庙、鼓楼、隍庙始落成。然此钜工之浩费而簿记清白，毫无含糊。……且孚望乡里，凡排解之事，数言即息，邑人无不以长者目之。①

（皋兰知县）徐敬创建皋兰书院碑记：……其应需束脩膏火，则系余偕同寅倡捐，与阖邑士庶之所输助，无藉正帑也。……及缔造经营及一切章程，则藉有首事诸绅衿为之筹，不终岁而功以蒇，无虑久稽也。②

可见，地方书院的创建离不开士绅的参与。此外，书院事务大多也是官绅合作的结果。因为在“绅”出仕为“官”，“官”退为“绅”的封建社会里，士绅和官员的关系比较特殊。尤其是在基层社会里，地方官的种种政令和教化等的施行，必须借助于士绅的襄助。因为士绅为一乡之望，而官与民疏，绅与民亲。另外，士绅作为退居乡野者，他们若想继续发扬士之忧国忧民，立功、立言、立德的优良品质，也必须借助于地方官员的支持，因为毕竟士绅远离了政治中心，他们的主张常常必须借助于地方官员才能上达庙堂，所以，包括书院建设在内的几乎所有地方事务，大多是在地方官与士绅的合作下才得以完成的。因此，清朝甘肃地方的许多书院也是士绅与地方官合作的结果。

（会宁县）枝阳书院，在县西关，其地乃童生李永霞捐。会邑旧无书院，嘉庆十六年，知县张晓山遵制宪邹面谕，阖邑士绅捐资肇修。……（道光）十年，监生吴宗尧捐钱二百千文交商，每月一

① 《金县新志·人物志·谊行·周文》。

② 《甘肃通志稿·教育二》。

分行息，以充生童奖赏……李家沟学田一处，贡生董联壁捐。①

大通县大雅书院……咸丰二年，知县哈甸同邑绅孔绍祖、马廷伟等重葺之。②

山丹仙堤书院，嘉庆二十五年时任山丹知县的赵廷彦捐俸建，又劝绅民捐资得一千五百缗，发商生息以资生童膏奖。③

敷文书院，在靖远县城西门内，清乾隆四十五年，知县彭永和倡捐廉俸，暨邑士民醵资公建。④

大通知县黄仁治重修大通县城垣衙署、庙宇、书院、义学碑记：……同治十一年……该回众恳将城垣、文武衙署一律修复，以赎前愆。其各庙宇余乃设法筹款，派绅董候选教谕梅魁、贡生张锦文、附生张海鲤等次第举修，偕训导杨潮曾、典史李元琳督劝殷实，集资万金。度大雅书院旧址，重构崇山书院。复于县城东西关及硖衙门、庄永安堡、北川营城、红山堡之大通营城建义学五处。⑤

苏山书院，在镇番县城内，清乾隆四十八年，知县王赐均暨阖邑士庶捐置。⑥

从资料可知，上述地方官与当地士绅联合创办的书院，在具体的创建中，地方官有时候只是起个号召和组织的作用，而书院的具体创建及许多实际事务，实际上都是由士绅具体负责的，可以说，士绅发挥了事

① 《会宁县志》卷6《学校志·书院》。
② 《西宁府续志》卷2《学校》。
③ 《甘肃新通志》卷61《职官志·循卓下》。
④ 《甘肃通志稿·教育二》。
⑤ 《西宁府续志》卷9《艺文志》。
⑥ 《甘肃通志稿·教育二》。

实上的领导角色和作用。

（三）士绅与文庙、贡院等的创建

作为维护儒家伦理纲常的重要组成部分，除了社学、义学、书院等直接的教育机构外，与教育有关的机构还有文庙、贡院等，这些都是士绅关注地方文化教育、人才培养的重要组成部分。所以，文庙和贡院等的建设也离不开士绅的参与和襄助。例如，甘肃贡院就是在当时甘肃大吏左宗棠的努力和支持下建成的，“直省乡试皆有贡院，甘肃自光绪建元，与陕分闱，则始建焉，总督左宗棠之力也”。[①] 左宗棠对甘肃贡院的建立和支持，可以说在某种程度上为甘肃士绅创建各地文庙和贡院，起到了一个积极的榜样和推动作用。不过，在左宗棠倡建甘肃贡院之前，就有许多士绅参与了对地方文庙、考院等教育机构的建立和维修等。

> 张维藩，字价人，狄道岁贡生。……有学行，好义举。道光二年，与李遇春协力捐募重修文庙。[②]

> 曹炯，字镜侯，皋兰人，道光二十年进士。……甘肃分闱，创建贡院，赞助之力亦多。[③]

> 西宁府贡院在中街北，雍正十二年，署临巩布政司印务西宁道杨应琚、暨西宁道副使高攀龙、知府杨汝楩，西宁知县范子绩，碾伯县知县张登高，并阖学诸生捐资创建。[④]

> 靖远县考院在县署东，本旧仓地，乾隆十九年，知县陈政捐修。……道光六年，阖县绅士公请改为试士之所，同治初毁。[⑤]

---

① 《甘肃新通志》卷33《学校志·贡院》。
② 《甘肃新通志》卷73《人物志·孝义上》。
③ 《甘肃新通志》卷66《人物志·群才一》。
④ 《甘肃新通志》卷34《学校志·试院》。
⑤ 同上。

庆阳府考院在府治西北……夫比年考铰大典也，而使者不能安其身，士子不能容其膝，非守土者之责而何？顾费羸无出，心怦怦不置。会各属以公事谒，醵俸以襄，继而绅士闻风乐输者麇至，计无之出，遂择明敏者司其事。①

许学礼，宁夏增贡生。光绪十六年捐钱四百缗修理文庙，总督某以“冠冕士林”额奖之。②

（宁夏）文昌阁，在城外东南，乾隆二十八年，生员龚弼等捐建。③

（皋兰县）文庙学铺，在县府学门外空地。乾隆四十年，邑廪生程鸿翔因两学廪银剩余者积至百金，因倡议捐修两学空地为铺十间，岁取租以待修补文庙费。……其铺租，公举品行端方及老成诸绅生同掌管。④

（靖远县）考院在县署东……道光六年，邑绅士姚三荣等募资改建。⑤

通过以上材料，我们得知，与义学、社学等相比，虽然甘肃各地考院等在兴建过程中，地方官起了组织作用，参与的也比较多，但是大多数的具体事务还是由当地士绅负责。这再次表明，在所有涉及儒家伦理纲常设施的兴建和维护方面，士绅的作用不但是客观存在的，而且是不可忽视的。

---

① 《甘肃新通志》卷34《学校志·试院》。
② 《甘肃新通志》卷74《人物志·孝义下》。
③ 《宁夏府志》卷6《建置·坛庙》。
④ 《皋兰县续志》卷3《学校》。
⑤ 《靖远县志》卷2《学校》。

（四）士绅与书院膏火等

士绅的贫困化是古代社会，尤其是明清时期一个不争的事实。对于甘肃这样一个经济落后的偏远地区，士绅的贫困化更是一种普遍现象。对于甘肃士绅的贫困化以及参与科举考试的困难，左宗棠在《请求陕甘分闱疏》中有比较详细的论述：

> ……士人赴陕应试，非月余、两月之久不达，所需车驮雇价、饮食刍秣诸费、旅费、卷费，少者数金，多者百数十金。其赴乡试盖与东南各省举人赴会试劳费相等，故诸生附府、厅、州、县学籍后竟有毕生不能赴乡试者，穷经皓首，一试无缘。①

左宗棠的这番言论，虽然是论述甘肃赴陕西应试之遥远，但客观上揭示了甘肃士子之贫这个客观存在的事实。在论及不能赴考的原因时，左宗棠进一步指出，主要原因是贫困，是资斧无措，他说："徒以资斧无措，不能远行。"② 正因为贫穷，所以"甘肃士子之赴乡试者，合新旧诸生计之，不过十之一二而已"。③

面对士绅的贫困化，对于读书应试、士子膏火费等的积极筹措和支持，也成为地方士绅致力于当地文化建设的重要内容。在具体的资助方式上，除了直接给予应试者银两外，他们还常常通过建立市房，通过取租，或者捐助资金，通过发商生息的方式来援助应试者。

> 杨增思，进士；白之潞，生员；陈琨、刘丕曾，廪生；李奎标，训导；刘赓元，岁贡；陈映奎，监生；赵昇，岁贡；李宗义，副贡；陈珮，州同；杨培元，生员，俱武威人，倡城乡士庶捐二千金同立兴文社，以所入息为乡会试资，寒士赖之。④

① 《甘肃新通志》卷33《学校志·贡院》。
② 同上。
③ 同上。
④ 《甘肃新通志》卷74《人物志·孝义下》。

杜映旌，固原贡生，举孝廉方正。同治间，郡城书院荒废，士子无肄业所。映旌与同学南化行、郑大俊、张国桢、邵慕孺、王铭、李维新、贺安邦、田生敏等创立文社，筹款发商，增置学田，构房取租，经营数年，筹划周至，在学士子均蒙其泽。①

兴文社，清乾隆四十一年建……（光绪间）邑绅刘尔炘经管有年，其产增至三万余两，岁收租息约三千余元。②

王权，字心如，伏羌人，道光甲辰举于乡。……以父建祠事假归，又捐资邑文社千金。③

李凯德，太学生。周贫乏、立义冢、修青城书院，独捐资四百千，乡会赴试者，辄佽助不吝云。④

杨兆麟，清水人，附贡生。……捐钱二百缗为书院膏火费，知县陈墉为勒碑记之。⑤

李焕章，字唐文，狄道庠生。轻财好施，每冬月制毡衣数百以与匄者。尝捐数百金典公店一区以资书院膏火，临终嘱其子翼林、含芳曰："吾所捐书院公店，特典价耳，汝能买而公诸士子，吾志乃成"，二子后如其言。⑥

甘泉书院在张掖县城南门内……乙丑春，地方绅士……共捐资置市房七十六间，取其租以助膏火。⑦

---

① 《甘肃新通志》卷73《人物志·孝义上》。
② 《甘肃通志稿·民政志》。
③ 《甘肃新通志》卷64《人物志·乡贤上》。
④ 《皋兰县续志》卷8《谊行》。
⑤ 《甘肃新通志》卷74《人物志·孝义下》。
⑥ 《甘肃新通志》卷73《人物志·孝义上》。
⑦ 《甘肃通志稿·教育二》。

> 程鸿翔，兰州庠生，有学行。康熙间，文庙礼器坏缺，约同学增补之。……又醵钱即垣外隙地构檀市十楹，取岁租所入以充修学，州有修学社，自鸿翔始。①

士绅对寒士的资助形式有许多，除了上文所列举的捐助田地、房屋、银两等外，士绅有时候还为本地的书院等捐献书籍。例如，“陈史，字金鉴，张掖人。志学工文，康熙丙子举人。……为张掖购书七十四种置公所，后其子维衡请归书院。”② 显然，相对于膏火、田地、房屋等，书籍应该是士绅助学的最直接方式了，因为这种形式更能体现甘肃士绅作为文化人代表对本地区教育文化发展和人才培养的关注与重视。

（五）士绅助学的方式

以上对社学、义学、书院、贡院、文庙，以及士子膏火费及应试费用的支持等，就是甘肃士绅致力于甘肃地方文化建设的主要表现。关于资助的方式，我们在上文也有所提及，有些是士绅自己出资建立，例如，“修学社，康熙五十二年，兰州庠生程鸿翔等建置。”③ 然而，大多数还是士绅与地方官员以及当地百姓联合兴建的。因为我们知道，在中国古代的地方行政机制下，地方官员只有和当地士绅联合才能有所作为，所以具体到书院等学校机构的兴建上，虽然地方官积极倡修书院等，但是如果离开地方士绅的支持，他们的目的很难实现。许多事例表明，很多出任甘肃的地方官都是在与地方士绅的联合下，才实现他们捐资兴学的目的。例如，“康基渊，字静溪，山西兴县进士。乾隆三十八年任皋兰县知县，爱民重士。后迁兰州知府，邑举人张铎武、邵荣清等以修学社余银百两呈请发商生息，为乡会试卷费。基渊少之，首捐四百金，并募同寅之曾任县事者王亶望、蒋全迪、奇明、吴鼎新、郑陈善、

① 《甘肃通志稿》卷89《人物七》。

② 《甘肃新通志》卷69《人物志·群才四》。

③ 《甘肃新通志》卷37《学校志·社学》。

陆玮共助之，得千五百金发商生息，兰之有兴文社自此始。”[①] “李裕泽，字问樵，河南信阳进士，光绪七年任皋兰县知县。……邑中新旧义塾凡十区，例设脩脯甚微，主讲斯席者多衰庸充数，裕泽清款生息，丰其馆谷，创首考选之法，设岁终殿最之条。委绅士二人稽其勤惰，而讲过之学生能背诵所读书者给钱奖励焉。”[②] 显然，康基渊、李裕泽对甘肃地方文化教育和人才培养等所做的贡献，都是在地方士绅的襄助下，通过官绅合作的形式得以实现的。

二　地方志等的修撰

方志等地方文献典籍，是一个地区文化发展程度高低的重要标志之一，所以，重视文化控制的明清两朝政府都极为重视地方志的编修，三令五申地督促全国各地编修方志，于是，全国各省、府、州、县的方志编修蔚然成风，形成了地方志编修的昌盛时期。

在政府的重视和提倡下，作为享有文化话语权的士绅自然就成为各地方志编修的主力军。于是，在他们的努力下，方志编修成为地方构建文化知识体系的主要传承形式，并且作为一种文化理念渗透到各行政区。各地的地方官也把方志编修作为一种文化活动，融入执政理念当中，并且把方志编修作为构建地方文化秩序的重要内容。

一般来说，地方府、州、县志的编修是由地方官出面，由他们组织一个方志局，聘请本地或外地有名望的学者负责方志的总编纂。除此之外，还要聘请大量的本地士绅参与，分任编写和分赴辖区各地进行采访。之所以要聘请大量的本地士绅参与地方志的编纂，是因为他们不但是本地文化人的代表，而且他们熟悉本地的情况，便于调查，能够掌握比较可靠的素材。所以说，绝大多数地方志的实际编修工作是由本地士绅负责的。

清代甘肃各地的方志也一样，在纂修过程中，实际采访和编修的是本地区的士绅，地方官只起牵头和督促的作用。关于甘肃士绅在甘肃地

① 《甘肃新通志》卷59《职官志·循卓上》。

② 同上。

方志编修过程中的贡献，文献中有许多记载：

> 韩塘，两当人。有善行，主广香书院讲席，多士钦服。邑令德俊重修县志，资采访，艺文多出其手。①

> 苟濂，字在滋，狄道庠生，恩贡生。博学能文，知府高锡爵纂修府志，濂与贡生李杰共襄采访焉。②

> 张述辕，字善述，镇源人，学有根底。初，县志残缺，文献无征章起。钱某宰镇邑，聘述辕撰述，述辕出其旧纂，粹然称善。钱某遂用剞劂，按其遗编，文约旨远，而记兵事一门尤详。③

> 王继政，字善庭，岷州人，光绪壬午举人。读书稽古，足不履城市。岷志自雍正以来，迄未修续，继政采辑旧事，都为一册，足资考核。④

> 潘挹奎，字石生，武威人嘉庆庚辰进士。……邑志久失，续修，文献无征，挹奎表扬耆旧，勒成一书。文笔隽逸，学习端谨，后进励品节者咸奉为圭臬焉。⑤

> 杨凌霄，字壤三，陇西恩贡生。……以陇西志乘被毁，惧无征，博访周咨，书成七种，以为后来修志据，学使叶昌炽索观，将以襄武文献榜其门。⑥

---

① 《甘肃新通志》卷67《人物志·群才二》。
② 《甘肃新通志》卷66《人物志·群才一》。
③ 《甘肃新通志》卷67《人物志·群才二》。
④ 同上。
⑤ 《甘肃新通志》卷69《人物志·群才四》。
⑥ 《甘肃新通志》卷67《人物志·群才二》。

呼延华国，字炳文，陕西长安进士，乾隆二十六年知狄道州。……聘邑绅吴镇创修州志，体例明晰，词笔谨严，当时称为陇右名志。①

可见，以上士绅都对清代甘肃地方志的修纂作出了积极贡献，他们或者自己稽核，或者受地方官的聘请，但总体上看，与地方官的合作者居多。因为地方官只有与当地士绅合作，才能使政令顺利实施，才能政绩卓然，这是由古代社会的政治体制，以及中国古代社会中士绅的依附性特点决定的，即“官不能离开绅而有所作为”。② 所以，正如上文资料所揭示的那样，清代甘肃各地州县的方志修撰，离不开当地有名望士绅的参与，这些士绅在官员的资助下，完成了当地方志的修撰，既保留了当地的历史文化，又体现了士绅对地方的文化贡献。

三 士绅与地方风俗

一个地区的社会风俗，尤其是士风、文风等是衡量该地区文明程度的重要标志之一。然而，良好社会风俗的养成和培育却不是朝夕之间就可以改变的，它与该地区长期以来的学风、文风、教育发展水平等密切相关，尤其是与该地区官员的提倡，士绅的表率与带动等息息相关。此外，从淳朴民风的治理角度来说，良好的社会风气也是加强控制，尤其是加强思想控制的重要辅助手段，所以历代统治阶级都十分重视对符合儒家礼仪规范，有助于强化封建统治的社会风气和习俗的培养。于是，士绅作为儒家文化和礼仪规范的维护和传承者，他们不仅积极宣传各种“圣谕”“乡约”，而且作为乡人表率，他们的行为是普通百姓学习的榜样。所以，从某种程度上说，一个地区社会风气和风俗良好，与该地区士绅群体对儒家礼仪规范的遵守与倡导关系甚大。

要树立良好的社会风气和习俗，必须在全社会树立起一种符合儒家道德规范的行为模式和思想观念。然而，要实现这样的教化作用，必须

① 《甘肃新通志》卷59《职官志·循卓上》。

② 费正清：《剑桥中国晚清史》上卷，第25页。

调动处于四民之首的士绅的积极作用。在加强社会教化和思想控制方面，清朝统治者，尤其是清前期历代帝王的措施都比较得力。而清代各帝之所以重视教化，是因为在儒家思想中，“礼仪教化是治理国家的最好方法”，[①] 所以，他们在谕旨中一再强调“士风”与“民风”之相率的作用。例如，雍正四年的一道上谕就说：

为士者乃四民之首，一方之望。凡属编氓，皆遵之奉之，以为读圣贤之书，列胶庠之选，其所言所行，俱可为乡人法则也。故必敦品励学，谨言慎行，不愧端人正士，然后以圣贤诗书之道开示愚民，则民必听从其言，服习其教，相率而归于谨厚。[②]

为了加强对士绅的约束，以期发挥其人对乡民的表率作用，从而实现巩固统治的目的，清代各帝都颁发了御制训饬士子文。例如康熙四十一年的谕旨，对士绅的修身立品就提出了明确的要求：

从来学者，先立品行，次及文学，学术事功源委有叙，尔诸生幼闻庭训，长列宫墙，朝夕诵读，宁无讲究，必也躬修实践，砥砺子隅。敦孝顺以事亲，秉忠贞以立志，穷经考义，勿杂荒诞之谈。[③]

除了在谕旨中要求士绅敦品励行、表率乡民外，康熙还进一步形成了“圣谕十六条”，并作为制度在全国各级学校推广。康熙年间的“圣谕十六条”为：

敦孝弟以重人伦，笃宗族以昭雍睦；和乡党以息争讼，重农桑以足衣食；尚节俭以惜财用，隆学校以端士习；黜异端以崇正学，讲法律以警愚顽；明礼让以厚风俗，务本业以定民志；训子弟以禁

① 艾永明：《清朝文官制度》，商务印书馆2003年版，第161页。
② 《钦定大清会典事例》卷383。
③ 《宁夏府志》卷6《学校》。

非为，息诬告以全良善；诚窃逃以免株连，完钱粮以省催科；联保甲以弭盗贼，解仇忿以重身命。①

显然，“圣谕十六条”是对士绅的全面要求，其中包括了忠孝、息讼、士风、学风、法律、风俗、赋税、治安等涉及地方社会生活的各个方面。可以说，这是从国家政令层面对士绅表率乡民的要求，具体就是要求士绅在所有这些方面都能够起到表率作用，从而达到加强统治的目的。其中，“明礼让以厚风俗”，就是要求士绅必须严于律己，以身作则，为乡民做榜样，从而培养良风美俗。

于是，在外有统治阶级的提倡和要求，内有士绅立言、立功心理的驱使下，中国古代社会的绝大多数士绅都遵守着这些“圣谕”要求，并且为良好社会风气的树立作出了积极贡献。

甘肃地处西北，经济发展水平低下，教育文化水平相对滞后。但是，甘肃士绅群体对自己的要求较高，他们同样以儒家礼仪规范来要求自己，并为甘肃纯朴的士风以及良风美俗的培育作出了有益的贡献。例如，“吴华，字实之，岁贡生，皋兰人，设帐授徒。履行方正，尝夜行里中，闻呼卢声，叩门唤其人出，切戒之，其人悔泣，一时博者敛迹，皆曰‘畏吴先生来也。’”② 可见，吴华凭借其声望，遏制了皋兰地方社会的赌博之风。再如，“孙模，字范堂，静宁贡生。……乡人敬畏之，有不善，至恐为其所知。”③ 可见，因为害怕孙模知道其之不善，静宁地方社会养成了积极行善之风气。还有遏制好酗酒风气的吴秉谦，“吴秉谦，字子益，狄道人，童年入庠。……乡人多敬之，有无赖而酗酒者，狠斗不可解，闻秉谦至，惶恐而退，其感人类如此。”④ 在甘肃地方志中，有许多对甘肃士风纯朴的记载：

巩昌府（今陇西），“士耻奔竞，抑浮华”。

① 《会宁县志》卷6《学校志》。
② 《甘肃新通志》卷66《人物志·群才一》。
③ 同上。
④ 《甘肃通志稿》卷89《人物七》。

庆阳府，“人无逐末，依然古风”。

甘州府（今张掖），“士风朴茂，人知稼穑”；①

探究其根源，甘肃士风的纯朴无疑与清朝统治阶级的提倡、士绅身体力行的表率作用有关。例如，康熙帝要求士绅“躬修实践”，“上谕十六条”又要求士绅“务本业以定民志”，因此甘肃地区出现了“士耻奔竞，抑浮华”“人无逐末，依然古风”“士风朴茂，人知稼穑”的良好风气。显然，除了统治者的提倡外，士绅群体对自身的严格要求及表率作用，也是树立良风美俗的关键，在甘肃士绅中，我们随处可见士绅对儒家规范严格执行的记载，诸如“盛暑必肃服”“正襟危坐”“终日无倦容”“与人无间言”“无遽言厉色”等。

概括地说，这些士绅群体对儒家规范的严格遵循，使得他们成为乡民学习的典范，也成为威望于乡的核心人物。他们对乡民的影响范围更为广泛和深远，不仅体现在对儿童的教育上，在其他诸如和睦乡邻、孝顺家人、施贫济困等方面都产生了深远的影响。

1. 士绅之身体力行

作为四民之首，士绅不仅具有文化知识，而且有着高于普通百姓的社会地位和特权。所以，他们的言行举止往往会对乡村百姓的日常生活、习惯、心理及行为产生深远影响。而在这些影响下所形成的特定的、比较大众的、为社会所认同的社会习惯，就是我们所说的社会风俗，我们习惯上把那些符合儒家礼仪规范的习俗称为良风美俗。所以，优秀的地方士绅常常成为后进者和乡人学习的榜样。例如，对师道尊严的影响，“李天伦，古浪人，补用州同，生平孝友，性成敬老，恤邻重学，亲师为一乡之范。”② 很显然，在李天伦的影响下，古浪地方社会形成了尊师重教的良好风气。再如，对礼仪遵循产生的效果，“周润林，山丹廪生。……课徒以躬行孝弟为先，冠婚丧祭恪遵家礼，学者敬而畏

① 《甘肃通志稿》卷29《风俗》。

② 《甘肃新通志》卷65《人物志·乡贤下》。

之。”[①] 显然，周润林对传统礼仪，诸如丧葬礼的恪守，对地方社会的读书人产生了积极影响。“王三祝，字道馨，皋兰人，庠生。……居家崇礼，丧事不用浮屠，族人化之。”[②] 可见，在以宗族为地方社会单位的中国古代，王三祝移风易俗的做法，对其宗族成员也起到了明显的表率作用。还有刻苦读书习惯也对后学者产生了影响。“刘正名，字义山，皋兰人，同治癸酉举人。……潜心先儒性理诸书，身体力行，为闾里表率。”[③] “梁永清，字定山，泾州人，同治癸酉拔贡。……刻苦志学，竟夕不寐，浮薄者每望而生畏。”[④] 总之，士绅对礼仪的严格遵守和身体力行，不但成为后来者和乡民学习的榜样，而且对浮华的社会风气具有纠正和威慑作用。

2. 士绅之慈善表率

中国古代社会生产力水平比较低下，物质匮乏，所以常常有“衣不蔽体”“食不果腹”的百姓需要得到国家和社会的救济，在灾荒年，这种情况就更为普遍。然而，由于救济需求的迫切性与封建王朝勘灾、救助的繁琐性，导致灾荒发生与实际获得救济之间总是存在较大的时间差，在这样的情况下，常常是由地方社会乡民的自发救助来填补这一空缺。此外，由于政府的救济有限，在大多数情况下，士绅对贫民的救济可能更多一些。于是，在施贫济困的救济方面，士绅群体也发挥着重要作用，他们不但捐助灾荒年所需的粮食、资金，而且，他们的救济行为也带动了乡里百姓之间的互助风气。清代甘肃社会也不乏这种现象。例如，“张书田，字种之，静宁优增生。……经理家务，尚勤俭，待人和厚。村民贫户甚多，书田将所有田地除自种外，余俱令贫户耕种，俾足日用，交租听其自便。并出赀置义坟、义塾，邑有义举，皆资助无少吝。值岁饥，己粟无余，贷他人粟赈济之，全活甚众，凡乡村有力之家，因仿而行之。”[⑤] 显然，张书田的榜样和带动作用是巨大的，因为

① 《甘肃新通志》卷65《人物志・乡贤下》。
② 《甘肃新通志》卷66《人物志・群才一》。
③ 同上。
④ 《甘肃新通志》卷67《人物志・群才二》。
⑤ 《甘肃新通志》卷73《人物志・孝义上》。

在他的影响下，当地“凡乡村有力之家，因仿而行之”[①]。可见，这种在士绅的带动下所形成的良好互助行为，不但使得贫穷者免于饥寒，而且有助于良好社会风气的形成。这种效果正是士绅对乡人榜样和表率作用的具体体现。

3. 士绅之息讼效应

传统观点认为，中国古代社会的皇权势力一般只能到达县一级。[②]究其原因，应该是只有县一级的县令等官职是得到了皇权的认可和派遣的。那么，在这样的情况下，县以下的基层社会事务是如何实现有效调处和治理的呢？在封建政府势力很难到达的基层乡村里，维持良好的、安定的社会秩序，常常离不开居于乡间的士绅的积极参与。他们不但身体力行，而且其行为和威望还使得他们不自觉地成为地方社会的实际执法者。甚至有学者论道，在基层社会里，士绅解决的纠纷要远远多于地方官处理的纠纷。例如在清代甘肃地方社会，士绅扮演法官角色的例子有很多。甚至有些士绅长期在所居的地方起着实际法律调解者的作用，例如，“韩孔淑，字三善，贡生。……在里持是非，人咸服焉。存之日，乡党无讼事者二十余年。”[③]

通过甘肃地方志中的人物传材料，我们发现，在基层社会中，士绅的作用是十分广泛的。就社会纠纷的调解和社会秩序的维护方面而言，他们不但本身具有威慑作用，而且能从根源上遏制各种危害社会秩序行为的发生，例如，“刘述武，字丕丞，武威贡生。设教县城之西偏丘祖庵，言笑不苟，毅然以师道自任。……衣冠俨然，目不睨左右，里人望而生畏，乡邻有斗者，见述武来则散去，呼述武为阎罗。有过至相戒曰：‘刘阎罗得毋闻之乎？’”[④] 可见，深孚众望的刘述武身体力行的表率作用，使得地方社会好斗的习气得到了一定的遏制。再如，“王应钟，狄道廪生。平生以礼自持，家居数十年，人无斗争兴讼者，里中妇女，

---

① 《甘肃新通志》卷73《人物志·孝义上》。

② 胡恒：《皇权不下县？清代县辖政区与基层社会治理》，北京师范大学出版社2015年版，第10页。

③ 《重修漳县志》卷7《人物志·耆旧》。

④ 《甘肃新通志》卷69《人物志·群才四》。

无敢出汲。"[①] 这些士绅以他们的威严震慑了乡民，从而减少了各种危害社会秩序事件的发生。此外，在士绅的威望影响下，乡村社会即使发生纠纷，在士绅的调解下往往也会很快平息，例如，"康且亨，字嘉会，海城岁贡。……里有争讼者，得且亨一言辄解。"[②] "王怀美，字纯庵，礼县大潭里人。…乡人有争讼者，就质即和解之。"[③]

总之，士绅在地方社会纠纷调处和息讼方面发挥着重要作用。士绅之所以具有这样的作用，除了他们的士绅身份外，还因为他们高尚的人格和品格赢得了地方社会的认可。

4. 士绅之孝友效应

尊老爱幼是中华民族的传统美德，作为士绅，他们不但自己身体力行，孝敬父母和长辈，而且，他们还常常以自己的实际行动感化乡民。例如，"张克圣，字兰谷，皋兰人。嗜琴书，喜吟咏。父早殁，事母至孝，便身之物悉躬执之。邻有滕闳者，素忤其亲，克圣婉言劝诫，且邀至家，令观己奉母事，闳悔泣改行，亦以孝闻。"[④] 显然，张克圣以自己孝敬母亲的行为感化了邻居，使得"闳悔泣改行，亦以孝闻"[⑤]。此外，在孝敬父母成为一种美德的古代社会，孝行的影响更为深远和广泛，甚至孝敬行为和影响连盗贼都深受感动。再如，"段维韩，字熙垣，恩贡。……有盗贼数人来劫，告以故，群相语曰：'此孝子也'，遂引去。"[⑥] 可见社会主导思想的影响力之深远，因为段维韩的"孝子"声誉震慑了盗贼，从而避免了被盗窃。

总之，中华民族尊老爱幼的美德及孝养思想之所以根深蒂固，并成为中华传统文化的重要内容，是与士绅阶层身体力行的表率及传承作用密不可分的。

---

① 《甘肃新通志》卷66《人物志·群才一》。

② 同上。

③ 《甘肃新通志》卷74《人物志·孝义下》。

④ 《甘肃新通志》卷73《人物志·孝义上》。

⑤ 同上。

⑥ 同上。

第二节　地方公共事务的实际经理者

王先明对于中国古代地方社会治理事务中官绅民的关系，尤其是官绅关系有着如下认识：

> 窃为治之道，必须官通民情，民知官意，上下相信，而后举办要政，如响斯应。……中国向来积弊，官绅隔则多蒙蔽，官绅通则启嫌疑，不惟官与民隔，绅亦与民隔。……所以官欲通民，必先使绅与绅通，而有以联之，官欲民信，必先使绅为民信而有以导之。①

以上论述就是对中国古代社会中政治体制和统治模式的真实反映。因为在阶级社会里，皇权势力要想到达基层社会，实现对所有疆域和万民的有效治理，必须依靠地方官来实现有效治理。然而，在地域辽阔的中国大地，地方官的势力大多只能到达县一级，而对于县以下的乡村社会，他们的控制力也相当有限。对此现象，也有学者论道："强大的皇权或中央集权国家的直接行政统治，从未真正深入中国县以下的社会中，广大农村及农民的直接统治机构和统治者，是作为皇权延伸物的家族和士绅。"② 显然，这个论述并不夸张，因为诸多事实表明，在县级以下的乡村社会中，士绅对地方事务的参与和经营远远多于地方官吏的作为。

然而，要想使皇权深入基层乡村社会，实现对底层社会的有效控制，官方势力必须借助居于乡里的地方士绅的襄助。因为"官与民疏"，而居住于乡的绅"与民亲"。所以，在"官"与"民"之间，"绅"起着桥梁和纽带作用，他们是"官通民"和"民信官"的中介人。唯有官民相知、相通、相信，才能"举办要政，如响斯应"，所以

---

① 《隆平县设立公议局警务研究所禀请核示文并批》（续），《大公报》1907 年 7 月 21 日"公牍"。见王先明《中国近代社会文化史续论》，南开大学，2001 年。

② 李路路、王奋宇：《当代中国现代化进程中的社会结构及其变革》，浙江人民出版社 1992 年版，第 181 页。

说，在这一链条上，居于基层乡村社会士绅的作用是无可替代的。而且，在基层社会的许多方面，例如在桥梁、道路的修建，水利的治理，灾荒年的救济，教化的维持，学校的兴建，慈善事业的兴办，地方治安的维持等方面，地方士绅群体都是实际的管理者和主力军。关于士绅在基层社会公共事务中的独特作用，张仲礼论道：

绅士作为一个具有领导地位和特殊声望的社会上层集团，推进和经理着众多地方和宗族的公共事务。他们的功能覆盖着广泛的领域，其中包括监督公共事项的财务、兴建和运作，组织和指挥地方团练，建立和经理地方和宗族的慈善机构，以及在和官府打交道时代表地方和宗族的利益。①

在论述这些事务的经理与运作是士绅必尽的职责时，他又说道：

绅士的特别地位使他们不可避免地在他们所在的省份和地区承担这样的责任。②

至于士绅关注地方社会事务的原因，张先生认为：

经理家乡的事务，是绅士对中国社会所负责任的核心。他们作为本乡或本省社会领导人的作用具有十分独特的性质，是绅士体制的精髓。③

此外，对于士绅群体自身来说，他们也愿意把经理家乡的公共事务作为自己不可推卸的职责，因为“绅士通常认为自己理所当然地负有造福家乡的责任，具有完善、维持地方和宗族组织的责任”。④

---

① 张仲礼：《中国绅士的收入》，上海社会科学院出版社2001年版，第42页。
② 同上。
③ 同上。
④ 同上。

除了士绅群体把经理家乡事务作为自己的责任外，地方百姓也乐意推举士绅作为家乡公共事务的经理者。因此，“由士绅站出来，或者人们请他们出来处理家乡的公共事务，就成为士绅居于乡间的‘恒事’”。①

一 士绅与地方公共工程

地方公共工程一般包括道路、桥梁等交通设施，城墙、堡垒等城防工事，水坝、河堤等水利工程，等等。这些公共工程大多是通过官绅合作的形式，或者由士绅独立完成的。可见，无论哪种方式，都离不开士绅阶层的参与，因为很多工程是由士绅倡议并在兴建过程中实际负责的。全国各地方志中有无数记载表明，在这些公共工程的兴建中，士绅的作用是十分突出的。所以清代甘肃士绅也一样致力于甘肃地方公共工程的兴建与维修。在这一部分，我们按士绅所参与和经理的公共工程的类型来分别加以论述。

（一）士绅与桥梁、道路等

由于桥梁、道路等工程关系到百姓的日常生活，所以这些工程的兴修也是居于乡间士绅群体所十分关注的。他们往往或者自己出资修建，或者发出倡议，号召社会力量来兴建。有些工程虽然经由官府批准和监督，但最终实际主持修建的依然是士绅。甘肃士绅也一样，他们同样关注地方的桥梁、道路等交通设施的兴建与维修，并且他们大多在修建中承担了主要工作，包括经费的来源与管理。在甘肃地方志中，有许多关于士绅修建桥梁、道路的记载。清代甘肃士绅修建桥梁的事例如：

> 田大举，灵台人。……凡邑中桥梁、祠庙，多所修建云。②

> 王沼，庄浪附生。……尝补修桥路，利济行人。③

---

① 张仲礼：《中国绅士的收入》，上海社会科学院出版社2001年版，第42页。

② 《甘肃新通志》卷73《人物志·孝义上》。

③ 同上。

韩献臣，监生，文县人。……尝补修玉泉观、鲁班桥，乡里咸敬之。①

王钟灵，字世芳，皋兰庠生。……见义必为，凡修桥梁、建祖祠、置祭田，皆出巨资。②

以上几位就是致力于当地桥梁、道路等工程兴建的士绅代表。无论他们是自己出资，还是负担资金的大部分，在实际的修建中，他们都发挥了不可或缺的组织和领导作用。因为材料中并没有体现出地方政府的参与和支持，所以这些桥梁、道路等的修建应该是士绅阶层独立完成的。在只有借助于士绅的襄助才能有所作为的乡村社会，许多地方公共工程的实际兴修都离不开士绅的参与，也就是说，地方官只有与士绅联合才能完成施政目标。例如，以下桥梁就是由士绅与地方官府合作的。

迎善桥，在兴隆山，光绪十九年五月初八日被暴水冲去，至二十六年，官绅禀明上宪，由厘金项下拨银一千两，知县陈昌与绅士督工修建，更名“云龙桥”。③

除了与官府合作修建桥梁外，作为享有较高声望的士绅群体，他们往往还利用自己在地方上较高的社会声望发出倡议，倡议地方官兴建桥梁道路等公共工程，并倡议地方士绅积极捐助兴建。有时候，士绅群体也自己联合起来兴修地方公共工程，例如山丹的“祁家桥”就是几个当地士绅联合兴建的。“祁斌，与弟祁彦，俱山丹监生。岁建山丹河浮桥，冬筑夏拆。乾隆丙申，力建长桥，成而复倾。丁酉又与庠生李天淳、陈维谷，里民高尚谋等合力募修，今名祁家桥。”④ 除此之外，当

① 《甘肃新通志》卷74《人物志·孝义下》。
② 《甘肃通志稿》卷89《人物七》。
③ 《金县新志·建置·津梁》。
④ 《甘肃新通志》卷74《人物志·孝义下》。

地士绅联合兴建的桥梁还有，“浩亹桥，在南郭门外，兵燹后焚毁殆尽。光绪十六年，绅士汉文源等捐资募化，董工建修。”①

无论是修桥还是其他公共工程的兴建，士绅群体所关注的是造福地方百姓。因为他们把这视为士绅群体不可推卸的社会职责，所以，他们总是想方设法造福于人民，尽管他们在内心或许有着建功立业、提高声望的目的。但是，大量公共工程的兴建方便了地方百姓的生活。所以，在不具备修桥条件的地方，士绅往往会探寻其他解决办法。例如，两当士绅王尚志在双河口（今陕西凤县与甘肃两当交界处）捐资造船就是一例。“王尚志，字子成，两当人。幼业儒，窘于衣食，因辍学治生。勤苦所得，辄分穷乏。嘉陵江之双河口当要道，每年水涨，涉者辄被陷溺，尚志捐资造舟，并输经费，行人以便。”②

在有关交通的公共工程中，除桥梁外，士绅群体还参与了许多道路的开凿与维修。

> 魏宗谏，字言台，狄道岁贡生。尝率郡人修超然台折桥及岳麓山石径，登者便之。③

> 张廷选，字子青，狄道人，道光乙未进士。……狄道赴兰州路，旧由关沟门直入上摩云岭，沟深二十余里，细沙沮洳，夏秋雨水暴涨，路辄阻；冬积冰层立，多成深堑，车马倒毙无数，民甚苦之。廷选白诸大府，筹款该修新路，商旅赖之。④

> 穆鹏年，山丹庠生，慕化坝人。县治南二十里炭窑山路磝碞，名曰“乏牛坡”，行者苦之，年出资开凿，以利行人。⑤

① 《金县新志·建置·津梁》。
② 《甘肃新通志》卷74《人物志·孝义下》。
③ 《甘肃新通志》卷73《人物志·孝义上》。
④ 《甘肃新通志》卷66《人物志·群才一》。
⑤ 《甘肃新通志》卷74《人物志·孝义下》。

安仁，字体元，秦安人。……后家道裕，乐善好施。村中有巨壑碍行人，仁捐资督筑成坦途，官桥遭河涨冲没，虑乡人被官刑，代为赔修。①

可见，以上所举清代甘肃地方道路，正是在地方士绅阶层的参与和谋划下，才得以修建完成，便利百姓出行的。热衷地方事务的士绅阶层，有时候他们所参与的，不仅仅是对桥梁或者道路的兴修，凡是关系到地方公共事务的，他们必然居于主持或者领导地位。

纪瑞，字辑五，清水增生。性耿介，急公好义，凡地方兴作，必赖瑞董其成。②

刘振邦，字汝翼，漳县庠生。……倡建东麟、西凤、文昌各寺宇及堡寨、桥梁，凡有建造，悉身任之。③

从以上两例中我们可以看出，士绅关注地方社会事务的范围非常广泛。凡是地方公共工程的兴建与维修，均离不开士绅的参与，而且他们往往在工程修建中居于主导和实际的领导地位。例如，“凡地方兴作，必赖瑞董其成”的纪瑞和“凡有建造，悉身任之”的刘振邦就是这些士绅群体中的典型代表。关于士绅在公共工程中实际的主导地位和不可代替的作用，张仲礼也说：“无论这些工程由官或由绅指导，在执行中总是绅士承担主要负担。”④

（二）士绅与城墙、堡寨等

公共工程包括的内容比较广泛，除我们上文论及的桥梁、道路等交通设施外，还包括城墙、堡垒等关系到地方安全的防务设施。所以，对这些防务设施的参与和维修，也是士绅关注地方公共事务的重要方面。

---

① 《甘肃新通志》卷67《人物志·群才二》。

② 《甘肃新通志》卷74《人物志·孝义下》。

③ 《甘肃新通志》卷73《人物志·孝义上》。

④ 张仲礼：《中国绅士——关于其在19世纪中国社会中作用的研究》，第60页。

在地方志中，关于甘肃士绅修筑防务设施的记载比较多，但大多发生在咸丰、同治年间。在危及既有地方社会秩序的动荡发生后，代表儒家思想的士绅群体纷纷参与到维护封建社会统治秩序的斗争中，他们不但积极参加团练等组织，用实际行动来维护社会秩序，而且积极修筑堡寨等防务设施，以保护地方人民。

陈克孝，字佰翘，镇番增生。……同治四年，克孝出资在下二东创筑大寨……避难者不下万余人，皆得保全。①

申大儒，抚彝鸭翅渠监生。……同治四年，肃州失陷，倡首捐千金筑古榆寨……令合渠数百家入寨避患，俱获安全。②

张霆，宁州贡生，居店头堡。捐资修堡强，集团众御贼，堡民赖之。③

杜芾棠，固原附生，居北关，世多隐德。咸丰十年，北城倾圮，库款支绌，官拟就地款兴筑，芾棠出钱一万缗，督工修理完善。④

张庆麟，字云卿，其先自三原迁秦州，道光庚申进士。……值陇上兵起，州牧留襄防务，时州城圮损，庆麟倾家财输工费，众感其义，又协力集资，时工竣。⑤

总之，无论是堡寨还是城墙的修筑，士绅同样在资金来源和实际修建中起着主导作用。例如，陈克孝“出资在下二东创筑大寨”，申大

① 《甘肃新通志》卷74《人物志·孝义下》。
② 同上。
③ 《甘肃新通志》卷71《人物志·忠节二》。
④ 《甘肃新通志》卷73《人物志·孝义上》。
⑤ 《甘肃新通志》卷65《人物志·乡贤下》。

儒“倡首捐千金筑古榆寨”，张霆“捐资修堡强”，杜芾棠“出钱一万缗，督工修理完善”，张庆麟“倾家财输工费……又协力集资”。这些堡寨的修筑，不但积极支援了清朝对封建社会统治秩序的维护，而且为保护甘肃地方百姓的生命财产安全起了重要作用，文献中的“皆得保全”“俱获安全”“堡民赖之”等记载，就是对士绅这方面功绩的肯定。

（三）士绅与河堤、水利等

甘肃地处西北边疆，经济发展水平落后，在清朝乃至整个古代社会，主要经营的都是农业经济。这是因为甘肃的自然条件比较差，土质贫瘠，气候条件恶劣，水资源缺乏，所以，甘肃农民祖祖辈辈过着靠天吃饭的日子。对此种情况，康熙八年任通渭知县的顾竟成有一段论述：“西秦半壁天下，为朝廷右臂。关陇以西，内捍王室，外御海夷，尤为重地，从来治则先治，乱则先乱，自非培植安全，宽恤爱养，恐彪悍乐斗之民难免走险之思也。某莅任七载，目击时艰，一陶之外无余业，一农之外无他营，输纳兵饷，止此，好子终岁勤动，年丰则伤谷贱，年歉则嗟无食，愁苦万状。”① 这段话就是对当时甘肃社会经济状况的真实反映。

正因为贫穷落后，所以有不少外地士绅把甘肃看作“险地”，在官职任命时，他们极力避开去甘肃做官。那些不得已出为甘肃地方官的人，其心态大有“壮士一去不复返”的悲壮。例如，顺治十四年出任环县知县的湖北江陵人金先声，在其诗作中就流露出了这种心态：“龚遂海滨皆赤子，仲升塞外亦男儿。”② 显然，他把地处西北的甘肃与东南沿海相比较，认为自己虽然出任地处“塞外”的官员，但同样是热血男儿。其诗作显然是对不得已出仕甘肃的自我勉励。试想，如果他是被任命为东南沿海富庶地区官员的话，恐怕就不会有“仲升塞外亦男儿”的感慨和自我勉励了。

于是，在这样艰苦的条件下，兴修水利就成为发展农业生产，使百

---

① 《甘肃通志稿·蠲征》。

② 《甘肃新通志》卷61《职官志·循卓下》。

姓不至于挨饿的关键所在。关于甘肃兴建水利的必要性和可能性，《甘肃通志稿》有一段中肯的论述：“嘉庆时，武威张澍尝考甘肃水利之可修者，以为甘肃之急，莫大于兴水利。土地硗瘠，生产稀少，一逢元旸，即患艰食，哀鸿遍野，良可悲慨。说者每谓甘省泉源甚少，河渠无多，欲兴水利，殆有难者，此未谙舆图，漫讬謷言，自安瓜惰阻挠，成功者多也。”① 在他看来，甘肃大有兴建水利的自然条件与可能。

正是因为认识到了甘肃水利兴建的重要性，以及对于甘肃地方经济发展乃至国家统治巩固的重要性，所以甘肃的地方官员比较重视对水利的修建。“甘肃水利，以朔方、河西为多，他县次之。清雍正间，甘抚陈宏谋檄各县修渠道、广水利。”② 这是雍正年间甘肃巡抚陈宏谋的一段话，在他的提倡下，素来视地方公共事务为己任的士绅，也都积极投身到甘肃地区的水利和河渠修建中，并建成或维修了很多重要的水利工程。这些水利设施的修建与维护，对促进当时乃至以后甘肃地区的农业发展都起到了不可忽视的重要作用。

在甘肃地方志中，有许多关于士绅经理和兴建水利的记载。

> 关腾霄，文县生员。性和介，乐善好施，尝虑盘道水冲北关，特筑石堤十余丈御之。乙亥，山水涨溢，赖石堤以免，人咸服其先见。③

> 阎凤宁，中卫人，岁贡，任宁夏训导，以老乞归。……于渠工犹勤，率乡民尝修浚焉。④

> 张廷选，字子青，狄道人，道光乙未进士。……狄城滨洮河南北皆旱田，廷选集众开渠溉田，费款巨万，三年始成。旋以土性不

① 《甘肃通志稿·民政三·水利一》。

② 同上。

③ 《甘肃新通志》卷74《人物志·孝义下》。

④ 《甘肃新通志》卷65《人物志·乡贤下》。

坚，复淤塞，廷选以忧劳卒。[①]

李应焯，庠生，字勉斋。……即倡众开通水道，播种灌溉。[②]

与所有公共工程的修建一样，士绅同样在水利设施的兴建与维修过程中起着实际的主导作用。“在某些地方志中也讲到有些大型的水利工程系官方负责。但是据方志中所附的奏疏、报告和文章提供的更详细的资料来看，几乎每一个工程都提到绅士是操办这些工程的积极参与者。”[③] 甘肃的情况也一样，虽然有些比较大的工程是由官方组织的，但实际的负责修建者还是当地比较知名的士绅。例如，“黄庭宇，伏羌人，庠生。……同治丁卯夏，暴雨如注，沙堤冲决，淹没田冢无算，直浸城垣。庭宇奉县令左某谕督修，不辞劳瘁，两阅月，工竣，邑人利之。……（同治）八年，县令侯某重开广济渠，谕庭宇督工，侵冒风雨，婴疾不起。”[④]

显然，伏羌（今甘肃甘谷县）同治年间兴修的河堤和广济渠，实际上负责监督的正是地方士绅黄庭宇，并且他因为劳累而患病。另外，在大型水利兴建的资金来源上，士绅往往也是最大的资金捐助者。例如雍正年间宁夏地区的惠农、大清两渠兴建时，仅郭鸿儒一人就捐资数千金。“郭鸿儒，字子元，中卫县学生。精于渠务，疏浚唐汉，屡著勤劳。雍正初年开惠农、大清两渠，鸿儒捐资数千金，又自备资斧效力三年。”[⑤]

宁夏被誉为“塞上明珠”，水资源丰富，所以在清代甘肃的水利兴建中，宁夏地区的水利建设十分突出。在19世纪，覆盖宁夏、宁朔、平罗三个县的主要灌溉工程有五个。这五个工程是：大清渠、唐徕渠、

① 《甘肃新通志》卷66《人物志·群才一》。
② 《金县新志·人物志·谊行》。
③ 张仲礼：《中国绅士——关于其在19世纪中国社会中作用的研究》，第62页。
④ 《甘肃新通志》卷67《人物志·群才二》。
⑤ 《甘肃新通志》卷74《人物志·孝义下》。

汉延渠、惠农渠和昌润渠。[1] 在每年的冬季，一些熟知渠务的绅士会查勘和估计来年改进和维护这些工程的成本，充当工程的审计员，六七十名绅士则分段监督工程。[2] 还有几位绅士负责管理，协调经费、工料的分配。还有很多的绅士专司各闸的启闭，并呈报水势消长。唐徕渠和汉延渠各有 40 位这样的绅士，惠农渠有 44 位。[3] 正是因为水利设施的维护需要投入持久的工作与劳动，所以有些士绅致力于水利工程的维护长达几十年。例如，"于滨，宁夏庠生。性伉直不苟，办理汉渠工程二十余年。"[4]"申琇，宁夏岁贡生，办唐渠工程三十余年，未尝徇私。"[5] 可见，于滨办理汉延渠工程二十余年，申琇经理唐渠工程时间更久，长达三十余年。可以毫不夸张地说，他们几乎将自己一生的时间和精力都奉献给了家乡的水利事业。值得高兴的是，他们的努力也收到了明显的效果，据统计，仅清代宁夏地区，这五个工程修成后就灌溉田地多达五六十万亩。其中，唐徕渠灌溉 179003 亩，汉延渠灌溉 128184 亩，大清渠灌溉 16240 亩，惠农渠灌溉 111471 亩，昌润渠灌溉 101950 亩。[6]

二　士绅与灾荒救济及慈善

（一）士绅与灾荒救济

中国灾害之多，举世罕见，有清一代，共历 296 年，灾害总计达 1121 次，平均每三个月一次，[7] 与前代相比，具有灾害发生频率高、持续时间长，灾害地区分布广、成灾面积大，特大灾害迭至、交相并发等特征。[8]

但在生产力水平十分低下的古代社会，广大贫苦农民几乎没有抗御自然灾害的能力，每遇较大灾荒，都有大批农民破产，或流落他乡，或

① 《朔方道志》卷 7，1926 年本。
② 同上。
③ 同上。
④ 《甘肃新通志》卷 68《人物志·群才三》。
⑤ 同上。
⑥ 《朔方道志》卷 6，1926 年本。
⑦ 邓云特：《中国救荒史》，三联书店 1958 年版。
⑧ 叶依能：《清代荒政述论》，《中国农史》1998 年第 4 期。

转死沟壑，或揭竿而起。灾后因田土荒芜，农耕废弃，不仅影响农民生计和国家赋税收入，而且危及社会安定和国家政权的巩固。正是因为灾荒的频发会产生如此严重的后果，所以清朝统治者十分重视对灾荒的防范及救助。清代统治者高度重视荒政工作，十分关心地方灾害情况，要求官吏定期奏报雨、雪、冰、霜、雹等自然情况和庄稼丰歉情况，一有灾伤，蠲免之诏委颁，赈济之法频施。例如地方有灾，康熙即诏所司丞议蠲赈；雍正凡自外省来京之员，必面加详询各地丰歉情况，“盖欲周知民隐也”；乾隆对赈灾的关心程度，更胜乃父乃祖，多次强调“为督抚者第一应戒讳灾之念”。与此同时，一批荒政专著，如《筹济篇》《康济录》《荒政辑要》《赈济录》等，数次付梓，广为流传。另外，一些救荒手册，如《宦海指南》也一再要求地方官认真办理好救灾事宜，形成一种地方官吏必须以荒政为己任的社会风尚，有力地促进了清代救灾事务的发展。

甘肃地区“地瘠民贫”，自然条件相对较差，干燥寒冷的气候，连绵的荒山秃岭、沙漠戈壁，不仅经济发展受到极大的限制，而且对自然灾害的承受能力也十分有限。明清我国气候普遍进入干旱寒冷时期，甘肃地区的冷暖变迁与全国基本上一致。这一时期甘肃地区的生态环境严重恶化，自然灾害十分频繁。为防御各种自然灾害，明清中央政府和甘肃地方官员十分重视抗灾减灾工作，不但采取诸多积极措施来防灾、备灾，而且在临灾赈济、灾后补救等方面实施了一套行之有效的办法。

备荒仓储是明清时期防灾抗灾工作的重要措施，实际上是集农业借贷和救灾养恤于一体的社会制度。明清时期甘肃地区备荒仓储主要有预备仓、常平仓、义仓和社仓。其中社仓和义仓是官督民办的救荒设施，是民间在自愿集股的基础上建立起来的自救性合作组织。康熙时，甘肃境内共有社仓、义仓 180 多处，后来有所减少。道光五年（1825），社仓和义仓又恢复至 100 多处。左宗棠治甘期间，甘肃社仓和义仓发展到 130 多处，这些社仓和义仓在救灾赈饥方面起着十分重要的作用。从地方史志记载看，明清两代对甘肃地区的赈济频次和数量皆为以前历代王朝所不及。乾隆十九年（1764），兰州、陇西等地旱、雹成灾，庄稼颗粒无收，清政府赈粮 18.85 万石，银 49.9 万两进行救济。据李向军

《清代荒政研究》统计，在清朝前期（1644—1839）的195年间，清政府就赈济甘肃1198州县次，赈济支出银达4700万两。

赈灾救济组织虽然大多由地方官府举办，但其实际的经营是由地方士绅负责的。有些则是由士绅组织兴建的，例如，“王钟灵，字世芳，皋兰庠生。……又别捐义田以赡宗族，设义仓以备凶荒。”①

通过地方志的记载，我们发现，甘肃士绅参与地方灾荒救济主要有以下几种情况。

1. 士绅之济贫穷

在生产力水平比较低下的古代社会里，处处可见衣不蔽体、食不果腹的贫民。在地处西北的甘肃，这种现象更为普遍，于是，素有“忧国、忧民”传统的士绅群体，就把对贫民的救济和援助看作自己天然的职责。所以他们积极筹措粮食、资金、衣服等来救济这些贫民。在《甘肃新通志》等甘肃地方志的人物传中，这样的救济随处可见。例如，“马云龙，字御云，宁邑太学生。……轻财重义，乐善好施。每春耕时，散种于乡，贫者不取值。康熙四十一年岁饥，米价踊腾，龙尽出所积以济贫乏，赖以全活者不可数计。”②“王守勋，狄道庠生，家素裕，好施济。家中尝储衣服、药物、钱谷等件，遇贫寒、疾病者登其门，辄给之不少吝。往见衙前囚多菜色，因购饼以与之，生平多隐德，人常感佩。”③

士绅救济贫穷的方式有这么几种：一是直接救助其人财物，如粮食、衣物，甚至药品等。例如以上我们所提到的王守勋，他“家中尝储衣服、药物、钱谷等件，遇贫寒、疾病者登其门，辄给之不少吝。”④二是救济其人解决贫穷和饥饿的方法，如给其人耕具和种子。例如，马云龙就是“每春耕时，散种于乡，贫者不取值。”⑤通过这种方式，贫民不但能解决当前的贫穷，也许可以从根源上缓解贫穷。

---

① 《甘肃通志稿》卷89《人物七》。

② 《西宁府新志》卷28《献征·孝义》。

③ 《甘肃新通志》卷73《人物志·孝义上》。

④ 同上。

⑤ 《西宁府新志》卷28《献征·孝义》。

另外，士绅不但把对贫民的救济看作自己不可推卸的责任，而且把救济行为看作一种美德，而社会上对士绅的这种救济行为也大加赞赏。例如姚乃述等人对贫民的救济就得到了地方人民乃至官方的赞赏和认可。

> 姚乃述，正宁庠生。性慷慨，乡里有贫乏，必周给之，族人待以举火者数十家。有积欠不能还者，辄焚其券，里人为立碑曰“惠族恤贫”。①

> 刘廷桂，礼县人，由庠生例贡成均术……同治戊辰出粟赈济，乡里呼为善人。②

> 张建珌，狄道岁贡生。性好施与，每遇凶荒，借贷者无不立给，乡里以是义之。③

> 侯明弼，渭源监生，性好施予。乾隆三十八年，邑大饥，明弼捐粟三百石以助官粥。四十五年，小南川遭冰雹，佃户积逋甚多，遂焚其券，邑令某以“古道是敦”表其闾。④

可见，士绅群体对贫民的救济行为产生了良好的社会效果。正是因为救济贫民得到了社会的认可和赞扬，所以就会有更多的士绅参与到对贫民的救济之列，即带动了更多的人加入对贫民的救济之中。例如，静宁增生张书田对贫民的种种救济行为就带动了本地富裕之家对贫民的救济。“张书田，字种之，静宁优增生。……出资置义坟、义塾。邑有义举，皆佽助无少吝。值岁饥，己粟无余，贷他人粟赈济之，全活甚众。

---

① 《甘肃新通志》卷74《人物志·孝义下》。
② 《甘肃新通志》卷67《人物志·群才二》。
③ 《甘肃新通志》卷73《人物志·孝义上》。
④ 同上。

凡乡村有力之家，因仿而行之。”[1] 可见，士绅在地方社会的深远影响力。

在救济成为一种社会风气，被视为美德的情况下，救济者不但会得到社会的认可和赞赏，而且这种社会影响往往会产生意想不到的效果。例如，在甘肃回民起义期间，许多村寨的保全不是因为地方官团练和军队的镇压有力，而是源自于起义的回民对该村寨中义行高尚士绅的敬畏和尊重。例如，“甄继庭，秦州人，庠生。……同治初集众筑堡，堡成贼至，舁炮欲攻之，一贼谏曰：‘此堡有仁人，不可攻。’”[2] “崔莲峰，礼县庠生。……道光间，邑饥，先后倾囷周济。同治军兴，所居蹇家堡被陷，贼徒大呼曰：‘勿伤崔善人家’，凡妇女附崔氏家者皆免。”[3]

显然，正是甄继庭和崔莲峰的社会声望保全了他们所在的两个堡寨。同样得到保全的还有大批无辜的平民。不过，这些平民的保全得益于起义民众对这两位享有很高社会声誉士绅的认可和尊重。

为了不使贫民的贫困化加剧，士绅们往往会焚烧无力偿还者的债券。这种现象在甘肃士绅中也屡见不鲜。例如，“乔应春，狄道监生。性朴诚，恤孤怜贫，多义行，人有借贷无力还者，招其人出券焚之。”[4] 为确保救济者的确是贫穷之人，士绅们考察贫民的方式也比较实际。例如，“汪荷，字莲舫，陇西庠生。……每早登高，望见里舍不举火者，造门叩问，出粟济之。”[5]

在整个社会生产力水平都比较低下的情况下，士绅往往在自己并不富裕的情况下积极救助贫穷，而且他们对救济乃至于物质财富有着自己独特的见解。这种见解对我们今天的社会救助同样有借鉴意义。例如，“王家干，字介人，宁夏太学生。……慷慨乐施，凡戚党有匮乏者，必量力周给。尝曰：‘存心利物，一介何嫌？必待有余，终无济日。’”[6]

---

① 《甘肃新通志》卷73《人物志·孝义上》。
② 《甘肃新通志》卷74《人物志·孝义下》。
③ 同上。
④ 《甘肃新通志》卷73《人物志·孝义上》
⑤ 同上。
⑥ 《甘肃新通志》卷74《人物志·孝义下》。

王家干“存心利物，一介何嫌？必待有余，终无济日”的论调在当时整个社会物质都不富裕的情况下，是难能可贵的。它所产生的影响也是深远的，因为我们经常会听到“为富不仁”的评论，尤其是在当今社会里。所以，王家干的这种救济言论值得当今社会所有集体和个人去学习、借鉴。

2. 士绅之济灾荒

由于受自然条件和经济发展水平制约，在正常年景下尚需救济的甘肃社会，遇上灾荒年，其穷困现象就更为严重。每每这一时刻，士绅群体就义不容辞地充当了救济的倡导者和主力军。他们不但积极筹措粮食等救济物资，而且在具体的救济中发挥了核心作用。总体来说，甘肃士绅对灾荒的救济事务主要有这么几个特点：

首先，发出号召，倡导救济受困和挨饿的乡民。灾荒发生后，地方士绅积极响应政府捐助的号召，成为灾荒救济中的核心力量。例如，“邓铭堂，字敬轩，秦安监生。……同治戊辰，岁大饥，家无余粟，极节省，分拯戚族。光绪戊寅又饥，因邑宰议赈，倡议首捐，其不便食官赈者，复出私粟赡之。”① 显然，邓铭堂在光绪年间的灾荒救济中，他首先响应了地方官府的义赈号召，并带头首捐了粮食。除了充当救灾的积极响应和倡导者外，士绅往往还首先上陈灾情，请求政府救济群众。例如道光二十四年庄浪发生饥荒时，就是当地的附生王沼请求发放义仓粟，救济当地饥民。据记载，“王沼，庄浪附生。举孝廉方正，仗义疏财，每遇荒歉，辄出粟赈贷，远近贫民多被其泽。道光二十四年，岁大饥，饿殍盈野，沼请放义仓粟，散发普赈，民困得苏。又与贫民散钱三月，贫民无力偿者，慨然焚其券。”②

其次，自发救济灾荒。在甘肃士绅中，通过这种途径救助灾荒的士绅最多，他们往往是以自己所储存的粮食，作为救济物资的来源。具体的救助方式，或者按口给与，或者煮粥直接救助。例如，“张念敬，字心翼，秦安贡生。慷慨好施，康熙五十二年岁饥，与弟祖敬各出粮百石

① 《甘肃新通志》卷67《人物志·群才二》。

② 《甘肃新通志》卷73《人物志·孝义上》。

以活乡人。”[①]“张问仁，字子未，靖远太学生。……乾隆三十年，岁饥，出粟煮粥，所居大庐塘之民赖以活者甚众。”[②]“张侯，字亚公，优廪生，隆德沙塘铺人。性仁慈，乐善好施，亲族多赖以沾润，有义举无不佽助。岁歉，邻庄困乏者，为计口授食、给籽种。同治时，知县李超群招团防守，先后捐麦六百石、制钱六百缗。”[③]“杨桢，宁远草川监生。同治间大旱，斗麦万余钱，桢设厂以食饥者，又出资移龙口寨下村困民就食。”[④]可见，士绅群体通过自发的方式，往往在灾荒救助中发挥着不可或缺的重要作用。

与那些救济贫穷的社会行为一样，这些在灾荒年向乡村人民伸出援助和救济之手的士绅，更能得到地方官员和当地百姓的赞扬和认可。这类事迹在甘肃地方志中同样有许多记载。例如，“王明理，字复之，固原附生。嘉庆九年大饥，明理出粟赈济，活人甚众。道光四年又大饥，仍施济如前，知州某颜其门曰‘惠我群黎’，里人制额曰‘积善之家’。”[⑤]“郑旭，字耀卿，固原人。……嘉庆初大饥，旭周行乡里，按户稽丁，遂出己粟，每丁月给一斗，邻近十余村以存活者不下千人。里人感其德，为立赈济碑。”[⑥]“任守志，会宁罗家坡人，太学生。咸丰三年大旱，民饥甚，守志出粟数百石以赈，全活甚众，乡邻以‘子敬高风’匾赠之。”[⑦]从这些赞誉中，我们不难理解士绅之与地方社会救助的密切关系。从其影响来看，地方官员和社会的赞誉又促进了士绅救助地方社会事务的繁兴。而这也正是中国古代社会乐善好施风气经久不衰的一个重要因素。

在乡土社会中，士绅群体特别重视家乡事务。因为，除了读书求学，尤其是做官必须离开家乡外，其他绝大多数时候，他们都是在自己的家乡度过的，尤其是在离开官场以后，他们大多选择返回家乡生活居

---

① 《甘肃新通志》卷74《人物志·孝义下》。
② 《甘肃新通志》卷73《人物志·孝义上》。
③ 同上。
④ 同上。
⑤ 同上。
⑥ 同上。
⑦ 同上。

住。所以，士绅群体天然地关注所在地方的一切事务。所以对于灾荒救济，即使他们身在宦途，远在他乡，同样会高度关注自己家乡人民的安危和生活。即便是自己不能亲自对家乡地方的灾荒实行救助，往往也会委托家人或者族人实现自己救助家乡灾荒的愿望。例如，牛树梅就是这样，在为官四川时，得知自己的家乡通渭饥荒，他写信给侄子牛辉如，要求他尽力赈恤，即使耗尽所有的财产，也在所不惜。“牛辉如，通渭监生……树梅从侄也。……同治七年，岁大饥，斗粟万钱，人相食，树梅由蜀贻辉如曰：‘家乡如此，汝须竭力赈恤，即罄吾所有，不汝咎也。’辉如体其意以行，邻近数十村皆无恙，乡人德之。”①

正是因为关注地方事务，所以对于慈善救助之事，他们宁愿倾其所有，也不愿他人因为背负己债而破产。例如，“胡志寅，字书咸，秦州人，以诸生入太学。……岁饥，谷踊贵，悉出私粟周贫乏。有负其债者，将破产以偿，志寅闻之，急还其券。”② 可见，在重义轻利的古代社会里，人们常常把帮助和救济他人视为一个人品德高尚的重要依据，所以许多甘肃士绅也把对地方灾荒和饥民的救济当作自己的家规，要求子孙世代不得废弃。例如，“方延祥，字瑞庵，静宁威戎镇监生。勤俭朴实，以忠厚传家，每遇岁歉，辄发粟数十石赈济贫民，子孙世受家法。”③ 所以，在社会给予救助者极高的社会声望，以及先辈的教导下，士绅家庭往往会继承先辈的意愿，继续对地方的灾荒和贫穷实施救助。例如，“杨复振，庄浪庠生，仗义好施，康熙庚子岁荒，出家粮五百余石济之。病危，命其子焚旧借券几千缗，知县胡某旌其贤。雍正乙丑岁又饥，其子国楹继承先志，复与乡邻借给百十余石，并焚其券，知县王某匾其门曰‘市义可风’。”④

最后，通过借贷来赈济灾荒。在经济不发达的甘肃地区，士绅群体并非十分富裕，然而，他们有时也不惜通过借贷来实现对灾民的救助。例如，“陈凤箫，字韶九，秦州寅木川监生，光绪戊寅岁饥，凤箫罄家

① 《甘肃新通志》卷 73《人物志·孝义上》。

② 《甘肃新通志》卷 74《人物志·孝义下》。

③ 《甘肃新通志》卷 73《人物志·孝义上》。

④ 同上。

粮赡贫户，不足，又转贷继之。”[①] 可见，热衷并关心地方事务的士绅阶层，面对灾荒中的乡人，即使己用不足，就是借贷，也要履行对地方社会的救助职责，这正是古代士人优良传统的弘扬和体现。

3. 士绅之济危急

甘肃是一个多民族聚居的地区，因为清朝民族政策的差异，所以经常会发生社会冲突。这些社会动荡的发生，带给甘肃百姓和人民的只能是更加贫穷。在诸多社会动荡发生时，对贫民和饥民的救济也成为甘肃士绅救恤灾荒、造福百姓的另外一种形式。

> 陈生秀，固原陈家坪贡生。同治初，岁歉，民不聊生，生秀出积粟数百石以济之。或以立券为词，生秀曰：“当此离乱，与其坐拥原资，为寇所掠，莫若计口授食，犹得共免饿莩，何用立券为也？”论者高之。[②]

> 郭树枏，会宁郭家岔人，太学生。同治八年，乡邻避难于其堡者千三百余人，树枏积有粮食，悉赖存活凡三年之久。贼退，众皆无恙，而树枏积蓄以罄。[③]

> 张管，字五堂，静宁州增生。……同治间，又逢饥馑，管出财谷，从容周济，族党亲邻全活甚众。[④]

> 李向荣，隆德庠生。……众僻入堡，外来贫户居食无依，向荣为葺屋给粟，众赖以安，借券均即焚毁。[⑤]

通过以上几则材料，我们得知，关注社会安危和人民疾苦的士绅总

---

① 《甘肃新通志》卷74《人物志·孝义下》。

② 《甘肃新通志》卷73《人物志·孝义上》。

③ 同上。

④ 同上。

⑤ 同上。

能在最危急的时刻肩负起中国古代士绅忧国忧民的优良传统。晚清社会动荡的发生，造成了数以万计贫穷无依的饥民，正因为有了这类甘肃士绅的积极赈济和救助，才挽救了大批面临饿毙的饥民，在一定程度上减少了百姓的死伤，从这点来说，他们是以救济和减少死伤的方式，参与了维护封建社会秩序的斗争。

（二）士绅与地方慈善

由于经济落后，生产力发展水平低下，大量的贫民不仅维持生存所必需的粮食、衣服等生活资料匮乏，而且他们中的许多人因为贫穷，死后也无法入葬。所以在中国古代社会，诸如育婴堂等地方社会的慈善事务，也大多由士绅来负责和经营。

与其他所有地方社会的公共事务一样，在地方慈善组织等机构的设立和运营中，地方官员往往只起一个组织者或者批准者的作用。所以慈善机构的设立、经费的来源及管理等事务，实际上大多由地方士绅负责，对这种状况，地方志中也有许多记载。例如，有一地方的《育婴堂条规事宜册》规定，育婴堂堂长应由地方绅衿公举，由府县慎选品行端方、老成好善、家道殷实的贡监生员担任。①

甘肃的情况也一样，地方慈善事务的实际主持者，往往是当地的士绅。士绅参与地方慈善事务的形式多种多样，他们或者助婚嫁，或者助丧葬、施棺木、设义冢。这些关注地方慈善事务的救助行为，不但救助了那些需要帮助的人，体现了古代中国社会中乐于助人的良好传统，也体现了士绅群体“忧国忧民，以天下为己任”的高贵品质。这种品质的发扬和传承对我们今天良好社会风气的养成，同样有着积极意义。

在清朝甘肃地方志中，关于士绅积极投身地方慈善事务的记载俯拾皆是，比如结婚和丧葬事务，因为贫穷的缘故，经常有死后不能安葬、大龄而不能成婚的情况，于是，居于乡间的士绅群体，常常对这些不能完成婚葬的贫寒之家进行救助。地方志人物传记载的甘肃士绅助婚葬的典型事例主要有：

① 陈宏谋：《育婴堂条规事宜册》，《牧令书》卷15，第23页。

张友南，字容若，狄道庠生。……乡里中有贫不能婚葬者，友南则量力周恤之。每岁冬，尝备棉衣百余件，至夜深率子弟携衣至街头，见有裸体露宿者，即予之。①

刘孝，字顺臣，狄道监生。……遇地方各善举，竭力助之，族党中有贫不能婚葬者，皆助以成其事。②

杜凤义，庄浪庠生。……昼力田，夜诵读。……居家恭俭，尤好义行，族中有不能婚葬，穷不能赴试者，辄助资以成其事，乡邻至今称道之。③

彭柱天，正宁庠生。……族党有婚葬无力者，皆身任之。④

胡恒升，字九如，秦州人……入庠后贡太学。……性好施，尝分田庐资姻戚，捐地置义冢二。⑤

我们已经反复提到，地处西北边疆的甘肃由于经济发展水平低下，在古代社会中贫穷的现象是普遍的，其程度是比较严重的。所以，士绅对所居地方婚葬等事的救助形式也是多样的。例如，施棺木，“刘哲，字几先，宁夏太学生。……尝于红花渠买间田数块立义冢以葬无归者，又施棺木三年，知府顾尔昌书‘幕义强仁’匾以褒之。”⑥“李振西，会宁初石沟人，太学生。……同治十三年冬大疫，死者甚众，厉气方炽，人不敢殓尸，皆远避野宿。振西延道家修醮逐疫，施棺掩尸，疫遂息。

① 《甘肃新通志》卷73《人物志·孝义上》。
② 同上。
③ 同上。
④ 《甘肃新通志》卷74《人物志·孝义下》。
⑤ 同上。
⑥ 同上。

流民复安，乡邻咸重其义。”[①] 显然，在视地方事务为己任的士绅眼里，救助对象和范围不仅仅限于亲族朋友等，还包括了所有贫寒之人。例如刘哲和李振西都曾经设立义冢，并施舍棺木安葬那些无人认领和安葬的尸体。

此外，把救助贫寒视为己任的士绅，即使自己不富裕，也会对贫寒和死伤进行救助，例如马采就曾经为了救助贫寒之家的安葬事务，而典当了自己的衣物，“马采，字平甫，安定乡贤疏之次孙，同治癸酉顺天乡试举人。……遇乡里赤贫之户有父死不能殓者，至解衣典之，厚赙其家”。[②] 另外，深受儒家礼仪教诲和传统习俗的熏陶，士绅群体不仅助安葬，有人还经常去义冢进行祭奠，例如秦州人王庚就曾经于清明时遍祭荒冢，“王庚，字经五，秦州北关人，光绪乙亥副贡……尝于清明日载酒遍祭荒冢。”[③] 除了救助丧葬事务外，士绅还大力资助那些贫不能成婚的贫寒之家，例如“王堃，字子厚，秦安庠生。性喜施与，以长厚闻，借贷者踵门，率如愿以去。有乡人某为子求婚，因数金不具，将中止，堃闻而与之金，戒勿登簿，后其人来偿，固却弗受。”[④] 显然，秦安某乡人在礼金不足的情况下，已经准备放弃其子的这门婚事，但是在当地士绅王堃的帮助下，这桩婚事得以完成。另外，清代甘肃士绅助婚的另外一个典型事例，就是帮助寒士把卖掉的妻子赎回，使其夫妻得以重聚。“周谢元，宁夏后卫庠生。……康熙二十年，西安饥，有冯画者出外，其妻为父所鬻。一日相遇，夫妻对泣不忍舍，谢元出银赎归之。”[⑤] 很明显，如果没有周谢元的帮助，这对夫妻恐怕是难得再聚了。

总之，在经济落后的甘肃，士绅群体对地方慈善事务的资助和救济是多方面的，以上所举只是一些比较典型的事例而已，并非士绅关注地方慈善事务的全部。但是，这些事例能够体现出士绅对地方慈善事务关

---

① 《甘肃新通志》卷73《人物志·孝义上》。
② 《甘肃新通志》卷74《人物志·孝义下》。
③ 同上。
④ 同上。
⑤ 同上。

注的程度，这种关注和救助行为，不但体现了古代士绅一贯的优秀品质和传统，而且有利于社会秩序的稳定。

三　士绅与地方社会秩序

（一）士绅与圣谕及乡约

“德主刑辅”“明刑弼教”历来是我国封建王朝治国的基本方针。其手段不仅“以礼入法”，而且是“教化”“刑罚”并举，并把教化置于安邦治国、长治久安的首要地位。因为早在西汉时期，董仲舒就讲：“教化立而奸邪皆止者，其提防完也；教化废而奸邪并出，刑罚不能胜者，其提防坏也。古者明于此，是故南面而治天下，莫不以教化为先务。”[①] 正是因为清朝统治者深明教化在巩固和加强统治方面的妙用，所以无不强调“善法令禁于一时，而教化维于可久，若徒将法令而教化不先，是舍本而务末也”[②]。因此，清朝各帝亲制圣谕广训，要求各级政府施行广泛的教化，使广大国民“重人伦”“笃宗族”“隆学校”“崇正学”“讲法律”“明礼让”“禁非为”“息诬告”等，从这些内容来看，这实际上是一种全民的法制教育。

为了贯彻这种教化思想，清朝统治者面向全国推行圣谕宣讲制度。为了能使这些教化思想深入偏僻的乡村，清朝统治者还制定了具体的宣讲时间，明确了宣讲人，以期实现“自通都大邑至僻壤穷乡，所在州县仿周礼布宪读法之制，时为解说，令父老子弟递相告诫，知畏法而自重自爱”。然而，因为地方官并不能独立完成这一宣讲任务，所以在贯彻这种教化时，就少不了士绅的参与。按照规定，士绅只能起协助作用，“每遇朔望两期，（州县）务须率同教官佐贰杂职各员亲至公所，齐集兵民，谨将圣谕广训，逐条讲解……至于四外之村，不能分身兼到者，则遵照定例，在于大乡大村，设立讲约所。选举诚实堪信，素无过犯之绅士，充为约正，值月分讲。”[③] 但是，在偏僻的乡村，士绅由协助转

---

① 《汉书·董仲舒传》。

② 《清圣祖实录》卷34，康熙九年冬十月初一日上谕。

③ 许乃普：《宦海指南五种》，《颁州县事宜》，咸丰九年刻本，第8页。

化为宣讲圣谕的核心人物，“乡约是为宣讲圣谕而设，一般由当地乡绅担任”。①

在重教化思想的影响下，素来视礼仪教化为己任的地方士绅就成了清朝圣谕宣讲的主力军和关键人物。所以，作为清朝士绅的组成部分，甘肃士绅同样成为偏远地区圣谕宣讲的核心力量，在贯彻清朝的教化方面发挥了积极作用。在上文所列举的人物传中，我们随处可见那些以“礼仪自守，堪为乡人模范”的甘肃士绅。这些士绅不但自己严格遵循礼仪规范，“重义轻利，恪守儒家伦理道德”，而且以自己的行为感化和教育了周围的百姓，为维持甘肃地方社会纯朴的风俗、贯彻清朝统治者教化为主的统治思想作出了积极贡献。

（二）士绅与地方司法

作为入主中原的少数民族政权，清朝统治者十分重视法制制度的完善。早在入主中原之初，在以范文成为首的汉族官员的建议下，清朝就相继设立了都察院等监督机构，确立了相应的法律条例，此后的历代帝王都很重视法制的完善。其目的不外乎巩固其统治和维护封建秩序。然而，无论是在法律制度的完备方面，还是对法律制度的维护和干预方面，身为四民之首的士绅群体无疑是一支重要的力量，尤其是那些居于乡间的士绅，更是在清朝地方社会中充当了实际执法者和调节者的角色。

由于受清朝官僚体制和地方事务繁杂、时间有限等原因的限制，地方官吏往往不得不借助于地方士绅的力量来处理包括地方纠纷在内的许多事务。为了维护和加强中央集权，虽然清王朝颁布了许多禁止士绅干涉地方社会事务的条例，但实际上这些条款根本无法起作用。关于士绅对地方社会司法的干预和影响，张仲礼说：“虽然，在严格的意义上说，绅士一般是不掌握司法权的，但是他们作为仲裁人，调解许多纠纷。有关绅士这类事务的例子不胜枚举，故人们下这样的断言，即由绅士解决

① 吴吉远：《清代地方政府的司法职能研究》，中国社会科学出版社1998年版，第97页。

的争端大大多于知县处理的。”[①] 为了支持这种观点，张仲礼还举了几个例子，据称，有一生员极善调解纠纷，所以他的老家的各村庄很少有诉讼案件；[②] 还有一位生员素称刚正耿直，常常为家乡的一些家庭分家析产排解纠纷；[③] 另有一位贡生调解纠纷十分拿手，十余年来他所在的庄上竟无讼案。[④] 究其原因，就在于官员时间、精力等的有限性和士绅作为四民之首的特殊地位、身份，以及其群体居于乡间的便利。

此外，在家国一体的体制下，家训、族规与国法一脉相承。于是，清代大力扶持宗族的发展，希望一些社会不安定的因素能在族内得到消弭，允许族长拥有对族内纠纷调处息讼的司法功能，甚至允许族长可以惩处有轻微犯罪的族人，而这些族长往往是由有声望的乡绅担任的。[⑤] 也就是说，士绅是这些民间纠纷的实际调解者。对于甘肃士绅来说，他们在地方社会中同样承担着调解民间纠纷的司法职责。诸如“一言即解”“无不满意而去”等有关对甘肃士绅调解乡里纠纷的赞誉在甘肃地方志中随处可见。

> 赵楝，字伯叔，秦安陇城贡生。……生平守正不阿，品节冠一。乡人有疑难，得其一言立断，卒后二十余年，人犹思之。[⑥]

> 刘述武，字丕丞，武威贡生。……衣冠俨然，目不左右睨，里人望而生畏。乡邻有斗者，见述武来则散去，呼述武为刘阎罗。有过至相戒曰“刘阎罗毋得闻之乎?”[⑦]

> 王录，字心简，武威廪生。……性伉爽，能解纷，乡邻曲直，

---

① 张仲礼：《中国绅士——关于其在十九世纪中国社会中作用的研究》，第66页。

② 李培祜：《保定府志》卷63，光绪七年刻本。

③ 卞宝第：《湖南通志》卷179，光绪十三年刻本。

④ 沈家本：《天津府志》卷44，光绪二十五年刻本。

⑤ 吴吉远：《清代地方政府的司法职能研究》，中国社会科学出版社1998年版，第337页。

⑥ 《甘肃新通志》卷67《人物志·群才二》。

⑦ 《甘肃新通志》卷69《人物志·群才四》。

赖其一言而判，然未尝妄是非人，乡人敬焉。[①]

萧良玉，永昌人，为本邑刑科掌案。……后垂暮家居，遇地方有事，必为之排解。尝语人曰："吾居词科，最知词讼之害，是不可蹈。"或有讼者，则曰："勿令萧公知。"[②]

周文，金县岁贡生。……生平善于排解，乡里颂之。[③]

张坦，海城人。……救灾恤邻，排难解纷，乡邻共赖之。[④]

王振基，字运昌，陇西庠生。……遇乡邻争讼，力为排解，归于和平。[⑤]

赵维楷，正宁廪生。……遇人有不善，辄规诫之，或有过，则密相戒曰"勿使赵某知也。"[⑥]

康且亨，字嘉会，海城岁贡。……里有争讼者，得且亨一言辄解。[⑦]

显然，甘肃士绅对地方社会的司法影响是深远的，尤其是在乡村社会中，他们自身在恪守礼仪和各种法规的同时，严格教育子弟及乡邻，自觉或不自觉地充当了封建社会秩序维护者的角色。例如，刘述武"刘阎罗毋得闻之乎？"赵维楷"则密相戒曰'勿使赵某知也'"，萧良玉"'勿令萧公知'"等，就是指他们的威望和刚直使其有着等同于执法者

① 《甘肃新通志》卷69《人物志·群才四》。
② 《甘肃新通志》卷69《人物志·群才四》。
③ 《甘肃新通志》卷73《人物志·孝义上》。
④ 同上。
⑤ 同上。
⑥ 《甘肃新通志》卷74《人物志·孝义下》。
⑦ 《甘肃新通志》卷66《人物志·群才一》。

般的威严和威望，这种威望无疑对于社会秩序的安定起着不可忽视的震慑作用，这种震慑作用足以使那些为非作歹的非为者或敛迹，或有所收敛。另外，关于甘肃士绅排解纷争的效果，人物传中也有比较详细的记载，例如，赵棣“乡人有疑难，得其一言立断”，王录“能解纷，乡邻曲直，赖其一言而判”“里有争讼者，得且亨一言辄解”，王振基“遇乡邻争讼，力为排解，归于和平”等。

然而，也有士绅把持词讼、武断乡曲的情况，在甘肃士绅中，这种情况应该也存在，只是限于资料的有限性，我们无法一一列举出这种劣绅之事。清政府屡次颁布限制生员干预地方司法事务的事例就间接表明，劣绅现象是客观存在的。因为正是生员等包揽词讼的情况客观存在着，甚至危及朝廷司法制度的有序进行，所以朝廷才下令严禁的。

（三）士绅与团练

团练原本非常规性的地方武装，它始于嘉庆初（1796—1804）的川楚白莲教起义，成熟运作于太平天国运动时期。它是清王朝在社会秩序空前失范的危急关头，在八旗铁骑丧失战斗力的情况下所采取的一种临时性举措。“用兵防贼则不足，用民为兵则有余；以本处之民守本处之地，以本地之资供本地之用；有且守且攻之利，无增兵增饷之烦。由乡及县，由县及府，贼无可掳掠，无从裹挟，不战自溃。”① 显然，团练的举办是期望借助民间的力量来遏制反对清朝统治的各种势力，它所揭示和反映的是清朝统治力量的急剧衰落，尤其是军队战斗力的低下和国家财政紧张的客观事实。因为团练的产生，不仅其人员主要由各地百姓和人民组成，就是其创办和运营所需的经费也是由各地自筹的，其经理人员基本上是由各地士绅担任。对此种情况，张仲礼论道：“几乎所有的地方志都记载了19世纪当地团练的发展，并可以发现，其组织者和首领主要是绅士。”②

除地方志的记载外，清朝各种官方文献所记载的上谕也揭示了这种

① 刘锦藻：《清朝续文献通考》卷215，兵14《团练》，第9618页。

② 张仲礼：《中国绅士——关于其在19世纪中国社会中作用的研究》，上海社会科学院出版社1991年版，第70页。

情况，如咸丰三年（1853）的上谕：

> 各省在籍绅士，值此贼匪肆扰之时，谅必切志同仇，为民捍患。着该省督抚传旨，令该绅士等各就该地方情形，帮同团练，保卫乡闾；或用坚壁清野之法，使贼不能掳掠逼胁。一切布置经费，应由公正绅士筹办，不得官为抑勒，致滋流弊。该督抚惟当遴选贤能之员与各绅民同心协力，严缉土匪，密拏奸细以杜勾串，被贼裹挟。①

从初期开始，清朝统治者就十分重视对士绅力量的约束和限制。虽然朝廷给予这些或准备做官，或从官场致仕者许多好处，但是为了强化中央集权，清朝统治者在诸如书院的创办，甚至地方组织如保甲长等的选择上，明确规定士绅不得借此煽动闹事或者不得当选，其目的不外乎强化中央集权，限制绅权，防止其危及王权。然而，随着清朝统治势力的衰微，尤其是在19世纪中期以后，面对太平天国起义等各地的反清浪潮，清朝统治者不得不开始借助于士绅的襄助来维系其风雨飘摇的统治。在以上的资料中，清廷就明确要求"各地士绅……帮同团练，保卫乡闾"，而且关于经费"一切布置经费，应由公正绅士筹办"。② 这种现象就充分反映了"王权"和"绅权"随着中央集权的加强与衰微而发生的此消彼长的事实和规律。关于绅权扩张及其原因，张仲礼指出：

> 在太平天国以及其后的非常时期，由于中央政府的力量和效率下降，越来越多的政府职责和权威由绅士取而代之，乃至到了这样的地步：绅士可以选择究竟是支持政府还是向它的权威直接提出挑战。③

---

① 刘锦藻：《清朝续文献通考》卷215，兵14《团练》，第9618页。

② 同上。

③ 张仲礼：《中国绅士——关于其在19世纪中国社会中作用的研究》，第74页。

甘肃举办团练的时间相对于其他省份来说较晚，它是在太平天国起义规模壮大的时候开始的，其大规模创办则是在甘陕回民起义爆发以后。因为甘肃偏隅西北，地瘠民贫，正常年景所需银饷，长期依赖东南各省协济，在战争频发的时期更是饷银奇缺。自咸丰五年（1855）开始，由于清政府加紧镇压太平天国起义，并受到英法联军的入侵，不仅中断了东南各省向甘肃提供的协饷，而且诏谕陕甘总督筹措款项，协济新疆所需饷银。甘肃“平常无事之日，各营兵丁求半饷而不得。而且征调四出，每营所留之兵十无二、三，无兵无饷，不得不讲团练”。[①] 在这样的情况下，面对各地的武装暴动，各级文武官员深感剿抚两难，进退失措，“若深入群追，固为非计”“小有斩获，实不足以示惩创”。[②] 甘肃团练就是在这种情况下开始创办的，咸丰六年（1860），侍郎梁瀚上奏：

> 甘肃地方紧要，请饬一律办团，并酌保官绅开单呈览。甘肃壤控西陲，地方辽阔，且与陕西、四川毗连。现在四川滇匪未靖，自应一律举办团练，以靖边陲。所有甘肃省团练事宜，即著陕甘总督乐斌督办，并著甘凉道萧浚兰、丁忧刑部员外郎吴可读、江西候补道杨升帮办团练。[③]

清廷同意了这个建议，于是，甘肃的团练就这样逐渐开始兴办，并随着陕甘回民起义声势的壮大，其规模也越来越大，并在维护晚清社会秩序中发挥了重要作用。

随着晚清甘肃地方社会冲突的发生和发展，在清廷的允许下，甘肃团练也在各地大规模兴办起来。例如，1862 年，总督沈兆霖奏请在西宁、碾伯各村庄“一律办理团练，选择公正绅耆作为团长，令其自行经理”，从而“一村遇贼，各村共相应援，官军接仗则在后助阵，以

① 牛树梅：《省斋全集》卷 8《杂记·复原仲思》，《中国西北文献丛书》第 168 册，兰州古籍书店 1990 年影印本。

② 《甘肃通志稿》卷 210《纪事六·清二》。

③ 刘锦藻：《清朝续文献通考》卷 215，兵 14《团练》，第 9625 页。

壮声威”。[①] 甘肃各地的团练与其他各地的团练一样，其团长等基本上由各地的士绅担任，于是，一大批熟读儒家经典的读书人开始步入军营，参与军事战争，这就为那些没有能通过科举而步入仕途的士绅以积军功进入仕途提供了机会，在上文“甘肃士绅身份的获得与出路”部分，我们已经论述了通过军功步入仕途的士绅，在此不再赘述。

甘肃团练的大量兴办使得更多的士绅加入了团练之中，他们或充任团长，积极投身到维护封建社会秩序的斗争中，或为团练的经费来源而奔波，无论以什么方式，大量士绅参与到团练之中，为保障战争的胜利作出了积极贡献。如 1861 年 2 月，撒拉族和回族起义军占据西宁川时，西宁知府即令当地贡生赵志训等纠集“民团”（即团练）进行截堵攻剿。11 月，撒拉族起义军攻占湟中后，当地进士杨兴霖和贡生赵齐贤、李协中等“集民团分御”，吴可读也前往督办，并与杨兴霖等共同协助官军“防剿”。1862 年 5 月，陕甘总督沈兆霖亲自率兵至西宁、碾伯一带镇压当地起义军，各地的团练武装，更是充当了官军的帮凶，赵启贤等率领“东团”由天崇山进攻；吴可读等率领“西团”由克欠山进攻；知州赵桂芳等统率“南团”及省城“民团”在积石山一带堵击；营兵府将赵秉鉴等率其所部由河州进逼。6 月初，东、西各团先后进抵札巴城一带，“连日大小五六十战”，起义军伤亡四千数百人。[②]

其他地区也同样如此。1862 年 10 月，徽县知县赵必达与武生贺铸慕聚集“乡勇”（即团勇）500 余人，组成一团，配合官军千总崔凤鸣据守县城，阻击进入本省的太平军余部，使太平军屡战不利。同年，通渭县马营镇监生魏友率领团勇阻击回民起义军，结果在激战中丧生。该县榜罗镇、义冈镇一带的团练，都曾是回民起义的主要对手。礼县东乡的生员韩绍宗和盐关镇的绅士段克廉、铁人栋、常禄、杨维华、王建寅等，秦州汪家川的绅士汪士镛和青石里的文童安赞尧、安玉堂、武童武卫、武钦以及天水里的士绅石首川等，宁远（今武山）的士绅刘正修

---

① 《钦定平定陕甘新疆回匪方略》卷 12“同治元年沈兆霖、乐斌、多慧奏”，《中国西北文献丛书》第 86 册，兰州古籍书店 1990 年影印本。

② 《甘肃通至稿》纪事六，第 13—14 页。

和秦安的官绅景增魁、陈瑞、靳振、康连云、常克己等，都曾以当地团总或团首的身份，率领数以千百计的团勇与当地的回民起义军互相交锋对阵，甚至死于回民军的刀下。平凉、固原、安化（今庆阳）、狄道、凉州、甘州等地区的类似事例，亦不胜枚举。

在晚清甘肃地方，随着起义队伍声势的壮大，各地团练的发展也很迅速，例如，狄道（今临洮）、河州（今临夏）贼扰皋（今皋兰）、金（今榆中），甘草店人赵云龙约诸生刘克笃等设局团练，制械筹粮，集壮丁侦贼，所向击之；红水县（今景泰）贡生阎玉堂练团丁、筑乡堡，捍贼有方；清水县增生马营选、镇远县增生慕性生、酒泉廪生张海涵等举办团练……[①]在士绅或组织团练，或指挥团练浪潮的影响下，越来越多的士绅参与到了团练之中，这在甘肃地方志的人物传中随处可见，他们有些是受地方官的委派，有些是自发组织，士绅率领的这些团练不但支援了官军，而且保护了大批无辜的汉回百姓的生命与财产安全。但是，也有相当一批士绅在战斗中牺牲，以下我们就分别论述甘肃士绅参与团练的情况。

1. 官员任命团练事务

为了解决军队战斗力低下和财政紧张的问题，清朝不得不允许并鼓励团练发展。但是，为了能够有效地控制这些团练，各地的团练大多由地方官批准办理，或由官员出面组织，或由官员委托地方士绅办理。

> 杨兴霖，字雨臣，道光辛丑进士。……陕甘总督杨岳斌檄办西宁碾伯团防。[②]

> 张兆珪，丹葛尔人……庠生，以教授为生。……同治间，奉谕办团，策略宏富，应变有方。[③]

---

① 刘郁芬修，杨思、张维等纂：（民国）《甘肃通志稿》卷12《民政一·自治·民团》。

② 《西宁府续志》卷7。

③ 《甘肃新通志》卷68《人物志·群才三》。

雷启瀛，敦煌人，道光乙亥举人。……同治初，邑遭蹂躏，县令设办城防，以启瀛为团练管带，督率兵勇，昼夜不倦，筹款办公，井井有条。①

陈豫纳，贡生，肃州人。……同治间，佐长官办军需，又团练户勇堵御贼。②

张侯，字亚公，优廪生，隆德沙塘铺人。……同治时，知县李超群招团防守，先后捐麦六百石，制钱六百缗。③

魏裕禄，字荷园，丹葛尔人，道光乙酉拔贡。……同治间，奉旨办团，凡防御积储，具有条理。④

吴可读，字柳堂，皋兰人，道光三十年成进士。……咸丰九年分校顺天乡试，丁母忧归，主讲兰山书院，旋奉旨办甘肃团练。⑤

2. 百姓推举为团长

士绅作为“四民之首”，在古代社会，尤其是低层乡村里的领袖地位是其他阶层所无法取代的。因为他们不但熟读儒家经典教义，而且富有远见卓识，所以在地方的各项事务中，他们天然地成为实际的领袖，不管这种职责是他们自愿承担的，还是被地方人民推举的。与清朝中后期的团练一样，团长大多是由当地有名望的士绅担任的，除了那些自觉倡练团练，并担任团长者外，大多是由地方百姓和人民公推为团长的。

① 《甘肃新通志》卷69《人物志·群才四》。
② 《甘肃新通志》卷72《人物志·忠节三》。
③ 《甘肃新通志》卷73《人物志·孝义上》。
④ 《甘肃新通志》卷65《人物志·乡贤下》。
⑤ 《甘肃新通志》卷64《人物志·乡贤上》。

苟奉祖，字念庵，通渭吉川监生。……则同声德之，遂推为团防长……六年如一日，且劝出积粟。……官长亦依以为重，总督杨岳斌往来其地，亦时奖之。①

礼县，清同治二年，盐关贼犯境，邑中集团勇三千人，推增生韩绍宗为团长。②

宋仰廉，秦安监生。同治初，众以仰廉智勇，推为团长，率团御贼，保护乡民耕获，临庄十余赖以安。③

通渭县，同治初回乱，碧玉镇集团，以增生郭建极为团长……增生魏廷彦为马营监团长；廪生张谦为花阑寺团长，以忠义激人，众皆效死。④

3. 自觉分担团练事务

我们知道，士绅素有忧国忧民，立功、立德、立言的优良传统和优秀品质，尤其是社会处于危急关头之时，他们往往会挺身而出，成为地方社会中的实际领袖，带领人民捍卫他们的生命财产安全，尽士绅之职责，实现士绅作为士的理想。甘肃团练的发展也一样，其中有相当一部分是由士绅自发组织或倡办的。例如，

杨天培，字因之，秦安人，咸丰乙未举于乡。同治间……与成兆南、巨潭倡练民团保卫地方，约束严明，民不滋扰。⑤

丁自明，宁灵厅生员，回民也。马化隆以新教倡乱，远近回众

---

① 《甘肃新通志》卷73《人物志·孝义上》。
② 《甘肃通志稿》，《民政志·民团附》。
③ 《甘肃新通志》卷67《人物志·群才二》。
④ 《甘肃通志稿·民政志·民团附》。
⑤ 《甘肃新通志》卷67《人物志·群才二》。

显与忤触，自明父子兄弟阳奉阴违，藉图自固，且出资粮，聚练乡勇，不分汉回，皆得入团，汉民借以全活者甚众。同治九年，湘军被围于吴忠堡，自明父子运粮以济其困，刘锦棠赏给六品军功，迨金积荡平，回众或诛或迁，而自明父子独以军功得全。①

阎文炯，字南坡，平番人，生员。同治三年，倡办团练以卫民生。②

贡生王慎品、庠生祁光先、农民李生达，皆肃州人。同治间，三人议练勇七百余名。……所需粮草器械、马匹，悉由王、祁、李三人劝捐，供支筹办数年……三人倡办之功不可没也。③

康且亨，字嘉会，海城岁贡。……同治初，且亨练团守危堡，外乏援兵，历八年无恙。④

慕暲，字霁堂，镇原人，咸丰辛酉中副车。次年，倡练乡团护村堡，后贼势益炽，全家殉难。⑤

4. 捐助团练事务

清王朝允许并鼓励地方倡办团练，其中一个非常重要的原因就是国家财政紧张。所以，在团练经费的来源上，基本上是由各地自发解决的，具体情况就是，经费大多是由士绅出面组织劝捐和士绅自己捐助的。甘肃的士绅也一样，他们不但积极倡办团练，充任团长，而且也慷慨为地方团练发展捐助饷银以及器械。

① 《甘肃新通志》卷68《人物志·群才三》。
② 《甘肃新通志》卷69《人物志·群才四》。
③ 同上。
④ 《甘肃新通志》卷66《人物志·群才一》。
⑤ 《甘肃新通志》卷67《人物志·群才二》。

李镇西，字静山，秦安人，候选都司。……同治间，筹饷办团，前后捐输统计七千有余。①

刘绍远，字致庵，镇番人，咸丰壬子副榜。同治间，捐器械，办理团练。②

5. 甘肃团练的效用

上文我们已经提到，兴办团练是为了弥补国家军队战斗力的低下，具体来说，是为了镇压19世纪中后期全国各地兴起的各种反清浪潮。在地方志中，我们虽然可以读到许多在镇压起义中牺牲士绅及团勇，但我们也能了解到许多团练在镇压起义的斗争中取得了重大战绩。

杨菀，丹葛尔人，府学廪生。……同治间，为东门营团总。临阵，智勇兼备，指挥有方，进退兵勇尤合机宜。③

张炳奎，字虎臣，丹葛尔岁贡。同治间，为李大庄营团总，贼攻甚急，炳奎率勇督战，卒以却贼。④

许尔炽，字昌卿，皋兰人，恩贡生。……同治间，河湟不靖，尔炽督办团防，乡里多攸赖焉。⑤

王吉平，字镜堂，金县人，贡生。同治间，与拔贡高钰督团筑城防守，众赖保全。⑥

---

① 《甘肃新通志》卷74《人物志·孝义下》。
② 同上。
③ 《甘肃新通志》卷68《人物志·群才三》。
④ 同上。
⑤ 《甘肃新通志》卷66《人物志·群才一》。
⑥ 同上。

除了以上所列举的这些明确记述了团练所取得的良好效果外，我们从那些因为参与团练而获得奖励的士绅事迹中也可以得知，他们所在的团练在镇压起义的战斗中取得了辉煌的成果。

任良弼，泾州附生。同治军兴，以办理团防出力，保教职。①

吉朝，安定诸生。……同治初，朝督团击贼，以功保训导。②

金永清，字沧州，金家崖人。……咸丰间以国子生办本邑团练，有成效，赏六品军功。③

6. 士绅与团练的发展

作为地方性的武装组织，团练的创办和经理基本上完全由士绅负责，包括经费的筹措等。“省或地方官吏有时亲自发起并主持团练，但这些组织的实际活动仍然是绅士掌握的。官员的职责是协调不同团练之间以及团练与绿营之间的关系。”④ 甘肃的团练也一样，我们已经提到，它们的发展离不开地方士绅的参与，因为士绅不仅亲自组织团练，而且积极为团练的发展捐输饷银等。此外，在实际的斗争中，也充分体现了甘肃士绅作为士的优良品质，例如，当秦安岁贡生胡仲熊的二儿子“胡野充团长战死”后，面对前来吊唁者，他说：“小子以死勤事，固其分也。”⑤ 也就是说，他们把死于维稳看作“士”的本分。这样的例子还有，“滕树标，字锦帆，一条城东滩人，恩贡生。……同治二年，树标奉委与宁朔县教谕李衔滋同办团练。时寇警日逼，或劝树标引去，树标正色曰：‘读圣贤书所学何事？且为臣死，忠分也，临难苟免，可乎？’

① 《甘肃新通志》卷67《人物志·群才二》。
② 同上。
③ 《金县新志·人物志·金永清》。
④ 张仲礼：《中国绅士——关于其在19世纪中国社会中作用的研究》，第71页。
⑤ 《甘肃新通志》卷67《人物志·群才二》。

郡城陷，偕衔滋率勇力战死。”①

另外，士绅还充分利用其较高的社会声望，安慰并鼓励百姓团结起来，共同战斗，甚至提出了“众志成城”这一现今社会还经常提到的词语。例如，“张西铭，秦安人，乡试未售，课徒自给。同治间，督西铭所居梁家堡坚守得全，方贼势正横，人思逃逸，西铭谓‘众志可以成城’，慷慨誓众，躬亲督御，与贼相持七昼夜，杀贼颇众，贼遂解围去。”②

其中，在所有这些主张中，以牛树梅有关团练的意见和看法更为切合实际。他在《复原仲思书》中写道：

> 甘肃贼氛各处蠢动，当事者以抚为主，人人知其非计，然亦万万不得已，无聊之极思耳！平常无事之日，各营兵丁求半饷而不得，而且征调四出，每营所留之兵十无二三，无兵无饷，不得不讲团练，然聚蚩蚩之氓使之荷戈杀贼，闻风胆怯，见影辄溃，故团练之人宜于守，不宜于战，且宜于戢土匪而不宜于当大敌，宜于呐喊合围以助官军之势而不宜于独当一面，宜于饮恨既深，见贼既惯之后，而不宜于变乱□起，心胆方窃之时。③

牛树梅的上述言论是非常符合当时的实际情况的。首先，清王朝由于财用和军队战斗力的不足，鼓励地方兴办团练是一种不得已而为之的办法，这不但与当时的客观情况相符合，而且当今的学术界也认为这是不争的事实。但在当时，牛树梅就已经看到这一点，他的“无兵无饷，不得不讲团练”就体现了这种认识。除了认识到兴办团练的原因外，他还进一步分析了团练的利弊，针对这种客观存在的利与弊，他提出了团练在实际战斗中的“三宜三不宜”，即“团练之人宜于守，不宜于战，且宜于戢土匪而不宜于当大敌，宜于呐喊合围以助官军之势而不宜于独

---

① 《金县新志·人物志·滕树标》。

② 《甘肃新通志》卷67《人物志·群才二》。

③ 《甘肃新通志》卷88《人物志·艺文》。

当一面，宜于饮恨既深，见贼既惯之后，而不宜于变乱□起，心胆方窃之时”。这种认识对于充分发挥团练的长处，扬长避短，有效配合军队的作战，以及最终取得战争的胜利有着非常重要的作用。与牛树梅持基本相同观点的还有武威士绅李铭汉，他除了指出民团的大量发展会加剧人民的负担，会导致“民财自竭，民力自穷”外，还进一步指出：“甘省地瘠人贫，民气解散，乡团之举可暂不可久，可固守不可浪战，可遥为声援，不可远出赴敌，故以团守为主。”① 正是在甘肃士绅这些理论的指导下，才有了甘肃民团健康有序的发展，也正是有了这些民团的支持，才有左宗棠最后镇压回民起义的胜利。

第三节 士绅的社会属性及文化成就

中国读书人向来追求立德、立功、立言，以超尘脱俗相尚，以混世同俗为羞。因为千百年来中国读书人的信仰主要有：“太上有立德，其次有立功，其次有立言，虽久不废，此之谓不朽。”② 其中，“德”的极致是“仁爱孝悌”之类，“功”的极致是“治国安邦”之类，“言”的极致是“为天地立心”之类。

士绅作为古代社会中的精英阶层，不仅仅是因为其人是官员的候选者和从官场退出者，更因为其人在人格理想和社会事务方面所具有的不同于其他社会阶层的独特作用。然而，不可否认的是，无论其“忧国”还是“忧民”，无论其出于什么样的目的，他们理想的实现，尤其是作为王权延伸的出仕做官，都必须借助于皇权，也就是说，士绅阶层要想实现自己的出仕理想，就必须依附于统治阶级，这种依附性就是中国古代士绅的一大软肋。所以，一旦远离权力，一旦脱离统治阶级，士绅作为读书人的人生理想便会遭受严重挫折。这也就是作为文化享有者的士绅群体常常感慨生不逢时、怀才不遇的重要原因。

所以，无法实现出仕理想者或寄情山水、优游林下，或者读书讲

---

① 《李叔圣文集·甘肃忠义录》。

② 《左传·襄公二十四年》。

学、希冀通过自己的文化知识来实现“独善其身”的人生理想。然而，作为居于乡间的读书人，虽然他们居于庙堂之外，远离政治权力中心，但是他们对于社会事务有着敏锐的触角，往往心怀天下，一旦出现有悖于儒家理想的事件以及危及社会秩序和人民生命财产的事情，他们必然会积极奔走呼号，为维护封建社会秩序和礼仪规范而努力。也正是其人处于庙堂之外，才少了官场的约束和羁绊，从而享有更多的发言机会，即知识分子比官员享有更多的话语言论自由，例如明朝时期的东林党人。

除了保持古代读书人关注社会事务的优良品质外，居于庙堂之外的士绅群体还常常通过文字来表达其理想和抱负。也正是有了作为文化享有者——士绅群体的不断努力，才传承了我国灿烂辉煌的古代文化。

一　“忧国”的甘肃士绅

我国的读书人重理想，理想往往是读书人的精神支柱。自孔子以来，我国读书人的共同理想是“内圣外王”。无论哪一个思想流派，无论哪一家哲学大师，都尽心尽力地阐发着“内圣外王之道”。诸如儒家倡导的“穷则独善其身，达则兼济天下”“修身、齐家、治国、平天下”“为天地立心，为生民立命，为万世开太平”等，都是对“内圣外王”理想的具体描绘。所以，即使还没有，或者不能以统治者的身份来实现人生理想，他们也会积极参与到社会事务中来。

对于清代甘肃士绅来说，甲午战争后积极参与“公车上书”活动就是其群体关注世务的一个典型例子。在这里，我们就通过参加这次活动的几个代表人物来了解这种高贵品质和传统。黄居中，字裳吉，号芦溪，生于清穆宗同治五年（1866），今康县寺台乡高楼大厦坝人。清德宗光绪二十一年（1895），黄居中赴京应试未中。居京期间，正值李鸿章同日本签订了丧权辱国的《马关条约》，立即激起全国各界人民的愤慨和抗议。5 月 1 日，赴京应试的 1200 名举人聚集北京松筠庵，通过了广东应试举人康有为起草的万言书，803 名举人在万言书上签了名，黄居中是签名者之一，这就是著名的“公车上书”。在万言书上签字的举人有 603 人，其中甘肃应试举人在这个著名爱国文献上签字者多达 61

人，人数在 18 省中位居第五位。

在这次活动中，有名的甘肃士绅还有李于锴。李于锴（1862—1923），字叔坚，又字治成，武威人，史学家李铭汉次子《续通鉴纪事本末》第 91—110 卷的编撰者，清末甘肃著名举人领袖。1894 年，李于锴前去北京参加会试，因未考中，便留在京城准备来年再考。1895 年，清政府与日本签订了丧权辱国的《马关条约》，引起了朝野的纷纷反对，各省应试举人不断集会和联名上书光绪皇帝，要求其否决《马关条约》。此后甘肃举人又单独集会，通过甘肃武威籍武举人李于锴起草《请废〈马关条约〉呈文》，在《请废〈马关条约〉呈文》上签字的甘肃举人计 76 人。这些签字者中仅兰州举人就有彭汝翼、陈元璞、颜学序、李其骏、段成忠、王世相、王从乾、王仪乾、李佐唐、史璋、滕钫、吴钧等人。在《请废〈马关条约呈文〉》上签字的还有金县（榆中）举人罗经权、张得所、陆云锦。他们不顾自己的功名前程，勇敢地站出来，对卖国贼李鸿章所签订的卖国条约表示了坚决的反对。李于锴在这次爱国运动中发挥了重要作用，不愧为甘肃知识分子的领袖。

二　“忧民”的甘肃士绅

中国古代士绅接受的基本上是经典儒家教育，而经典儒家精神中最基本的思想就是“仁爱”，所以，士绅无论是高居“庙堂”，还是处于“江湖”，其关注民生、心系百姓困苦的品质不会改变。所以，在古代社会的历朝历代，都不乏为解救百姓困苦而丧失官位，甚至牺牲自己性命的读书人。

甘肃士绅也不例外，他们同样保持着古代士绅的优良品质，不仅关注国事、心怀天下，而且关注普通百姓的疾苦，尤其是居于乡间的士绅，更是为解决百姓生活中的困苦而不懈努力。正直的个性使得他们敢于揭露现实社会中不利于人民的诸多弊政，他们心系人民的品质使得他们为了挽救百姓，即使牺牲自己也毫无怨言。为了比较全面地揭示甘肃士绅正直，敢于坚持真理，为民请命，甘愿牺牲自己的高尚品质，我们分类介绍甘肃士绅的这些特点和品质。

（一）敢于直言的士绅

中国古代社会比较盛行中庸之道，反映在社会生活中则是许多人得过且过，没有原则，原因就在于“枪打出头鸟”一类的生活经验，所以随声附和就成了社会生活中许多人坚守的生存法则。敢于发表自己的言论，尤其是与绝大多数人意见相左言论的人就更少了。对于士绅而言，在几乎所有读书人的目标都指向官本位的社会里，为了减轻百姓负担，敢于直言的士绅虽然有，但在统治阶级的严厉打击下，实属凤毛麟角。然而，在这为数不多敢于直言民隐的士绅群体中，不乏优异的甘肃士绅，张淑就是其中一位。“张淑，字慎庵，皋兰恩贡生。……咸丰时团练议兴，淑独请城中团而不练，时韪其言。同治初，省城戒严，当事已募练勇三营助守，议者欲再募一营，淑谓‘练勇新饷取之房租，近复设局普捐，民力已属难支，若再议增，饷从何出？况应募多游手无籍，缓急未必得力，且有易聚难散之忧’，众议乃止。”①

从上文中的团练部分我们知道，清王朝倡团练是一种不得已而为之的政策，而且，团练在19世纪中后期镇压各种威胁封建统治秩序的运动中确实起到了不可忽视的作用。也就是说，倡团练，以及组建团练的积极意义已经得到社会和统治阶级的认可，在这样的情况下，几乎所有人都认为倡办团练是挽救统治危机的一个有效措施。然而，张淑却敢于指出社会认可团练的弊端，即它不仅增加了人民的负担，而且团练之人“多游手无籍，缓急未必得力，且有易聚难散之忧”，这种胆识和勇气无疑是难能可贵的。可以肯定地说，张淑这种违背时论的言论绝不是沽名钓誉，哗众取宠，而是基于减轻人民负担的考虑。然而，这正是中国古代社会读书人敢于言众所不敢言优秀品质的直接反映。

（二）不畏强权的士绅

在阶级社会里，各等级之间有着严格的、不可逾越的鸿沟，即使在统治阶级内部，不同等级之间，尤其是上下级之间的界限也很分明。所以，为了宦途，许多人不得不违背自己的人生准则、背弃自己所接受的教育，一意迎合上级，即使知道上级官吏的不法之事，也大多只是敢怒

---

①《甘肃新通志》卷66《人物志·群才一》。

不敢言。正是如此，才使许多读书人不得不退居和隐匿江湖，因为他们所接受的教育以及道德良心迫使他们不得不退出，在理想遇到现实的挑战后，不具备匡正现实能力的士绅群体只能放弃宦途，以保全自己内心对道的追求和信仰，从而寻得内心的安宁。所以，敢于揭露上官不法之事，能够坚持真理，勇敢揭露官场中种种黑暗现象的士绅在权势的压迫下越来越少。

然而，清代甘肃士绅群体中却不乏这样的代表，例如，“杨凤鸣，字梧冈，海城岁贡。光绪乙未……陷城，豫望城亦失，固属七营镇同被焚掠。时固原提督雷正绾被围河州，固标有带队参将、游击二员拥兵自卫，不敢出城击贼。及出城，仅日行三四里或十余里，逗留不前……乡村多罹惨祸，知州匡翼之电请陕队援剿，固城赖以保全。事平，凤鸣以参游二员贻误军机，致固城不守，乃竟滥邀保阶，不顾情理上禀，当路坦参游，欲审凤鸣于法，提督董福祥廉得其情，致书当路，于是参游始被议开缺，而凤鸣亦褫去衣顶。凤鸣平居，设幛授徒，多成就，足迹不入公门，及临事守正不阿，人咸议之。”[①] 显然，士绅坚持真理和实事求是的本性使得杨凤鸣无法释怀于参将、游击战乱时的畏敌不前和战后的冒功邀赏，所以他敢于站出来揭露这一卑劣丑恶的行径，即使参将、游击有当权者的袒护，他也不怕，士绅耿直的本性促使他坚持真理，最终，在董福祥的帮助下，那些临阵退缩，战后冒功的参将和游击受到了惩处。然而，杨凤鸣也因此被剥夺了士绅身份。值得注意的是，与他敢于坚持揭露参将、游击的劣迹形成鲜明对比的是，在平时，他“足迹不入公门”，但是却“临事守正不阿”。与杨凤鸣事迹类似的士绅还有吴可读。“吴可读……乌鲁木齐提督成禄拥兵高台七八年，畏贼不敢出关，又以征捐粮食屠民堡，杀二百余人，可读疏劾成禄十可斩、五不可缓，疏再上，语过激，镌级归，仍讲学兰山书院。”[②] 与杨凤鸣揭露畏贼的参将、游击一致的是，吴可读直言乌鲁木齐提督成禄“十可斩、五不可缓”的事实，虽然因此降级，但他依然无悔。

---

① 《甘肃新通志》卷66《人物志·群才一》。

② 《甘肃省乡土志稿》（三）。

除了敢于揭露官场中的各种隐匿不法之事外，面对上官的压力和洋人的势力，坚持道义的甘肃士绅也不为所动，例如皋兰进士周士俊就是一例。“周士俊，字子黄，皋兰人，咸丰三年进士。……调署番禺，县为省会首区，华洋杂处，词讼理曲者辄赂洋人求直，士俊持法不阿，适有争地案，曲者就系，总督某命释之，且言：‘此洋人所嘱’，士俊不可，杖之，令荷校于市，总督怒撤任……士俊为政，百务俱举，而其力抗洋夷尤为世所称云。”①

我们知道，随着1840年鸦片战争被打开的，除了国门之外，还有部分中国人的崇洋媚外心理。反映在社会和官场上，则是任何事情，只要有洋人插手，就必将占据有利位置。所以，经常有不法之徒乞求洋人的保护，在社会上为非作歹，为所欲为，而中国的官吏因为有洋人的嘱托和庇护，也是睁一只眼，闭一只眼。但是，总有不畏洋人，坚持道义的中国士绅，周士俊不惧洋人之托和上级的压力，杖责罪犯就是这类优异士绅的典型代表。

除了不畏权势之外，坚持正义的士绅也不为利益所动，例如山丹庠生马良宝。“马良宝，山丹庠生，守正不阿，见义勇为。均暖泉水利，河西四闸强梁夜馈盘金，劝其退步，宝以大义责之，馈者惭去。于是按粮均定，除浸水歼弊，渠民感之。”②

（三）为民请命的士绅

心怀百姓疾苦的优秀士绅们，当危及百姓生命和财产的事件发生时，他们会据理力争，即使为此丧失前途，丢掉性命也在所不惜。例如永昌人陈天荫就曾说道：“如蒙恩免，情愿舍一人之命救众人之身!”③不仅他本人，他的父亲、祖父都与他一样，为了减轻永昌地方百姓的负担而冒死上书，《甘肃新通志》在其祖父传中就曾完整地记载了他们的事迹。“陈拱璧，永昌贡生，遇事能任。康熙间，邑出下川骡头银一万余两，百姓苦之，拱璧挺身上诉，卒蒙恩免。子（陈）详周于雍正九

① 《甘肃新通志》卷66《人物志·群才一》。
② 《甘肃新通志》卷74《人物志·孝义下》。
③ 《甘肃新通志》卷69《人物志·群才四》。

年在潘学使案下请广学额，得加进四名，永为定例。至乾隆间，又苦牛本银两之害，富者无宁日，贫者鬻妻子，众欲诉免，卒难其人。适巡抚李世尧按部至永，风规甚肃，人莫敢近，拱璧孙（陈）天荫慨然欲往，遂伏道左攀辕呼诉，世尧叱之曰：‘此乃众人事，尔一人来，不畏死耶?’天荫对曰：‘如蒙恩免，情愿舍一人之命救众人之身!’世尧领之，卒蒙蠲免。”①

从某种意义上说，陈详周和陈天荫继承了其父祖辈关注百姓疾苦的优良传统，因为他们敢于为民请命，言他人所不敢言，做他人所不能做的事情。除以上陈氏家族外，在不畏牺牲性命，敢于为民请命，敢于坚持道义的甘肃士绅群体中，素有“陇上铁汉”之称的安维峻是不可漏掉的重要人物。“（安维峻为福建道监察御使时）……海疆事棘，当路阿附养乱，维峻抗疏劾其罪状。迨款议兴，誓以死争先，函禀父曰：‘儿早晚必获罪，倘事至不测，愿以儿为死得其所，无过伤怀’。”②

正是因为中国社会素有大批像安维峻一样正直、敢于直言、敢于为民请命，不惜牺牲自己前途和性命的士绅，所以才铸就了中华民族坚韧不屈的脊梁，才有了敢于追求真理的精神和勇气。这种不屈的脊梁和精神，越是在危急关头，越能体现出它强大的凝聚力和爆发力。对于清代甘肃社会来说，也正是有了这样一批不畏权势，坚持道义和正义的士绅存在，才有效地遏制了危害百姓和正常社会秩序恶劣事件的扩大和滋生。在方志中，有许多这样的士绅。

> 杨一桂，字月宾，狄道增生。……一桂足不履公府，会狄道有包荒、驿站二累，逃亡过半，太守许重华召诸生问安民策……一桂以二事“剀切直陈”，知府嘉之，据请禁革，民始复业。③

> 严宜，字克训，号可亭，乾隆甲午举人，辛丑成进士。……嘉

① 《甘肃新通志》卷69《人物志·群才四》。
② 《甘肃新通志》卷67《人物志·群才二》。
③ 《甘肃新通志》卷73《人物志·孝义上》。

庆十五年，邑中派粮，苦民甚，宜先后三上书于当道，获永禁派买粮石，乡人咸庆更生。[①]

胡埙，字少伯，漳县庠生，性直，不喜附会人。邑旧有盐卷规，凡穷户子姓应试，概免卷费，会有议革者，埙力持而婉劝之，乃仍旧，乡人士咸感之。[②]

刘乃皋，字兰峰，皋兰人，岁贡生。嗜学工文，遇事敢言，为廪生时，有童生冒籍应试者，乃皋力持不可，大吏数缓颊，不为屈，卒斥去。[③]

显然，士绅这种敢于坚持真理的做法取得了良好的社会效果，有效遏制了危害百姓生命财产安全和扰乱社会秩序行为的进一步发生。例如，正是因为有了杨一桂的“剀切直陈”，才有了狄道地方的“民始复业”；[④] 有了严宜的“先后三上书于当道”，才有了西宁府人民的“获永禁派买粮石”；[⑤] 有了胡埙的“力持而婉劝”，皋兰穷户子弟才得以继续“概免卷费”。[⑥]

总之，士绅作为儒家教育培养出来的社会精英，他们不但心怀天下，忧国忧民，而且敢于为挽救国家、民族危机、缓解民困而牺牲前途乃至性命，这种优秀的品质在甘肃士绅群体中得到了更为全面的体现。甚至，一旦他们的信仰被践踏，坚守的礼仪被逾越，他们会为矫正这些不法行为而奋不顾身，例如固原廪生王大绶就是为维护祭奠礼仪被逾越而愤然自尽。“王大绶，固原廪生，笃志好学，守正不阿，文艺亦冠冕一州。光绪十九年二月丁祭，适天雨雪，众官俱越礼跪拜堂上，大绶时

① 《西宁府续志》卷7《人物》。
② 《甘肃新通志》卷67《人物志·群才二》。
③ 《甘肃新通志》卷66《人物志·群才一》。
④ 《甘肃新通志》卷73《人物志·孝义上》。
⑤ 《西宁府续志》卷7《人物》。
⑥ 《甘肃新通志》卷67《人物志·群才二》。

为引赞，据拜下礼文阻之，弗听。翌日，具禀州牧，请通详上官，申明体制，当事者再四排解。大绶言：'事君能致其身，今区区衣冠尚且吝惜，况致身乎？'争执愈力，州牧压禀不详，大绶气忿自尽，其妻亦投缳殉之。"①

虽然，在当今看来，王大绶的这种做法似乎有些愚昧，但在封建礼仪社会中，对礼仪规范的遵守却有着极为重要的意义，它意味着士绅和官员对皇帝以及王权的尊崇与否。所以，王大绶这种恪守礼仪规范、敢于坚持是非的精神应该得到社会的认可。

三　士绅之文化成就

在古代社会，士绅区别于其他社会成员之处，就在于他们是知识文化的创造者和传播者。他们在知识领域内所取得的成就，以及由此产生的对人类文明的推动作用，是其他社会成员无法比拟且难以替代的。

作为文化知识享有者的甘肃士绅群体，与其他所有朝代的读书人一样，不但关注社会和国家的发展变化以及人民的生活，而且通过文字比较全面地记载了这些变化。这些付诸文字的人类文明成果，就是甘肃士绅群体在文化知识领域里所取得的辉煌成绩。

（一）文化成果概说

学衔和文化是中国传统士绅最鲜明的标识，儒家文化的特质使得每一个接受过其熏陶的读书人都具备了文学创作能力。数以万计的文官用文章诗词促进彼此的交流与感情，求取功名的莘莘学子用时文制艺打动考官，混迹于江湖的自由文人用文学作品糊口度日。

生活于清代的甘肃士绅也一样，他们接受了儒家精英教育，不论是最终出仕为宦，还是始终未得一第，他们都具备了文学创作的条件，所以涌现出了许多诗名、文名卓著的士绅，同样也留下了许多不朽的文学著作。其中，不乏当时颇有名望者，例如清初的陇上诗人吴镇，他的诗作就得到了当时著名诗人袁枚的赏识和赞赏。袁枚在寄给他的书信中，详述了见到吴镇诗作的欣喜之情：

---

① 《甘肃新通志》卷66《人物志·群才一》。

> 文人之生于世也，天必媒之使相悦，介之使相同，亦不知其所以然而然也！仆与先生俱年老矣，相隔之路亦甚远矣，以常情测之，无之相见，无之可通，此必然之势也。不意前岁辽州王伯崖来作，少蔚读其诗，惊衙官中有屈宋，问其渊源，云得宗师于先生，因此又得读先生之诗，新妙奇警，夺人目光。因忆生平编纂诗话，十五省中独甘肃无诗，如国风之遗吴越，心常缺，然忽得先生以补之，岂非周亚夫之兵从天而下哉？声应乞求，天之所相非偶然也，伯崖近又以尊扎及全集见示，如饥十日而得太牢，穷昼夜哺戳之而不能休焉。所指误刻之字都已划改，虞美人诗已补全……又尊作有送星树旋里诗，何至今犹未归来耶？①

在袁枚看来，吴镇的诗作不但“新妙奇警，夺人目光”，而且可以补他所辑诗话中缺少甘肃诗人的缺憾。所以，他感慨地说，这种心情就像“周亚夫之兵从天而下”“饥十日而得太牢”，所以不分昼夜地习读。

“高处不胜寒”有许多种意义，当被文人在诗作中引用时，常常可以理解为其人的诗作，或者创作得不到他人的理解和赏识，即所谓知音难求。所以孤独的诗人常常发出“得一知己足已”的感慨！然而，不幸的是，有许多杰出的诗人和文学家是在孤独中了却一生的，他们的遗憾就是难遇知音。对于他们来说，自己的作品能够得到他人的赏识和认可，就是毕生的幸福。正是因为如此，所以当吴镇收到袁枚的来信后，他也非常高兴，在回信中，不但生动地描述了收到来信时的心情，还进一步就诗作进行了探讨：

> 暮春之杪，忽接瑶章，万里神交，恍如睹面……承惠骈体古文及游山尺牍各种随风咳唾皆成珠玉，讽诵之余，觉云气花香飞来纸上，佩服，佩服！除夕告存诗自嘲自誉，亦狂亦达，将来属和成编，岂非千秋佳话哉？仆少读二氏之书，颇费钻研，但今年七十有

---

① 《甘肃新通志》卷88《艺文志·袁枚致吴松崖书》。

二矣，而昼夜之道，总未了然，捧读瑶章，不觉怦怦心动！①

吴镇只是清代甘肃著名的诗人之一，除他之外，还有许多优秀的士绅，他们的诗作同样受到当时著名文人大家的欢迎和认可。例如吴镇的学生王光晟。“王光晟，字柏崖，寄籍山西辽州，充贡生，后复旋里(皋兰)。善八分书，喜吟咏，与狄道诗人吴镇相切劘，为诗一气呵成，中无杂句。后官江宁典史，其送客诗篇，钱塘袁枚见而异之曰：‘不意衙官中乃有此人’。”② 一般认为，官员只会写公文之类的东西，让袁枚没想到的是，王光晟不但会作诗，而且非同一般，所以他惊奇地说“不意衙官中乃有此人。”

在众多的清代甘肃文人中，受到名家赏识和赞扬的除吴镇和王光晟外，还有受到郑板桥赏识的张谦。“张谦，字牧公，拔贡生，狄道人。年十四，有诗成帙，为孙枝蔚所赏。初至兄（张晋）署，即以能诗闻，时绅士以谦年少，未之信也。会春日诸名士邀饮，板桥请为诗，谦即口占二绝，众乃服。”③

此外，还有受到李因笃赞赏的巩我癯。“巩我癯，字子丹，正宁人。性豪放，喜诗歌纵饮，遨游几遍海内，所至题咏，士大夫多传写，与庶常张曾庆、编修李因笃最善，因笃尝曰：‘海内可与谈风雅者，惟我癯而已’！”④

除以上所举外，清代甘肃还有许多在诗歌、文学、书法、绘画等方面很突出的士绅。

张联元，张掖人……每吟诗，不须拣韵而立就。尤嗜饮醉后濡毫，辄二三十首，笔不少辍。……生平戏以太白自负，甘庠称老诗伯焉。⑤

---

① 《甘肃新通志》卷88《艺文志·吴镇答袁简斋书》。
② 《甘肃新通志》卷66《人物志·群才一》。
③ 同上。
④ 《甘肃新通志》卷68《人物志·群才三》。
⑤ 《甘肃新通志》卷69《人物志·群才四》。

江为式，字幼则，（江）得符族兄，乾隆十五年举人。酷嗜吟咏，与得符齐名，称“皋兰二江”。既官邠州学正，以诗寄得符云：“共知手笔无高下，却笑头衔亦弟兄”。①

张经，字纬堂，陇西人，光绪意酉举人……能文，善书二尺许字，魄力雄浑，踵门求书者无虚日。②

这些享有文化知识的士绅留下了许多珍贵的作品，例如仅吴镇就有作品15部，分别是《松花庵诗草》《松花庵游草》《松花庵逸草》《兰山诗草》《诗余》《律古集堂》《八病说》《四书六韵》《沅州杂咏集句》《潇湘八景集》《韵史》《声调谱》《松崖文汇》《稗珠诗话》《古唐诗选》③。另外，著述比较多的还有清代武威著名的学者张澍，他的著作多达18部，分别是《续黔书》《说文引经考证》《三古人苑》《万物权舆》《五凉旧闻》《秦音》《南征记》《蜀典》《扣舷唸章》《姓韵》《三史姓录》《姓氏辨误》《古今姓氏书目考证》《宿问录》《养素堂文集》《诗小序翼》《二酉堂丛书》《姓氏寻源》。④

根据《甘肃新通志》卷94“著述目录”的记载，清代甘肃士绅群体留下了大量的著作，这些著作涵盖的范围十分广泛，涉及文学、医学、史学、天文、地理、法律、军事、地方志各个方面，其数量之多，范围之广，都是其他朝代所不可比拟的。

在清代甘肃士绅留下的成果中，文学方面的作品最多，上文所列举的诗人吴镇的作品就表明了这点。在医学方面，例如，刑部观政张晋所著的《医经一卷》，皋兰杨维仁《伤寒体注十卷》《医学阶梯十二卷》，皋兰张振濯《易医集一卷》《痘症管见一卷》，皋兰刘一明《眼科治验十二卷》《痧胀全书十二卷》《金丹口诀四卷》，皋兰秦霖熙《外感辨证录》

① 《甘肃新通志》卷66《人物志·群才一》。

② 《甘肃新通志》卷67《人物志·群才二》。

③ 《甘肃新通志》卷94“著述目录”。

④ 同上。

《惊风治验一卷》，静宁州优廪生王汝藩《医治验略》，宁远庠生陈至义《经验绩方》《医宗问答》，镇番岁贡李绍荫《医经》等。[①] 这些医学著作囊括了风寒、水痘、伤寒、感冒以及眼科等各种病症，由此可见，包括甘肃儒医在内的士绅群体在医学方面所取得的成就也十分丰富。

纵观这些著述的目录，我们发现，除文学方面的诗作、文集、日记等数量比较大外，史学方面的著作数量也比较多，主要有皋兰岁贡陈如稷所辑《订兰州志四卷》，河州进士张和《殉难纪略》，皋兰庠生何简瑞《邦都实录》，狄道增生田锡龄《兰州府志稾》，皋兰李绍晟《青城纪略》，皋兰卢政《皋兰续志稾十二卷》，皋兰张国常《新皋兰县志》《土司番族考》，陇西征士杨庆《大成通志》，伏羌巩建丰《伏羌志十二卷》，伏羌王权《秦州续志》，安化惠登甲《庆防纪略二卷》，宁夏中卫俞益谟《办苗纪略》，镇番廪生朱运开《剿回纪略》，镇番举人卢生华《镇番县志十卷》，镇番李为纲《史论》，武威潘挹奎《武威耆旧四卷》，武威李铭汉《续通鉴纪事本末六十卷》，镇番蓝佩青《团勇纪略二卷》，平番廪生王锦章《从征纪闻二卷》，镇原刘之蔼《镇原县志》，镇原张辉祖《镇原志补辑》，秦安成兆南《经史提要》，秦州舒钧《粤寇纪略六卷》《北征日记二卷》，秦安孙诲《续修秦安县志》，阶州举人吴鹏翔《武阶备志》，肃州胡文炳《读史碎金八十卷》，肃州举人郭维城《肃志备采录四卷》，静宁州优廪生王汝藩《历代史览纪略》。[②] 这些史学著作所记载的内容十分广泛，既有对甘肃各地方志的记载和补辑，还有对清代甘肃发生的各种重大战乱的记载，如对关于回民起义的记载，更有对团练以及少数民族事务等的记载。众多的史学著作对清代甘肃历史的客观记载，对当今甘肃历史乃至西北史的研究有着非常重要的意义。

在教育方面，主要有狄道李华春《训蒙草》，狄道李遇春《训蒙草》，皋兰田毓采《训子格言一卷》，皋兰孝廉方正王钟灵《童子礼一卷》，狄道贡生张建珌《课孙诗草》，皋兰举人李宗笃《正蒙辑要一卷》，宁远岁贡陈献文《便蒙字书》《幼模》，漳县贡生高廷佐《七言训

---

① 《甘肃新通志》卷94“著述目录”。

② 同上。

蒙》《四字立品格言》，通渭举人党成祥《训蒙篇》，秦安诸生蔡启允《蒙解集》。[①] 既有教育幼童的教材，也有教育生童的心得体会。

在军事方面，主要有：皋兰薛大烈《训兵纪要》《武备图志》，狄道陆芝田《孙子兵书注》，皋兰朱克敬《边防汇钞》《边防绩钞》，张掖孔文镛《筹边辑要六卷》等。[②]

在律例方面，主要有镇番蓝佩青《刑案汇览续编三十卷》《大清律例辑览判断看语四卷》《归州审判要案录四卷》。[③]

在艺术方面，主要有皋兰秦恩嘉《琴书琐言》，皋兰唐连《书画琐言二卷》《石竹斋印谱》，皋兰朱克敏《赋律入门法一卷》，皋兰陈兆奎《琴学正宗》，皋兰庠生颜鸿都《琴学简言二卷》，西宁邓敏《元音琴谱二卷》等。[④] 其中，既有音乐方面的，也有书法和美术方面的，这也体现了甘肃士绅在艺术方面的成果。

在天文、地理、数学等自然科学方面。因为古代社会比较重视儒家经典教育，所以对自然科学方面的知识不太重视，因此这方面的成果相对较少。甘肃士绅在这方面的成果主要有皋兰卢政《乾象古今集说六卷》，通渭李南晖《易象图说绪论十卷》《读易观象惺惺录二十二卷》，通渭庠生牛树楠《浑天仪图说》《闰月定四时注》，武威张宗孟《易经理数互参二十卷》《算法简易二卷》，武威赵元普《古今地理考》，文县孝廉方正陈善《算学提纲》等。[⑤] 虽然自然科学方面的成果虽然不多，但也体现了清代甘肃士绅群体对自然科学的热爱和关注。

以上所举只是清代甘肃士绅文化成果中的一部分，它反映和体现了清代甘肃士绅群体对社会历史文化的热爱和关注，这些文化成果不但为后来学者研究清代甘肃的政治、经济、文化、教育、历史等提供了宝贵资料，而且体现了古代甘肃文化的灿烂与辉煌。

---

① 《甘肃新通志》卷94“著述目录”。

② 同上。

③ 同上。

④ 同上。

⑤ 同上。

（二）典型代表：张澍

张澍是清代享有盛名的学者，其学识十分广泛，所以我们就以他的贡献和成绩为个例，对甘肃士绅的文化成就进行一个简单的论说。

张澍，武威人，是乾嘉时代西北史地与西北文化研究的领军人物，是西北史地学开先河者之一。生于乾隆四十一年（1776），卒于道光二十七年（1847），享年72岁。他是一个早露头角的人，19岁在西安中举，24岁考中进士，选翰林院庶吉士。他早年治学，以“五凉”为根本，走乾嘉考据学之路，探索渊源，做了启山林之功。他在32岁主讲兰山书院时，就完成了《五凉旧闻》40卷。这时，他对西北史地学已经有所发微。中年之时，他又辑《二酉堂丛书》，这些都为道咸时期形成的西北史地探研开了先河。向达曾云：“（介侯）先生一生，于关陇文献，罗网放失，不遗余力。生平著作等身，其《二酉堂丛书》，藏书家几于家喻户晓。”① 张澍为西北之学所作出的另一学术铺垫是姓氏之学。他著述的《姓氏五学》为《姓韵》《辽金三史姓录》（附西夏）、《姓氏寻源》《姓氏辨误》《古今姓氏书目考证》，共300余卷，可谓巨帙。关于姓的索隐探赜，是一个极为艰巨的学术历程，尤其是西北姓氏之学与西北民族关系关联紧密，胡、汉姓氏相互交流纠绕，极难分割清晓。这其实也是追寻民族融合过程的相当重要的手段。张澍所作的这种创发性工作，虽难以尽善，但确为西北之学拓展了民族迁徙和融合的学术路子，也是一项研治西北学的奠基性工程。②

张澍一生著述丰富，《清史稿》称：“务博览经史，皆有纂著。游迹半天下，诗文益富。留心关、陇文献，搜辑刊刻之。纂《五凉旧闻》、《三古人苑》、《续黔书》、《秦音》、《蜀典》，而《姓氏五书》尤为绝学。自著诗文外，又有《诗小序翼》、《说文引经考证》。”据统计，张澍已刊著作有11种，其研究领域非常广泛，在文学、史学、地理学、文献学、辑佚学、姓氏学、方志学、金石学等方面均有建树。因此，他

① 向达：《唐代长安与西域文明》，三联书店1957年版，“西征小记篇”。

② 彭清深：《明清时期西北实学与史地学之文化观照》，《中国文化研究》2001年秋之卷。

的学术成就得到了清代和近代学者的充分肯定，如张之洞在其《书目答问》附录“国朝著述诸家姓名略”中，将张澍归入经学家、史学家和金石学家。梁启超在《近代学风之地理分布》[①] 中说：“甘肃与中原帘隔，文化自昔朴塞，然乾嘉间亦有一二流之学者，曰武威张介侯（澍）。善考证，勤辑佚，尤娴熟河西掌故。”他毕生致力于西北史地的研究，整理编撰了一批有关西北史地研究的著作，这些成果为推进清代西北学术文化研究起了承前启后的巨大作用。

① 梁启超：《近代学风之地理分布》，《饮冰室合集》第14卷《文集》，中华书局1989年版。

结　　语

士绅是古代社会中一个举足轻重的群体，在社会生活的许多方面都起着重要作用。清代甘肃士绅也不例外。作为文化知识的享有者，他们可以通过科举考试等途径步入仕途，从此飞黄腾达、光宗耀祖。即使不能步入仕途，也因为其所获取的学衔和身份而使其在“四民社会”中享有较高的社会声望，所以在地方社会的许多事务中，他们扮演着实际的领导者角色。

关于士绅身份，我们是以科举考试所获得的学品和学衔，或者官职为依据来判定其人是否属于士绅群体。对于甘肃士绅来说，他们获得士绅身份的途径主要有：其一，科举考试。这是士绅身份获得的主要途径，学术界也把通过科举考试而获得士绅身份者称为“正途”；其二，捐纳、军功等。相对于科举考试，一般把通过捐纳、非科举考试等途径而取得士绅身份者称为“异途”。对于甘肃士绅来说，在这些“异途”中，军功是一个相当重要的获取途径。因为甘肃地处西北边疆，虽然教育文化水平相对滞后，但是军事人才却很多，例如在清代举行的科举考试中，甘肃没有状元，[①] 但在武科考试中，却不乏获得三甲者，所以，在甘肃地区历次镇压叛乱活动的斗争中，总有大批的读书人通过军功奖叙而获得士绅身份，从此步入仕途。因此说，通过军功奖叙而获取士绅身份是甘肃士绅群体一个非常显著的特点。

不能步入仕途的士绅或出于治生，或出于社会责任，大多在职业选择时以教授、入幕等为主。因为教授不仅可以治生，还可以实现士绅立

① 朱彭寿：《旧典备征》卷 4，中华书局 1997 年版，第 77 页。

功的理想，有些人还通过教授而丰富了科考知识，最后获得高第。但是，有相当多的士绅终身只能以教读为生。教授虽然收入很低，但重义轻利的士绅群体还是乐于为人师，对于诸如行医等其他行业是比较谨慎的，因为他们大多认为，行医近利，易坏心术。

忧国忧民的传统使得居于乡间的士绅自然地成为地方社会事务的实际领导者，他们在诸如地方水利兴修、道路桥梁的兴建等公共事务，诸如团练、堡寨等地方防务，以及文化教育中发挥着重要作用。除此之外，作为“官”与“民”的中介，他们还在许多官方与民间事务中发挥着重要的纽带和桥梁作用。所以，许多地方事务离不开地方士绅的参与和支持。

享有和占有文化知识是士绅的一个重要标志，对于他们来说，整理地方文化成果和继承、发扬这些成果也是他们的职责之一。因此，清代甘肃士绅群体也留下了许多珍贵的著作，这些著作数量之多，内容之广，都是前代所无法比拟的。

清代甘肃士绅群体数量之多是前代所不能望其项背的，尤其是陕甘分闱之后，其队伍壮大更快。所以，本书所涉及的只是其中的一小部分，关注和涉及的内容只是其群体活动中的一部分，其他问题，比如清代甘肃士绅的收入、精神生活等都是有待深入的方面，随着相关资料的丰富，这些方面必将成为学术界研究和关注的重要内容。

总之，清代甘肃士绅作为中国古代士绅群体中的一部分，既有士绅的共性，也有其地处西北边疆的个性。同时，因为生活于封建社会末期这一客观情况，他们既有对古代士绅优良品质的继承与发扬，也有作为近代知识分子原型的时代性。所以说，清代甘肃士绅是传统士绅分化与近代知识分子萌芽的一个代表。

附表　清代甘肃进士科名、官职统计表

科　次	姓名	籍　贯	所在府州	官职
顺治壬寅科	张晋	狄道人	兰州府	不详
	彭翮	正宁人	庆阳府	推官
顺治乙未科	黄虞再	伏羌人	巩昌府	提学道
	慕天颜	静宁人	平凉府	总督漕运
顺治戊戌科	胡大定	平凉人	平凉府	员外
顺治辛丑科	杨纯臣	漳县人	巩昌府	不详
	丁斗南	宁夏人	宁夏府	知县
	蒲衍	秦州人	秦州直隶州	知县
	米汉雯	安化人	庆阳府	翰林院侍讲
康熙甲辰科	梁联馨	平凉人	平凉府	员外郎
康熙庚戌科	张辅宸	伏羌人	巩昌府	知县
康熙丙辰科	刘芳世	兰州人	兰州府	不详
康熙己未科	武筹	伏羌人	巩昌府	知县
康熙壬戌科	慕琛	静宁人	平凉府	礼科给事中
康熙乙丑科	李清仁	宁夏人	宁夏府	不详
康熙戊辰科	宋朝楠	陇西人	巩昌府	督御史
康熙辛未科	张寿岿	平凉人	平凉府	同知
康熙甲戌科	孟之圭	灵州人	宁夏府	不详
康熙庚辰科	孙克明	镇番人	凉州府	知县
	韩遇春	清水人	秦州直隶州	庶吉士
康熙癸未科	吕光悦	西宁人	西宁府	吏部郎中
康熙丙戌科	谢玉宠	灵州人	宁夏府	宗人府丞

续表

科　次	姓名	籍　贯	所在府州	官职
康熙己丑科	刘云鹤	兰州人	兰州府	教谕
康熙壬辰科	潘祥	靖远人	兰州府	编修
	孙诏	凉州人	凉州府	湖北布政使
康熙癸巳科	巩建丰	伏羌人	巩昌府	侍读学士
康熙乙未科	王用中	甘州人	甘州府	知县
	栗尔璋	宁夏人	宁夏府	员外
	李慓	灵州人	宁夏府	主事
康熙戊戌科	蔡曰逢	秦安人	秦州直隶州	检讨登州知府
	解震泰	宁夏人	宁夏府	庶吉士
	李根云	平凉人	平凉府	检讨
康熙辛丑科	杨魁甲	平罗人	宁夏府	知州
雍正癸卯科	陈长复	陇西人	巩昌府	不详
	孙昭	安定人	巩昌府	知县
	朱谌	平凉人	平凉府	不详
	卢生熏	镇番人	凉州府	庶吉士
雍正甲辰科	夏之瑚	阶州人	阶州直隶州	不详
	何宗韩	文县人	阶州直隶州	庐凤道
雍正丁未科	马荣朝	陇西人	巩昌府	西平县知县
	汪执桓	陇西人	巩昌府	灵寿县知县
雍正庚戌科	王有德	镇番人	凉州府	知县
	路于兖	镇番人	凉州府	不详
	苏璟	武威人	凉州府	山东汶上知县
	谢升	灵州人	宁夏府	不详
雍正癸丑科	卢生莲	镇番人	凉州府	不详
	张绣	固原人	固原直隶州	不详
乾隆丙辰科	李珌	灵州人	宁夏府	不详
	刘叔堂	镇番人	凉州府	保安县知县
	吴之遴	平凉人	平凉府	不详
	梁栋	灵州人	宁夏府	不详
乾隆丁巳科	杨名世	陇西人	巩昌府	不详

续表

科　次	姓名	籍　贯	所在府州	官职
乾隆己未科	王化南	武威人	凉州府	庶吉士山东知州
	刘霖	中卫人	宁夏府	不详
	王肇基	中卫人	宁夏府	不详
乾隆乙丑科	梁济尘	皋兰人	兰州府	庶吉士刑部郎中
	郭成峻	岷州人	巩昌府	不详
乾隆戊辰科	高遴	灵州人	宁夏府	不详
乾隆辛未科	路谈	宁夏人	宁夏府	翰林院庶吉士
	孙俌	武威人	凉州府	广东揭阳知县
	吴璒	秦安人	秦州直隶州	知县
	李方泰	安化人	庆阳府	翰林院庶吉士
	南宫鼎	永昌人	凉州府	凤翔府教授
乾隆壬申科	李蕴芳	武威人	凉州府	不详
	王宏善	镇番人	凉州府	不详
	罗全诗	中卫人	宁夏府	不详
	张士育	镇原人	泾州直隶州	不详
乾隆甲戌科	冯世和	张掖人	甘州府	四川富顺知县
乾隆丁丑科	陆允镇	灵州人	宁夏府	不详
	李荫椿	宁夏人	宁夏府	不详
	郭成巍	岷州人	巩昌府	不详
乾隆辛巳（恩科）	刘作垣	武威人	凉州府	安徽知州
	何浑	文县人	阶州直隶州	不详
乾隆庚戌科	秦维岳	皋兰人	兰州府	翰林编修等职
	邢澍	阶州人	阶州直隶州	浙江即用知县
乾隆乙卯科（恩科）	郭楷	武威人	凉州府	河南原武知县
	李遇春	狄道人	兰州府	翰林院典簿
嘉庆丙辰科（恩科）	慕鏊	静宁人	平凉府	兵部主事
	周泰元	武威人	凉州府	礼部郎中
	宗其位	武威人	凉州府	恩赐检讨
嘉庆己未科	张绍学	平凉人	平凉府	兵部主事
	张澍	武威人	凉州府	庶吉士江南知县

续表

科　次	姓名	籍　贯	所在府州	官职
嘉庆辛酉科（恩科）	刘奕煜	宁州人	庆阳府	翰林院侍吉士
	祁扬廷	灵州人	凉州府	不详
	张元鼎	镇原人	泾州直隶州	不详
嘉庆壬戌科	杨增思	武威人	凉州府	陕西同官知县
	关元儒	皋兰人	兰州府	温县知县
	阿应麟	张掖人	甘州府	江西知县
嘉庆乙丑科	白种岳	靖远人	兰州府	云南知县
	姬学周	宁夏人	宁夏府	知县
	何承先	武威人	凉州府	福建知县
嘉庆戊辰科	张美如	武威人	凉州府	翰林院庶吉士
	龚溥	武威人	凉州府	教授
	谢登科	安西人	安西直隶州	不详
嘉庆己巳科（恩科）	张思诚	秦安人	秦州直隶州	直隶知县
	昔光祖	宁州人	庆阳府	即用知县
	黄在中	皋兰人	兰州府	清流知县
	赵廷锡	武威人	凉州府	直隶获鹿知县
	李蕡生	武威人	凉州府	国子监学正
	马廷锡	武威人	凉州府	广西知县
嘉庆辛未科	尹世衡	武威人	凉州府	浙江粮道
	周清现	文县人	阶州直隶州	不详
嘉庆甲戌科	牛鉴	武威人	凉州府	两江总督
嘉庆丁丑科	俞德渊	平罗人	宁夏府	盐运使
	贾扬宗	安定人	巩昌府	主事
	康节	会宁人	巩昌府	即用知县
	吴思权	会宁人	巩昌府	内阁中书
	巫揆	皋兰人	兰州府	凤翔府教授
嘉庆己卯科（恩科）	贾侍舜	镇原人	泾州直隶州	内阁中书
	潘挹奎	武威人	凉州府	吏部考功司主事
	王于烈	武威人	凉州府	不详
	贺纬	灵州人	宁夏府	即用知县

续表

科　次	姓名	籍　贯	所在府州	官职
嘉庆庚辰科	张兆衡	武威人	凉州府	翰林院庶吉士
	刘之蔼	镇原人	泾州直隶州	翰林院庶吉士
	马疏	安定人	巩昌府	翰林院庶吉士
	褚裕仁	西宁人	西宁府	直隶三角淀通判
	顾名	金县人	兰州府	不详
	李谦	秦安人	秦州直隶州	四川知县
道光壬午（恩科）	叶桂	静宁人	平凉府	翰林院庶吉士
道光癸未科	丁铠	武威人	凉州府	四川知县
	蔡发甲	永昌人	凉州府	山东新泰知县
道光丙戌科	徐檀	皋兰人	兰州府	不详
道光己丑科	李蓉镜	秦安人	秦州直隶州	湖南湘阴知县
	张永福	镇原人	泾州直隶州	即用知县
道光癸巳科	彭作籍	伏羌人	巩昌府	四川即用知县
	张炳	皋兰人	兰州府	安徽即用知县
道光乙未科	张廷选	狄道人	兰州府	翰林院编修
	戚维礼	靖远人	兰州府	翰林院庶吉士
	高希贤	安化人	庆阳府	不详
	赵绍武	正宁人	庆阳府	不详
	邵桂芳	宁州人	庆阳府	不详
道光丙申科	张兆熊	皋兰人	兰州府	浙江石浦厅同知
道光戊戌科	杨升	安定人	巩昌府	不详
道光庚子科	慕维城	镇原人	泾州直隶州	即用知县
	颜履敬	皋兰人	兰州府	即用知县
	周诚之	陇西人	巩昌府	即用知县
	曹炯	皋兰人	兰州府	编修淮阳兵备道
道光辛丑科（恩科）	田树桢	伏羌人	巩昌府	翰林院庶吉士
	牛树梅	通渭人	巩昌府	按察使
	杨兴霖	西宁人	西宁府	四川知县
	张自樋	灵台人	泾州直隶州	即用知县

续表

科　次	姓名	籍　贯	所在府州	官职
道光甲辰科	陈作枢	武威人	凉州府	陕西知县
	柳渊	会宁人	巩昌府	主事
	郑选士	秦州人	秦州直隶州	贵州威宁知州
道光乙巳科（恩科）	张和	河州人	兰州府	涿州知州
	张敏行	陇西人	巩昌府	四川知县
	王赞襄	中卫人	宁夏府	户部主事
	张奋翼	镇番人	凉州府	四川知县
道光丁未科	侯树衔	陇西人	巩昌府	四川知县
	马纶笃	安定人	巩昌府	即用知县
	傅培峰	镇番人	凉州府	江西知县
	杨师震	靖远人	兰州府	即用知县
	任国桢	武威人	凉州府	即用知县
	刘锟	武威人	凉州府	即用知县
道光庚戌科	张尔周	镇番人	凉州府	蒲城知县
	吴可读	皋兰人	兰州府	御史赠道衔
	李信芳	宁朔人	宁夏府	即用知县
	蔡式钰	武威人	凉州府	即用知县
	博冲武	凉州满营人	凉州府	翻译官主事
	刘观光	宁州人	庆阳府	即用知县
咸丰壬子科（恩科）	武尚仁	陇西人	巩昌府	翰林院庶吉士
	王鉴塘	平番人	凉州府	主事
	李友龄	安定人	巩昌府	即用知县
	马丙昭	宁夏人	宁夏府	湖南知府
	冯克勋	洮州人	巩昌府	即用知县
	王之英	武威人	凉州府	即用知县
	王锡	河州人	兰州府	主事
	赵福纯	高台人	肃州直隶州	翰林院庶吉士
	云蔚桐	西宁人	西宁府	内阁中书

续表

科　次	姓名	籍　贯	所在府州	官职
咸丰癸丑科	田际春	陇西人	巩昌府	主事
	张煦	灵州人	宁夏府	主事、巡抚
	张照南	皋兰人	兰州府	户部主事
	柳炯	静宁人	平凉府	翰林院庶吉士
	高鸿儒	金县人	兰州府	主事
	周士俊	皋兰人	兰州府	内阁中书
	韩树屏	文县人	阶州直隶州	即用知县
	彭绳祖	秦安人	秦州直隶州	河南南召知县
	刘灏	会宁人	巩昌府	即用知县
咸丰丙辰科	赵贡玉	静宁人	平凉府	主事
	张诏	武威人	凉州府	侯铨主事
	张景福	武威人	凉州府	陕西孝义厅同知
	黄成彩	伏羌人	巩昌府	即用知县
	田得吉	靖远人	兰州府	陕西知县
	袁辉山	武威人	凉州府	广东安县知县
咸丰己未科	鲁膺泰	皋兰人	兰州府	即用知县
	李清瑞	镇原人	泾州直隶州	陕西即用知县
	刘光远	阶州人	阶州直隶州	即用知县
	周光炯	武威人	凉州府	吏部主事
	吴正炳	静宁人	平凉府	即用知县
	胡己未	秦州人	秦州直隶州	恩赐翰林检讨
咸丰庚申科	张隽选	灵州人	宁夏府	即用知县
	雒宗易	靖远人	兰州府	即用知县
	张炳星	皋兰人	兰州府	湖南即用知县
	牟标	狄道人	兰州府	陕西即用知县
同治壬戌科	张寿庆	皋兰人	兰州府	刑部主事
	康敉	安定人	巩昌府	山东泰安知府
	张庆麟	秦州人	秦州直隶州	广平知县
	张为章	宁夏人	宁夏府	即用知县

续表

科　次	姓名	籍　贯	所在府州	官职
同治壬戌科	晁炳	西宁人	西宁府	四川知县
	马明义	镇番人	凉州府	湖北知县
	张尔遴	平罗人	宁夏府	即用知县
	刘开第	武威人	凉州府	陕西醴泉知县
同治乙丑科	崔文海	迪化人	迪化直隶州	翰林院庶吉士
	任其昌	秦州人	秦州直隶州	户部主事
同治辛未科	吴西川	秦州人	秦州直隶州	翰林院编修
	许楫	武威人	凉州府	刑部主事
	张和	秦州人	秦州直隶州	即用知县改郎中
	阎朴	清水人	秦州直隶州	四川南江知县
同治甲戌科	俞寿祺	平罗人	宁夏府	主事
	马中律	金县人	兰州府	即用知县
	王作枢	安定人	巩昌府	翰林院编修
	张协曾	河州人	兰州府	彰明县知县
	安守和	安定人	巩昌府	即用知县
	吴耀曾	会宁人	巩昌府	即用知县
	张必铭	中卫人	宁夏府	即用知县
	张鹏举	固原人	固原直隶州	湖北南漳知县
光绪丙子科（恩科）	张继	陇西人	巩昌府	四川知县
	于登瀛	皋兰人	兰州府	刑部主事
	苏统武	秦州人	秦州直隶州	吏部主事
	颜豫春	皋兰人	兰州府	陕西华阴知县
	惠登甲	安化人	庆阳府	广东番禺知县
	万永康	皋兰人	兰州府	广东即用知县
	李清紫	镇原人	泾州直隶州	云南即用知县
	李应齐	礼县人	秦州直隶州	奉天铁岭知县
	崔奎瑞	庄浪人	平凉府	广西马平知县

续表

科　次	姓名	籍　贯	所在府州	官职
光绪丁丑科	刘永亨	秦州人	秦州直隶州	编修仓场侍郎
	张国常	皋兰人	兰州府	刑部主事
	包永昌	洮州人	巩昌府	琼州知州
	秦霖熙	皋兰人	兰州府	户部主事
	马侃	武威人	凉州府	山东汶上知县
	刘杭	清水人	秦州直隶州	贵州兴义知县
	保鉴	平番人	凉州府	直隶即用知县
	姜应齐	狄道人	兰州府	刑部主事改知县
	周得程	皋兰人	兰州府	即用知县
光绪庚辰科	安维峻	皋兰人	兰州府	编修福建道御史
	张世英	秦州人	秦州直隶州	庶吉士渭南知县
	金文同	皋兰人	兰州府	陕西兴安府知府
	陈彬	皋兰人	兰州府	内阁中书改知县
	伦肇基	武威人	凉州府	陕西三水知县
	武颂扬	秦州人	秦州直隶州	福建宁化知县
	赵文源	秦安人	秦州直隶州	贵州清平知县
	张树滋	皋兰人	兰州府	候选知县
	邢光祖	秦州人	秦州直隶州	河南补用知县
光绪癸未科	张琦	西宁人	西宁府	陕西知县
	来维礼	西宁人	西宁府	主事、道员
	李扬宗	皋兰人	兰州府	主事
	杨沛霖	狄道人	兰州府	即用知县
	张汝洽	会宁人	巩昌府	即用知县
	李九江	狄道人	兰州府	湖北枣阳知县
	李士则	伏羌人	巩昌府	候选知县
光绪丙戌科	丁秉干	秦州人	秦州直隶州	翰林院庶吉士
	刘光祖	秦州人	秦州直隶州	刑部主事
	张登瀛	秦州人	秦州直隶州	刑部主事
	徐友麟	秦州人	秦州直隶州	编修即用知县

续表

科　次	姓名	籍　贯	所在府州	官职
光绪丙戌科	王源翰	静宁人	平凉府	即用知县
	刘永清	秦安人	秦州直隶州	即用知县
	滕尚诚	皋兰人	兰州府	安徽即用知县
	宋万迈	皋兰人	兰州府	四川大竹知县
	刘炳清	陇西人	巩昌府	江苏丹阳知县
	潘泰谦	迪化人	迪化府	部选知县
	石作栋	狄道人	兰州府	即用知县
光绪己丑科	张澂	古浪人	凉州府	编修泉州知府
	刘尔炘	皋兰人	兰州府	翰林院编修
	王济	秦安人	秦州直隶州	江苏知县
	任廷扬	伏羌人	巩昌府	刑部主事
	武镳	陇西人	巩昌府	四川阆中知县
	魏立	伏羌人	巩昌府	即用知县
	陈廷鉴	宁远人	巩昌府	不祥
	周毓棠	皋兰人	兰州府	陕西南郑知县
	安荫甲	安定人	巩昌府	广东即用知县
光绪庚寅科（恩科）	王海涵	伏羌人	巩昌府	翰林院庶吉士
	黄毓麟	皋兰人	兰州府	刑部主事
	葛汝保	秦州人	秦州直隶州	江西即用知县
	谈廷瑞	皋兰人	兰州府	陕西知府
	任于正	武威人	凉州府	内阁中书
	尹世彩	岷州人	巩昌府	陕西即用知县
	焦国理	镇原人	泾州直隶州	知县
	牛瑗	通渭人	巩昌府	刑部主事
	卢秉均	庄浪人	平凉府	即用知县
光绪壬辰科	伏衍义	秦安人	秦州直隶州	刑部主事
	哈锐	秦州人	秦州直隶州	翰林院庶吉士
	焦志贤	礼县人	秦州直隶州	户部主事
	关念毅	秦州人	秦州直隶州	四川即用知县
	刘积义	皋兰人	兰州府	广西即用知县

续表

科　次	姓名	籍　贯	所在府州	官职
光绪壬辰科	孙尚仁	皋兰人	兰州府	刑部主事
	丁锡奎	秦安人	秦州直隶州	陕西知县
	王树中	皋兰人	兰州府	安徽太和知县
	柴朴	皋兰人	兰州府	安徽知县
光绪甲午科（恩科）	刘庆笃	会宁人	巩昌府	军机处主事
	张林焱	皋兰人	兰州府	翰林院检讨
	张肇基	秦安人	秦州直隶州	江西即用知县
	任承先	秦州人	秦州直隶州	内阁中书
	张斗南	伏羌人	巩昌府	贵州即用知县
	张协中	皋兰人	兰州府	河南即用知县
	王玮	皋兰人	兰州府	内阁中书
	陈养源	秦州人	秦州直隶州	山东即用知县
	吕笃	阶州人	阶州直隶州	户部主事
光绪乙未科	吴钧	贵德人	西宁府	翰林院庶吉士
	秦望澜	会宁人	巩昌府	民政部员外郎
	李于锴	武威人	凉州府	翰林院庶吉士
	叶祖修	静宁人	平凉府	工部主事
	罗经权	金县人	兰州府	翰林院庶吉士
	马如鉴	陇西人	巩昌府	湖北即用知县
	梁士选	礼县人	秦州直隶州	内阁中书
	米种	文县人	阶州直隶州	奉天即用知县
	王曜南	静宁人	平凉府	河南即用知县
光绪戊戌科	魏鸿义	伏羌人	巩昌府	翰林院庶吉士
	王世相	皋兰人	兰州府	陕西候补道
	杨润生	秦州人	秦州直隶州	刑部主事
	苏耀泉	会宁人	巩昌府	浙江乌程知县
	权尚忠	武威人	凉州府	广西即用知县
	郑元浚	皋兰人	兰州府	直隶即用知县
	魏命候	金县人	兰州府	山西榆社知县
	孙云锦	静宁人	平凉府	知县

续表

科　次	姓名	籍　贯	所在府州	官职
光绪戊戌科	王世奎	皋兰人	兰州府	吏部主事
光绪壬寅科（恩正并科）	段士俊	皋兰人	兰州府	陕西知县
	杨思	会宁人	巩昌府	翰林院检讨
	张铣	武威人	凉州府	刑部主事
	张文源	静宁人	平凉府	四川即用知县
	彭立栻	皋兰人	兰州府	四川即用知县
	魏垂象	秦安人	秦州直隶州	福建即用知县
	范振绪	靖远人	兰州府	工部主事
	黄居中	阶州人	阶州直隶州	贵州即用知县
	田树椳	皋兰人	兰州府	民政部主事
光绪甲辰科	苏源皋	会宁人	巩昌府	礼部主事
	周士璘	陇西人	巩昌府	翰林院检讨
	杨巨川	金县人	兰州府	湖南麻阳知县
	王烜	皋兰人	兰州府	度支部主事
	邓隆	河州人	兰州府	四川南充知县
	程天锡	阶州人	阶州直隶州	云南即用知县
	万宝成	会宁人	巩昌府	山西即用知县
	祁荫杰	陇西人	巩昌府	礼部主事

资料来源：升允、长庚修，安维峻纂修《甘肃新通志》卷39《选举志》，《中国西北文献丛书》第25册，兰州古籍书店影印本1990年。

参考文献

《诸子集成》，中华书局 1986 年版。

《孟子》，中华书局 1983 年版。

《礼记》，上海古籍出版社 1987 年版。

《清文宗实录》，中华书局 1986 年版。

《大清缙绅全书》，1880 年春季本。

《清朝野史大观》，上海书店 1981 年版。

《清朝野史大观》，上海书店 1981 年版。

《清世祖实录》，中华书局 1986 年版。

《钦定平定陕甘新疆回匪方略》，《中国西北文献丛书》第 86 册，兰州古籍书店 1990 年影印本。

盛康：《皇朝经世文续编》，光绪二十三年刻本。

李鸿章等：《钦定大清会典事例》，商务印书馆，光绪三十四年刻本。

恭阿禄编：《钦定学政全书》，嘉庆十七年刻本。

赵尔巽：《清史稿》，中华书局 1977 年版。

刘锦藻：《清朝续文献通考》，浙江古籍出版社 2000 年版。

徐珂：《清稗类钞》，中华书局 1984 年版。

顾廷龙：《清代朱卷集成》第 230 册，台湾成文出版有限公司 1992 年版。

邵之棠编：《皇朝经世文统编》，1901 年本。

王戎笙：《中国考试史文献集成》第 6 卷（清），高等教育出版社 2003 年版。

魏源：《圣武记》，中华书局四部备要本。

徐致初编：《牧令书》，道光二十八年刻本。
丁福保等编：《锡金游庠同人自述汇刊》上册，1931年刻本。
魏禧：《魏叔子文集》，道光二十五年刊本。
杜浚：《变雅堂遗集》文集，光绪二十年黄冈沈氏刊本。
顾炎武：《亭林文集》，四部丛刊集部。
陈芳生：《檀几丛书二集》，清刊刻本。
胡林翼：《胡文忠公全集》第4册，世界书局1936年版。
梁启超：《饮冰室文集》（三），台湾中华书局重印本。
牛树梅：《省斋全集》，《中国西北文献丛书》第168册，兰州古籍书店1990年影印本。
王应奎：《柳南随笔》，中华书局1997年版。
彭士望：《树庐文钞》，道光甲申刊本。
冯桂芬：《校邠庐抗议》，台湾学海出版社影印本。
陆以湉：《冷庐杂识》，中华书局1984年版。
李光庭：《乡言解颐》，中华书局1982年版。
丁柔克：《柳弧》，中华书局2002年版。
余金：《熙朝新语》，上海古籍书店影印1983年版。
陈康祺：《郎潜纪闻二笔》，中华书局1984年版。
王庆云：《熙朝纪政》，光绪二十四年缩印本。
王士祯：《古夫于亭杂录》，中华书局1988年版。
汪辉祖：《佐治药言》，1786年本。
西周生：《醒世姻缘传》，上海古籍出版社1981年版。
许乃普：《宦海指南五种》，咸丰九年刻本。
《甘肃通志稿》，《中国西北文献丛书》第28册，兰州古籍书店1990年影印本。
《靖远县志》，《中国西北文献丛书》第35册，兰州古籍书店1990年影印本。
《甘肃省乡土志稿》，《中国西北文献丛书》第32册，兰州古籍书店1990年影印本。
郑震谷、幸邦隆：（民国）《华亭县志》，台湾成文出版公司1976年版。

杨渠统、王朝俊：（民国）《重修灵台县志》，台湾成文出版公司 1976 年版。

鲁廷琰修，田吕叶纂：《陇西志》，《中国西北文献丛书》第 39 册，兰州古籍书店 1990 年影印本。

赵本植：《庆阳府志》，乾隆二十六年刻本。

张国常纂修：（光绪）《重修皋兰县志》，光绪刊本。

陆芝田、张廷选：《金县新志》，《中国西北文献丛书》第 34 册，兰州古籍书店 1990 年影印本。

杨应琚纂修：《西宁府新志》，《中国西北文献丛书》第 55 册，兰州古籍书店 1990 年影印本。

邓承炜、基生兰、周希武等纂：《西宁府续志》，《中国西北文献丛书》第 55 册，兰州古籍书店 1990 年影印本。

高拱辰：《会宁县志》，《中国西北文献丛书》第 36 册，兰州古籍书店 1990 年影印本。

韩世英：《重修漳县志》，《中国西北文献丛书》第 40 册，兰州古籍书店 1990 年影印本。

吴镇：《狄道州志》，《中国西北文献丛书》第 41 册，兰州古籍书店 1990 年影印本。

张金城：《宁夏府志》，《中国西北文献丛书》第 50 册，兰州古籍书店 1990 年影印本。

升允、长庚修，安维俊纂：《甘肃新通志》，《中国西北文献丛书》第 24 册，兰州古籍书店 1990 年影印本。

许协修、谢集成等纂：（光绪）《镇番县志》，台湾成文出版公司据道光五年刊本影印。

戴肇辰：《广州府志》卷 65，光绪五年刻本。

俞渭：《黎平府志》，光绪十八年刻本。

王麟祥：《叙州府志》，光绪二十一年刻本。

李培祜：《保定府志》，光绪七年刻本。

卞宝第：《湖南通志》，光绪十三年刻本。

沈家本：《天津府志》，光绪二十五年刻本。

杨绪曾等修:《鸿山杨氏宗谱》第43册，江苏无锡，1917年本。
张仲礼:《中国绅士——关于其在十九世纪中国社会中作用的研究》，上海社会科学院出版社1991年版。
张仲礼:《中国绅士的收入》，上海社会科学院出版社2001年版。
李清凌:《西北经济史》，人民出版社1997年版。
费正清:《美国与中国》，世界知识出版社1988年版。
周荣德:《中国社会的阶层与流动——一个社区中士绅身份的研究》，学林出版社2000年版。
王先明:《近代绅士——一个封建阶层的历史命运》，天津人民出版社1997年版。
蓝勇主编:《中国历史地理》，高等教育出版社2002年版。
金枚:《甘肃明清进士翰林传略》，香港天马出版有限公司2005年版。
张克复:《五凉全志校注》，甘肃人民出版社1999年版。
金其贵、张霞光等:《甘肃古代史话》，甘肃人民出版社1991年版。
王德昭:《清代科举制度研究》，香港中文大学出版社1984年版。
艾永明:《清朝文官制度》，商务印书馆2003年版。
何怀宏:《选举社会及其终结》，生活·读书·新知三联书店1998年版。
《李于锴遗稿辑存》，兰州大学出版社1987年版。
章中如:《清代考试制度》，上海，1932年。
许大龄:《清代捐纳制度》，南京大学出版社1950年版。
赵园:《明清之际士大夫研究》，北京大学出版社1999年版。
刘晓东:《明代士人生存状态研究》，吉林文史出版社2002年版。
孙立群:《中国古代的士人生活》，商务印书馆2003年版。
郭建:《师爷当家——明清官场幕后规则》，中国言实出版社2004年版。
王先明:《中国近代社会文化史续论》，南开大学出版社2005年版。
费正清:《剑桥中国晚清史》上卷，中国社会科学出版社1985年版。
孔飞力:《中华帝国晚期的叛乱及其敌人》，中国社会科学出版社1990年版。
吴吉远:《清代地方政府的司法职能研究》，中国社会科学出版社1998

年版。

盛朗西：《中国书院制度》，上海，1934 年。

李路路、王奋宇：《当代中国现代化进程中的社会结构及其变革》，浙江人民出版社 1992 年版。

邓云特：《中国救荒史》，三联书店 1958 年版。

向达：《唐代长安与西域文明》，三联书店 1957 年版。

邓玉娜：《“甲申之变”与中国官绅阶层》，《郑州航空工业管理学院学报》（社会科学版）2005 年第 3 期。

谢俊贵：《中国绅士研究述评》，《史学月刊》2002 年第 7 期。

巴根：《明清绅士研究综述》，《清史研究》1996 年第 3 期。

孙立平：《中国传统社会中贵族与士绅力量的消长及其对社会结构的影响》，《天津社会科学》1992 年第 4 期。

杨力伟：《士绅的产生、衰落与消亡——一个宏观的透视》，《社会学与社会调查》1991 年第 5 期。

阳信生：《明清绅士制度初探》，《船山学刊》2007 年第 1 期。

张利荣：《选举取士制与古代甘肃》，《档案》2001 年第 5 期。

漆子扬：《科举、书院与陇右学术》，《中国典籍与文化》1997 年第 3 期。

张晓东：《甘肃明清进士地理分布研究》，西北师范大学 2007 年硕士学位论文。

陈尚敏：《近代社会转型与甘肃士绅》，西北师范大学 2007 年博士学位论文。

韩茂莉、胡兆量：《中国古代状元分布的文化背景》，《地理学报》1998 年第 6 期。

梅介人：《中国状元及其地理分布》，《中国人才》2002 年第 12 期。

沈登苗：《明清全国进士与人才的时空分布及其相互关系》，《中国文化研究》1999 年冬之卷。

李润强：《清代进士的时空分布研究》，《西北师范大学学报》2005 年第 1 期。

姜洪源：《“甘肃冒赈案”：清代第一大贪污案》，《档案春秋》2006 年第 1 期。
叶依能：《清代荒政述论》，《中国农史》1998 年第 4 期。
彭清深：《明清时期西北实学与史地学之文化观照》，《中国文化研究》2001 年秋之卷。